KB181560

GDP의 정치학

우리의 삶을 지배하는 절대숫자

GROSS DOMESTIC PROBLEM

The Politics Behind the World's Most Powerful

Number by Lorenzo Fioramonti

GDP의 정치학
우리의 삶을 지배하는 절대숫자

1판 1쇄. 2016년 1월 25일
지은이. 로렌조 피오라몬티
옮긴이. 김현우

펴낸이. 정민용
편집장. 안중철
편집. 윤상훈, 이진실, 최미정, 장윤미(영업)

펴낸 곳. 후마니타스(주)
등록. 2002년 2월 19일 제300-2003-108호
주소. 서울 마포구 양화로6길 19, 3층(04044)
편집. 02-739-9929, 9930
제작·영업. 02-722-9960
팩스. 02-733-9910
홈페이지. www.humanitasbook.co.kr

인쇄. 천일 031-955-8083
제본. 일진제책 031-908-1407

값 15,000원

ISBN 978-89-6437-243-2 03300

이 도서의 국립중앙도서관
출판시도서목록(CIP)은 e-CIP 홈페이지
(http://www.nl.go.kr/ecip)에서 이용하실
수 있습니다(CIP제어번호: CIP2016001306).

GDP의 정치학

우리의 삶을 지배하는 절대숫자

로렌조 피오라몬티 지음

김현우 옮김

후마니타스

내 삶을 가치 있게 해준

배우자 재닌, 아들 다미아노에게

차례

일러두기

1. 한글 전용을 원칙으로 했다. 고유명사의 우리말 표기는 국립국어원의 외래어 표기법을 따랐다. 그러나 관행적으로 굳어진 표기는 그대로 사용했으며, 필요한 경우 한자나 원어를 병기했다.

2. 본문의 대괄호([ ])와 각주는 옮긴이의 첨언으로 동일한 단어를 중의적으로 읽어야 하는 경우나 옮긴이의 설명을 덧붙일 때 사용했다.

3. 단행본·전집·정기간행물에는 겹낫표(『 』)를, 팸플릿·영상물·음반물·공연물에는 가랑이표(〈 〉)를, 논문·기고문·단편·미술 등에는 큰따옴표(" ")를 사용했다.

감사의 말

이 책에 대한 구상은 몇 해 전 국내총생산gross domestic product, GDP을 측정하는 대안적 방식에 관한 회의에 참석하기 위해 이탈리아 국립통계연구소에 들렀을 때 나왔다. 모임에는 저명한 진보적 경제학자들과 통계학자들이 참석했고, 여기서 만들어진 시민사회 그룹들과의 생산적인 파트너십은 지금까지도 이어지고 있다. 회의에 참석한 유일한 정치학자로서 나는 뭔가가 빠져 있다는 것을 곧 알아차렸다. 토론은 통계적 연구를 어떻게 개선할 것인가에 모든 초점이 맞춰져 있었지만, 나는 이 숫자가 우리 사회에서 갖고 있는 강력한 장악력을 이해하기 위해서는 GDP의 역사와 정치에 대한 일정한 분석 역시 필요하다고 생각했다. 나를 초대해 준 이탈리아 국립통계연구소 측에, 특히 톰마소 론디넬라 그리고 연구 경력 내내 GDP의 재해석에 헌신해 온 엔리코 지오반니니 연구소장에게 첫 번째 감사를 드리는 게 마땅하겠다.

이 책으로 이어진 연구는 독일 하이델베르크 대학의 사회투자센터의 지원 없이는 불가능했을 것이다. 그들은 산파올로재단의 지원금을 통해, 내가 좋아하는 주제라면 '어떤 주제든' 연구를 진행할 수 있게 해주었다. 특히 대학의 자율성이 상부에서 부과하는 우선순위에 더욱 좌우되면서 빡

빠한 생산 일정에 종속되는 오늘날 같은 세계에서 이 연구 기금은 정말 값진 것이었다. 그만큼 사회투자센터의 운영진을 비롯해, 특히 이 원고의 모든 내용을 일일이 읽고 의견을 준 게오르크 밀덴버거에게 감사의 말을 전한다.

언제나처럼 내가 지적으로 빚을 진 이들의 명단은 끝이 없지만, 그 가운데서도 특히 언급하고 싶은 이들이 있다. 대안 경제학 웹 포럼Sbilanciamoni.info의 운영진 가운데 한 명이기도 한 이탈리아 우르비노 대학의 마리오 피안타, 독일 베를린의 헤르티 거버넌스 스쿨의 헬무트 K. 안하이어, 나의 남아프리카공화국 친구들 중 특히 프레토리아 대학의 막시 쇠만, 음주키시 코보 그리고 프린스 마셀레 등이 그들이다. 또한 이 책의 편집자인 켄 발로우를 비롯해 제드북스 팀 전체의 지지와 크나큰 지원에 감사드린다.

나는 2012년 거의 대부분의 기간 동안을 아내와 아들과 함께 베를린에 있는 집에 살며 집무실에 앉아 원고를 완성할 수 있었다. 너무나도 편안한 분위기는 물론이고, 문화 자원이 풍부했던 독일의 수도는 GDP에 관한 책을 작업하기에 완벽한 장소였다. 어느 도시 거주 공간에라도 불가피하게 존재하는 문제들에도 불구하고, 자연에 인접해 있으면서 무상으로 이용 가능한 공공 공간, 놀이터, 여타 레저 영역이 풍부하게 존재하는 베를린은 전 세계적으로 대안적인 삶의 양식이 여전히 가능한 몇몇 '거대도시들' 가운데 하나다.

로렌조 피오라몬티

2012년 10월, 베를린

서론. 세계에서 가장 강력한 숫자

우리는 지금 미래를 도둑질해, 그것을 GDP라는 이름으로 팔고 있다.

___폴 호켄

무엇을 측정하는지가 무엇을 만드는지를 좌우한다. 우리의 측정에 결함이 있다면, 결정 역시 왜곡될 것이다.

___경제 성과와 사회 진보 측정 위원회

1930년대 대공황으로부터 80여 년이 지난 후, 세계는 금융과 경제의 재앙적 붕괴를 또 한 번 경험하게 되었다. 2008년 시작된 대침체Great Recession는 지구화된 자본주의가 지난 수년간 겪었던 유일한 위기는 아니었지만 규모로는 가장 큰 것이었다. 수출이 곤두박질쳤고, 세계 도처에서 일자리가 사라졌으며, 투자가 감소했다. 특히 개인 부채와 공공 부채가 전례 없는 수준에 다다른 미국과 서유럽에서는 주택 차압이 일상적 일이 되었다. (세계에서 가장 큰 시장인) 유럽연합 같은 경제 거인조차 금융 롤러코스터에 올라탄 꼴이 되었는데, 이는 유럽연합 회원국 사이의 분열을 부채질하고 다수의 유럽 민중들에게 [서로에 대한] 낡은 분노를 되풀이하게 만들었다.

지난 수십 년간을 보면, 사회·경제적 불평등뿐만 아니라 자연 자원의 고갈 속도 역시 역사상 최초로 환경주의 그룹과 정책가들이 한목소리로 우려를 제기할 정도로 심각해졌다. 모든 환경문제의 축소판이라 할 수 있는 기후변화는 전 세계적인 논쟁의 대상으로 떠올랐다. 국제연합UN이 후원하는 기후변화에 관한 정부 간 패널Intergovernmental Panel on Climate Change, IPCC에 따르면, 인간의 활동에 의한 대기 중 온실가스 배출이 산업혁명 이래, 특히 1990년대 중반 이래 어마어마하게 증가했다. IPCC는 중대한 예방 조치가 없다면, 지구의 기후에 심각한 위험을 초래할 것이며, 이는 생물과 인간의 생명을 가능케 하는 생태계에 재앙적인 영향을 미칠 것이라고 예상했다.[1]

미디어의 관심은 위태위태한 세계 "경제 회복의 길"에 초점이 맞추어져 있지만, 경제 위기가 촉발한 혼란과 기후변화에 대한 높은 관심은 현재의 문제들에 대한 현상 유지적 해법이 더는 현실성이 없음을 보여 준다. 이 같은 흐름의 일환으로, 무한한 경제성장에 기반을 둔 현 경제체제의 지속 가능성에 대한 한 가지 중요한 — 여전히 주변적이기는 하지만 — 논쟁이 시작되었다. 이런 비판적 접근은 시장 동학의 내재적 불안정성뿐만 아니라, 성장 과정들이 지구의 제한된 자연 자원과 사회적 안녕well-being에 전반적으로 미치는 좀 더 장기적인 영향에도 초점을 맞춘다. 경제가 2퍼센트 또는 3퍼센트씩 성장할 때마다, 우리의 삶의 질 역시 같은 정도로 향상되는가? 우리는 내적 모순과 불균형에 의해 손상된 경제의 골간을 방어하기 위해 우리의 생태계를 희생해도 좋은가? 이 같은 질문과 더불어 경제성장의 대중적 아이콘인 GDP가 최초로 의문에 부쳐지고 있다. 『이코노미스트』지 같은 경제적 보수주의의 수호자조차 2010년에 이 주제에 대해 온라인 토론을 개최하고 "GDP는 생활 기준을 향상시키는 데 좋은 수단이 아니다"라고 결론지었다.[2] 경제적 전통주의의 또 다른 보루인 경제협력개발기구OECD 역시 GDP 성장의 도그마에 의문을 던져 왔다. OECD는 다음과 같이 인정한다.

20세기의 상당 기간 동안 경제성장이 진보와 동의어라는 암묵적 가정이 존재했다. GDP의 증가는 그만큼의 삶의 개선을 의미함이 당연하다는 가정이었다. 그러나 이제 세계는 그게 그렇게 간단하지 않다는 것을 알고 있다. 많은 나라들이 높은 수준의 경제성장을 달성했지만, 그렇다고 우리가 지난 50년 전보다 우리 삶에 더 만족(또는 행복)하게 된 것은 아니며, 늘어난 수입은 더 심화된 불안정성, 더 긴 노동시간과 우리 삶의 더 큰 복잡성을 대가로 한 것이었다.[3]

수십 년 동안 GDP의 주문呪文, mantra이 공적 토론과 미디어를 지배해 왔다. 나라들은 GDP에 따라 순위가 매겨졌고, '국력'에 대한 지구적 정의는 GDP에 근거했으며(초강대국, 신흥 세력 등), 지구적 거버넌스 기구들에 대한 접근권도 GDP 성과에 따라 부여되었고(예컨대, G8 또는 G20의 회원국은 그들의 GDP에 따라 선별된다), 개발 정책들은 GDP의 공식에 따라 만들어지고 집행되었다. 지금의 대침체에서 빠져나오기 위해 안간힘을 쓰고 있는 정부들은 그들의 정책 설계와 전략적 선택을 대개 GDP 성장이라는 철칙에 따라 정하며, 기후변화와 온실가스 배출을 완화하려는 세계적 노력들조차 많은 나라에서는 그것이 전 세계의 GDP 성장에 부정적인 영향을 끼칠 수 있다는 이유로 거부되고 있다.

이 책은 GDP의 역사를 추적하고, 그 공식이 어떻게 발전했는지 그리고 왜 그렇게 대중적인 것이 되었는지를 논의한다. 이를 통해 GDP를 지지하는 정치·경제적 이해관계자들과 그것이 만들어 내는 사회의 형태를 탐구한다. 또한 GDP에 대한 중요한 비판들은 물론이고, 전문가, 활동가, 시민사회 운동들이 개진하고 있는 대안들을 광범하게 살펴본다. 정치적인 견지에서 볼 때, GDP에 대한 현재의 비판은 우리 사회를 재고再考하고, 오래된 불평등과 부정의에 맞서는 민중들의 투쟁과 싸움에서 중요한 촉매제가 되고 있다.

GDP란 무엇인가?

현대 경제사상 속에서 부富에 대한 측정은 오랜 전통을 가진다. 1600년대에 영국의 정치경제학자 윌리엄 페티는 올리버 크롬웰이 정복한 아일랜드 땅의 가치를 체계적으로 분석함으로써 처음으로 국가적 부에 대한 조사를 수행했다. 수년에 걸쳐, 페티는 자산의 가치뿐만 아니라 노동의 가치도 측정할 수 있는 일련의 수학적 공식을 고안하고자 했다. 그의 의도는 정부에 (특히 과세의 목적에) 도움이 되면서도 현대 영국의 경제성장을 강화할 수 있는 계정 체계를 만드는 것이었다. 그는 정교한 개념화 및 방법론을 비롯해 다양한 측면에서 자신의 시대를 훨씬 앞섰다. 돌이켜 보면, 사실 주류 정치경제학은 대체로 중상주의의 영향을 받은 탓에, 왕이 소유하는 전체 부존 자산을 나라의 부를 나타내는 가장 좋은 지표로 여겼다. 이런 원칙에 기반을 두고, 프랑스 왕 루이 14세의 막강한 재상 콜베르는 무역이 이웃 나라들을 희생해 프랑스의 이해에 유리하도록 보장하는 강력한 상의하달식 제도를 설계했고, 이를 통해 국고에 금을 축적하고 무역수지가 흑자를 내도록 했다. 대략 같은 시기에 그의 시각은 일군의(주로 프랑스 출신) 중농주의자들의 도전을 받았는데, 그들은 국가의 부는 농업이 가진 잠재력과 그것의 개발 등과 같은 땅의 가치로부터만 나온다고 생각했다. 그들은 사회를 지주들로 구성되는 자산계급, 농업 노동자들로 구성되는 생산계급, 장인·전문직·상인들을 포함하는 비생산 계급, 그리고 경배하는(!) 왕으로 나누었다. 사적 소유와 부르주아지의 해방이라는 신념에 투철했던 중농주의자들은 나라의 경제적 산출을 농업의 생산적 활동과 동일시했고, 재화와 서비스의 생산을 농업 잉여의 소비라고 보았다.

사회가 생산적 기능과 비생산적 기능으로 구분된다는 시각은 대부분의 현대 정치경제학에 영향을 미쳤다. 예를 들어, 고전파 경제학의 아버지인 애덤 스미스에 따르면, 국가의 부는 개인들의 생산적 노동으로부터 만들어진다. 다른 모든 기능과 서비스들은, 그게 아무리 훌륭하게 이루어진다 하더라도, 아무런 내재적인 경제적 가치를 갖지 않는다.

사회에서 가장 존경받는 어떤 계층의 노동은, 하인의 노동과 마찬가지로, 아무 가치도 생산하지 않는 비생산적인 것이다. …… 예컨대 군주와 그 밑에서 봉사하는 문관, 무관, 육해군은 모두 비생산적 노동자들이다. 그들은 국민의 공복이고, 다른 사람들의 노동의 연간 생산물의 일부로 유지된다.[4]

하지만 스미스는 국가의 부를 토지에 국한하지 않았다. 앞서 페티에 의해 제시된 논의 위에서, 그는 한 나라의 수입은 "토지와 노동의 연간 전체 생산"에 의해 만들어진다고 주장했다. 대표작『국부론』에서 그는 이런 수입이 "궁극적으로는 그 거주민들의 소비를 충족하도록 되어 있다"고 이야기했다.

그러나 처음에 토지로부터 왔든, 아니면 생산적 노동자들의 손으로부터 왔든 간에, 그것은 자연스럽게 두 부분으로 나누어진다. 흔히 가장 큰 부분을 구성하는 부분은, 우선 자본을 보충하기 위한, 즉 자본으로부터 빼내어진 식료품, 원료, 완제품을 보충하기 위한 것이다. 다른 한 부분은 자본의 소유자에 대한 수입, 즉 그의 자본에 대한 이윤과, 또는 다른 사람의 수입, 즉 그의 토지에 대한 지대를 구성한다.[5]

이와 유사하게, 또 한 명의 고전파 정치경제학자 데이비드 리카도에게 재회의 가치는 그것을 생산하는 데 필요한 노동뿐만 아니라 이 과정에서 사용되는 원재료와 기계를 만드는 데 요구되는 노동에도 비례하는 것이었다. 그리고 칼 마르크스에 따르면, 사회의 모든 구성원들은 "연간 상품 생산물 가운데 자신들의 몫을 …… 일단은 생산물을 처음 할당받는 계급, 말하자면 생산적 노동자들, 산업 자본가들, 그리고 토지 소유자들 같은 계급의 수중으로부터만 얻을 수 있다."[6]

현대의 여러 사회에서 국가의 부는 통산 GDP라는 용어로 측정되며, 고전파 경제학에서와 같이 잉크로 적힌 길고 지루한 구절들이 아니라 매 3개월마다 한 나라의 경제가 얼마나 빠르거나 느리게 성장하는지를 말해주는 하나의 숫자로 표현된다. 미국에서는 상무부 경제분석국이 국민소득과 생산 계정을 담당하지만, 다른 대부분의 나라에서 국민소득 계측은 대개 통계청에서 매년 발표한다.

GDP는 일정 기간 동안, 대개는 매 분기마다, 생산된 재화와 서비스의 가치로 측정된다. 이 가치는 생산물의 시장가격으로 측정되며, 다음과 같은 공식으로 표현할 수 있다.

GDP = 소비 + 투자 + 정부 지출 + 수출 − 수입

미국에서 최초로 국민계정을 작성하는 책임을 맡은 이는 경제학자 사이먼 쿠즈네츠Simon Kuznets다. 그는 1934년 의회에 제출한 보고서에서 GDP에 대한 최초의 일반적 정의를 제시했는데, 그 전체를 인용할 가치가 있다.

해가 갈수록 이 나라 사람들은 그들이 소유한 재화의 저량stock을 바탕으로, 다량의 서비스를 그들의 욕구 충족을 위해 할애한다. 이들 각 서비스는 개인 부분의 노력과 국가의 재화 저량 일부의 지출을 포함한다. 이런 서비스들 가운데 일부는 석탄, 철강, 섬유, 가구, 자동차 같은 상품으로 실현되고, 다른 일부는 의사, 변호사, 공무원, 가정부 등등 직접적인 개인 서비스의 형태를 띤다. 만약 그해에 생산된 모든 상품과 수행된 모든 직접 서비스가 시장가격으로 추가된다면, 그리고 그 전체 결과로부터 우리가 이 전체를 생산하는 데 지출된 (원재료로서든 아니면 자본 설비로서든) 국가의 재화 저량 부분의 가치를 추출할 수 있다면, 그 나머지가 그해 동안 국민경제의 순생산이 된다. 이것이 생산된 국민소득이라 일컬어지며, 국민을 구성하는 개인들의 노력으로부터 만들어진 경제의 최종 생산물의 부분으로 간단히 정의될 수 있다.[7]

쿠즈네츠 자신이 설명했듯, GDP는 "경제적 재화의 순환 — 생산, 분

배, 소비 — 속에 있는 어떤 시기의 횡단면 자료로서 제시될 수 있는데, 이 자료들은 통계상의 난점이 없다면 결과적으로 서로 동일해야만 한다."[8] 그 결과 GDP를 측정하는 세 가지 방법이 있다. 첫째, GDP는 최종 사용자의 지출(또는 구매)의 총합으로 측정할 수 있다. 이는 '지출 접근법'이라 알려진 것으로 데이터는 기업, 서비스 부문 회사, 소매업자, 정부 부서 등으로부터 수집된다. 둘째, 최종 재화나 서비스의 시장가격이 생산과정에서 발생한 모든 소득과 비용을 반영해야 함을 감안하면, GDP는 이런 가격들의 총합으로도 측정할 수 있다. 이것이 '소득 접근법'(또는 국내총소득gross domestic income, GDI)이며, 가계의 구매력과 기업의 재무 건전성을 평가하기 위해 이용되곤 한다. 셋째, GDP는 생산과정의 각 단계에서 추가된 가치의 총합으로도 측정할 수 있다. 수천 개 기업들(특히 제조업과 서비스업 부문)에 대한 구체적인 조사를 통해 GDP를 측정하는 이 '부가가치 접근법'은 국민소득을 산업별 유형에 따라 해부할 수 있게 해주며, 산업별 산출 구성을 파악하는 데 일반적으로 이용된다.[9]

GDP는 주어진 기간 동안의 생산량을 파악하기 위해 고안된 것이며, 그 생산물이 직접적 소비에 쓰이든, 새로운 고정자산이나 혁신을 위한 투자에 쓰이든, 또는 감가상각된 고정자산을 대체하기 위해 쓰이든 상관이 없다. 그러나 생산과정에서 자산과 자본은 노후화, 마모와 손상, 사고로 인한 파손과 진부화로 인해 소모되기도 한다. 이런 '경제적' 감가상각이 GDP에서 공제되면, 그것이 국내'순'생산net' domestic product이며, 실제 소비에 이용할 수 있는 한 나라의 산출이 어느 정도인지, 즉 얼마나 많은 재화와 서비스가 실제로 소비자에게 제공되는지를 측정한 것이 된다. 순생산은 (소모된 고정자산을 대체하는 데 필요한 투자를 제외한다는 점에서) 확실히 생산에 대한 좀 더 정확한 추계이지만, 감가상각의 계산은 오래 걸리고 종종 번거로운 과정이기도 하다. 이런 사정으로 말미암아 그 '큰'gross 사촌뻘인 GDP가 대중적 아이콘이 되었다. GDP의 측정이 좀 더 신속하며 분기별로 시장(그리고 미디어)에 제공될 수 있기 때문이다.

20세기에 국민소득은 대체로 국민총생산gross national product, GNP이라는 용어로 측정되었는데, 이는 생산이 국내에서 이루어지든 해외에서 이루어지든 상관없이 그 나라의 국민이 생산하는 재화와 서비스의 가치를 나타낸다. GDP라는 머리글자는 훨씬 나중인 1990년대 초반에 도입되었는데, 경제 및 금융의 지구화로 회사들이 세계를 돌아다니며 수익을 벌어들이고, 탈지역화할 수 있게 된 시기였다. '국내'에 초점을 두기 때문에, GDP는 국내 회사와 외국 회사를 가리지 않고 그 나라 안에서 생산된 재화와 서비스만을 측정한다. 결과적으로 상하이에 기반을 둔 미국 회사가 생산한 재화와 서비스는 중국의 GDP로(그리고 역으로, 미국의 GNP로) 계산되며, 시애틀에 기반을 둔 중국 회사의 생산물은 미국의 GDP로(그리고 역으로, 중국의 GNP로) 합산된다.[10] 복잡함을 피하기 위해, 이 책에서는 이 두 지표들의 역사적·기술적 차이점들을 명확히 구별하지는 않을 것이다. 다만, 별다른 언급이 없는 한 언제나 GDP를 언급하는 것으로 한다.

GDP의 정치학

GDP가 현대 세계에서 가장 유명한 '숫자'이자 매우 강력한 정치 도구라는 데에는 의심의 여지가 없다. 지난 세기를 지나오면서 GDP는 자본주의 나라들뿐만 아니라 사회주의사회들도 지배했다. 게다가 냉전 시기 동안 GDP 경쟁은 군비경쟁만큼이나 두 '블록' 사이의 심각한 라이벌 관계를 전형적으로 보여 주었다.

이 마법의 숫자는 1930년대에 미국이 대공황으로부터 벗어나는 것을 돕기 위해 발명되었다. 당시 대통령이었던 허버트 후버는 경제정책으로 자유방임을 내세워 당선되었고, 지난 10년간의 추세였던 실증주의 경제학의 전반적인 지지를 받았지만, 위기를 완화하기 위한 그의 초기 정책들은 위험천만할 정도로 효과적이지 못한 것으로 드러났다. 집권 8개월 만에 그는 1929년 10월의 검은 화요일Black Tuesday로 상징되는 끔찍한 경제 침체 속으로 내던져졌고, 미국 주식시장의 붕괴는 세계경제에 도미노 효과를 촉발했다. 애초 후버 대통령은 징부의 그 어떤 직접적 개입 없이도 시장이 침체로부터 벗어날 길을 스스로 찾을 것이라고 깊게 믿고 있었다. 하지만 위기가 심화되자 그는 [일정한 개입을 통한] 좀 더 현실적인 교정책에 의지하고자 했다. 그러자 회복을 자극하는 정부의 역량을 측정할 수 있는 일종의 기준선이 필요하게 되었다. 그는 통계학자들에게 도움을 요청했지만, 후버 행정부는 경제의 상태에 대한 신뢰할 만하고 일관된 계측 자료를 전혀 갖고 있지 못했다. 1932년에 민주당의 프랭클린 D. 루스벨트가 대선에서 압도적인 승리를 거두자, 국민소득을 측정하는 방법의 필요성이 더욱 높아지게 되었다. 실제로 뉴딜 정책 전반은, 거시 경제적 안정성에 대한 개입주의적 접근과 더불어, 정부가 경제의 상태를 면밀히 파악할 수 있고, 정책의 영향을 정기적으로 평가할 수 있다는 전제에 바탕을 두고 있었다.

GDP에 대한 초창기 계측이 발전하고 국민계정체계system of national accounts,

SNA가 만들어진 것은 바로 이 격동의 기간 동안이었다. 몇 년 뒤, 제2차 세계대전의 발발과 더불어 경제 생산에 대한 하향식 명령의 필요성이 크게 대두하자, GDP와 정치 사이의 밀접한 관계가 더욱 분명해졌다. 실제로 산업 생산의 강점과 약점에 대한 정기적이고 세밀한 통계자료를 이용할 수 있었던 덕분에 미국 정부는 군수물자 생산에서 적들을 압도할 수 있었다. 더욱 중요한 점은 내수를 저해하지 않으면서 민간 경제를 전쟁 기계로 전환할 수 있었다는 것인데, 이는 전쟁 수행에 필요한 세수를 창출하고(그래서 히틀러의 전시경제가 경험한 것들과 같은 병목현상을 피하고) 전후에 대규모 소비를 진작하는 데 매우 이로운 것으로 드러났다. 하지만 GDP는 그저 하나의 숫자가 아니라 강력한 선전 도구이기도 했다. 20세기 중반 이후 경제 성과의 평가는 미국과 소연방이라는 양극의 경쟁 관계에서 중요한 구성 요소가 되었고, 정보기관과 경제 전문가들까지 참여하는 대리전 양상을 띠게 되면서 종국에는 공산주의의 몰락으로까지 귀결되었던 것이다.

중립성이라는 외양을 띠고 있을지라도, GDP는 하나의 사회 모델을 나타내게 되었고, 경제 과정뿐만 아니라 정치과정이나 문화 과정에도 영향을 미치게 되었다. GDP는 정부의 거시 경제정책을 인도하고 사회적 영역에서 우선순위를 설정한다. 예를 들어, 유럽연합의 안정 및 성장에 관한 협약Stability and Growth Pact*에 따르면, 회원국 정부들이 교육이나 보건과 같

은 공공재에 투입할 수 있는 재정의 양은 전반적으로 GDP 성장에 '묶여' 있으며, 결과적으로 무섭도록 기계적인 방정식을 만들어 낸다. 즉, GDP 가 낮아지면 곧 사회 투자도 줄어든다는 뜻이다. 평등, 사회정의, 재분배 와 같은 도덕적 원리들은 GDP의 계산 결과에 종속되며 그것들이 GDP 주도의 발전 모델과 양립할 때만 정책 입안자들에 의해 채택될 수 있을 뿐 이다. 미국의 최근 역사에서 가장 큰 규모였던 이른바 부시 감세Bush tax cuts 는 GDP 성장을 촉진해야 한다는 이유로 대대적으로 정당화되었던 반면, 연방 생활임금을 올리기 위한 노력들은 GDP의 전체적인 전망이 암울해 짐에 따라 좌절되고 말았다.[11] 우리의 지리학(도시화 과정부터 공적·사적 영 역의 운영에 이르기까지)은 GDP의 정치학에 좌우된다. 마케팅 전략, 광고, 소비 패턴과 생활양식 모두에 GDP가 영향을 미친다. 심지어 자선 활동마 저 GDP에 의존하게 되는데, 공공 자선사업이든 민간 자선사업이든 간에 대체로 경제성장의 성과와 관련되기 때문이다. 경제가 더 많은 돈을 벌어 들일수록 더 많은 재정이 '선행'에 사용될 수 있는 것이다.

GDP의 수사학과 그 소비 모델은 정치 담론 내에서도 승승장구했다. 이는 2001년 9월 11일 테러리스트의 공격에 대한 세계 지도자들과 여론 주도자들의 최초 반응에서도 매우 잘 드러났다. 미국의 조지 W. 부시 대 통령이 미국인들에게 "비행기를 타고 다니며, 미국에서 계속 사업을 하세 요"라고 재촉한 것이나, 그의 영국 짝꿍 토니 블레어가 경제가 바로 설 수 있도록 동포들에게 "여행하고 쇼핑하라"라고 격려한 일은 잘 알려져 있 다.[12] 이와 비슷하게, 당시의 캐나다 수상 장 크레티앵은 테러리즘을 격파 하는 최선의 방법은 소비의 지속이라고 말했다. "나가서 주택 융자를 받고 집을 사고 차를 살 때입니다. …… 세계경제는 사람들이 일상으로 돌아가

기를 원합니다. …… 그것이 반격하는 방법이지요."¹³ 공격 열흘 뒤의 한 라디오 인터뷰에서 뉴욕 시장 루돌프 줄리아니는 이를 다음과 같이 아주 분명히 언급했다. "모든 사람들이 우리, 뉴욕 시민들을 그리고 전국에 있는 모든 미국인들을 도울 수 있는 방법이 하나 있습니다. 여기로 와서 돈을 쓰세요. …… 쇼핑을 하는 겁니다. 우리는 세계에서 가장 뛰어난 쇼핑족 아닙니까."¹⁴ 공화당 지지자와 민주당 지지자, 보수주의자와 진보주의자, 국회의원들과 지방공무원들 모두가 똑같은 신조로 하나가 되었다. 사람들이 평범한 소비 습관으로 돌아가도록 격려하는 수천 통의 편지가 미국의 신문 지면에 넘쳐 났다. 공격 일주일 뒤 『마이애미 헤럴드』*Miami Herald*에 실린 한 편지에는 이렇게 적혀 있었다. "애국을 위해 할 일들입니다. 주식을 팔지 말고 더 많이 살 것, 비행기를 타고 하던 일을 계속 할 것, 쇼핑을 다시 시작할 것." "가자, 미국이여, 그토록 사랑하는 쇼핑을 위해."¹⁵

GDP는 공공 정책 설계의 핵심 도구가 되었을 뿐만 아니라, 테크노크라트와 기업 전문가들에게도 전례 없는 권력을 부여했다. 정치인들은 경제 보좌관들의 끊임없는 지원 없이는 일을 계속할 수가 없었다. 강단의 경제학자들은 강의실을 떠나 성공적인(그리고 엄청난 보수를 챙기는) 정치 경력을 쌓기 시작했다. 경제학 학부들은 다양한 사고가 자유롭게 펼쳐지는 각축장이 아니라, 경제 컨설턴트 양성소가 되었다. 정치경제학이 전문가들의 수중에서 만들어지게 됨에 따라, 정치경제학의 방향과 목표 역시 일상의 정치적 경합과 거리를 두게 되었다. 사회는 방향타를 쥐고 있는 경제 전문가들이 모두에게 무엇이 최선인지를 알고 있다고 받아들이게 되었다. 개인들은 시민으로서의 힘을 잃고 소비자로서의 영광을 누렸다.

그렇게 세월이 지남에 따라, GDP는 경제적 진보에 대한 우리의 사고를 형성했다. 산업 생산의(특히 오염 물질을 대량으로 만들어 내는 산업들의) 효과를 칭찬하는 반면, 기술혁신의 효과는 평가절하했다. 게다가 GDP는 비공식 경제의 비중을 의도적으로 경시했다. 가계 수준에서 이루어지는 수치화되지 않는 서비스들을 비롯해, 수백만 명에게 필수적 지원을 제공하며 많은 경우 현실 경제의 등뼈를 구성하는 많은 '잡다한 일들'odd jobs까지 말이다. 하지만 국제통화기금IMF이 보고했듯이 비공식 경제는 세계적으로 주목할 만한 수준에 도달해 있다. 2002년 기준으로 보면, 개도국 성장의 44퍼센트, 전환 경제[사회주의 계획경제에서 시장경제로 전환 중인 경제]의 30퍼센트, 그리고 OECD 국가의 16퍼센트를 비공식 경제가 담당했다.[16]

GDP는 사회적 복잡성을 건조한 숫자들로 양식화했고, 이를 통해 인간적·사회적·생태적인 관심들을 희생하며 시장 사회를 양성했다. GDP는 물질저 부의 시대를 열었지만(최소한 산업화된 사회의 일부에게는 말이다), 그동안 불평등이 양산되었고, 자연 자원이 고갈되었으며, 사회적 고통은 가중되었다.

GDP에 대한 비판들

경제성장이 선[재화]goods뿐만 아니라 '악'bads(즉, 부정적 외부성들)도 생산한다는 생각은 현대자본주의가 태동할 때부터 존재해 왔다. 그러나 시장경제의 초창기인 18세기에, 지식인들과 여론 주도층은 팽창하는 상업과 산업 생산의 부수 효과가 대체로 긍정적이라 보았다. 예를 들어, 몽테스키외가 주창한 온화한 상업doux commerce 이론은 자본주의를 "야만적인 방식을 다듬고 부드럽게 하는" 온화한 힘으로 묘사했다. 윌리엄 로버트슨은 로마제국의 몰락부터 현대에 이르는 유럽 역사를 설명한 중요한 저작인 『유럽에서의 사회 진보에 대한 시각』 *View of the Progress of Society in Europe*(1769)에서 상업의 성장에 대한 몽테스키외의 평가를 전적으로 받아들였고, 그와 동시대인 가운데 한 사람인 프랑스의 철학자이자 수학자 콩도르세는 생활양식[예절, 풍습]manners이 "상업과 산업 정신의 영향을 받아 더 온화해"졌다고 주장했다. 이와 유사하게, 미국과 프랑스혁명 모두의 지적 지도자 가운데 한 사람인 토머스 페인의 말에 따르면, 상업은 "개인뿐만 아니라 국민들을 서로 이롭게 하여 인류를 우호적이게 만드는 평화적 체계다."[17]

하지만 초기의 이 같은 낙관주의는 대부분 산업혁명이 사회관계들에 초래한 충격들로 말미암아 금세 빛이 바랬다. 경제사가 아널드 토인비는 19세기의 첫 절반을 "어떤 국민이 겪었던 것보다 재앙적이고 공포스러운 시기"였다고 주장했다. 그 까닭은, 부가 크게 증가할 때마다 빈민도 엄청나게 증가하는 것을 목도하게 되었고, 대규모 생산과 자유경쟁의 결과는 계급의 급속한 소외와 생산자 다수의 지위 하락이었기 때문이다.[18]

빅토리아 시대에 이루어진 경제성장의 사회적 결과를 지켜보면서, 영국 작가 토머스 칼라일은 잘 알려져 있듯이 경제학에 '음울한 학문'the dismal science이라는 딱지를 붙였다. 그는 1850년에 다음과 같이 썼다. "수요와 공급, 자유방임, 자율의 원칙, 시간이 해결해 줄 것이다. 영국의 산업 현실이 금세 심신의 역병을 퍼트리는 구린내 나는 거대한 독우물로 변하는 게 느껴질 때까지."[19] 『공산당선언』과 같은 초기 저작들에서 마르크스와 엥겔스는 자본주의적 관계들이 즉시 화폐화될 수 없는 모든 것의 가치들을 파괴함으로써 어떻게 사랑, 가족, 애국심 같은 전통적 가치와 제도들을 허물어트리는지 묘사했다. 찰스 디킨스는 그의 성공작『크리스마스 캐럴』을 통해 인간성과 동정심이 부재한 현대 산업을 공박했다.

지난 수십 년 동안 진보적 경제학자들, 생태적 성향의 싱크탱크와 NGO들은 GDP가 정책 결정에 미치는 영향력을 제한하기 위해 많은 비판을 해왔다. 이 '전능한 숫자'를 권좌에서 끌어내리고, 사회적 안녕에 대한 좀 더 신뢰할 만한 척도들 생산해 내기 위해 무수히 많은 대안 지표들이 만들어졌다. 경제 성과와 환경 자원을 비교하는 지표들은 경제성장의 인간적·환경적 비용들을 계산할 필요성을 강조하는 '참진보'genuine progress 이론들에 힘입어, 한동안은 유용성을 갖기도 했다. 하지만 지금까지도, 이같은 비판은 작은 전문가 울타리로 국한되어 있는 반면, GDP는 대중성과 영향력을 여전히 키워 가고 있다. 최근에 와서야 환경과 경제 '위기들'의 융합이 이 논쟁에 새로운 자양분을 공급했고, 정치 영역 내에서도 중요한 행동들을 촉발시키고 있다.

이런 행동들 가운데 일부는 단지 화장술[겉치레](일부 '그린워싱'● 요소들이 부각되는)에 불과할 뿐인 경우도 있지만, 좀 더 급진적인 변화를 지향하는 것들도 있다. 예를 들어, 2004년에 중국은 환경 파괴, 오염 등과 같은 부정적 외부성들이 금융에 미치는 영향을 계산하기 위해, '녹색' GDP를 중국의 주된 경제지표로 삼을 것이라고 발표했다. 2007년 11월에 유럽연

● 기업이 환경에 해로운 활동을 하면서 그것이 마치 친환경적인 효과를 갖는 것처럼 광고하는 행위로, '녹색 분칠'이라고 번역하기도 한다. 여기서는 정부가 행하는 기준 설정이나 정책을 포함하는 넓은 의미로 쓰였다.

합은 "GDP를 넘어서"Beyond GDP라는 제목의 고위급 회의를 개최했고, 2년 뒤에는 위원회를 통해 『GDP와 그 너머: 변화하는 세계에서 진보의 측정』 *GDP and Beyond: Measuring Progress in a Changing World*이라는 보고서를 내놓았다. 보고서는 GDP가 "전반적인 사회 발전과 일반적인 진보에 대한 대리 지표로서 간주되어 왔"는데, 이는 과도한 것이라고 지적했다. GDP는 환경적 지속 가능성이나 사회 통합을 측정하지 않기 때문에, "이를 정책 분석이나 논쟁에 활용할 때에는 그 한계들을 고려해야 한다"는 것이다.[20] 전 프랑스 대통령 니콜라 사르코지가 설치하고 노벨상 수상자 조셉 스티글리츠와 아마르티아 센이 의장을 맡은 특별 위원회도 GDP가 안녕의 측정 도구로는 근본적으로 부적절하다고 강조했다. 위원회가 펴낸 2009년 보고서는 GDP를 대체할 수 있는 다수의 대안 지표들을 살펴보고, GDP가 시장 생산의 측정 도구임에도 불구하고 종종 경제적 안녕의 측정 도구인 양 취급되어 왔음을 다음과 같이 환기했다. "두 가지를 혼동하면 사람들이 얼마나 잘 사는지에 대한 잘못된 지표화를 초래하게 되고 이는 잘못된 정책 결정으로 이어질 수 있다."[21]

많은 경제학자들 역시 GDP에 문제를 제기했다. 그 가운데 일부는 내적 비일관성에 초점을 두었고, 다른 이들은 복지welfare 측정 도구로서의 결함을 지적했지만, 또 다른 ― 가장 급진적인 ― 이들은 경제성장이라는 사고 자체를 거부하며, 그것이 우리 행성의 유한한 자원과 양립 가능하지 않다고 주장했다. 주장들의 다양성 탓에, 이 책이 GDP에 대한 각각의 그리고 모든 비판들을 다 제대로 다룰 수는 없을 것이다. 각 주제들을 자세하게 해부하고 GDP에 반대하는 문헌들을 쌓아 놓고 논의하려면 책 열 권쯤은 필요할 것이다. 지면의 제약 때문에 그리고 화두를 풀어내기 위해서,

이하의 글에서는 가장 중요한 비판들만을 언급하게 될 것이다.

그럼에도 가장 중요한 것은, GDP의 성장에 대해서는 전문가뿐만 아니라 평범한 사람들도 비판을 제기해 왔다는 점이다. 이는 세계 여러 곳으로 널리 '판매'되기에 앞서 GDP의 신조가 발전했던 산업사회들에서 특히 그러했다. 국제 투기자본에 의해 피폐해지고, 중국과 인도를 비롯한 고속 성장 경제들의 만만찮은 경쟁력에 맞서 '희생을 통한 성장'growth at all costs이라는 경주를 계속 이어나가는 것이 불가능해졌음이 분명해진 북미와 유럽은 오늘날 태풍의 눈에 들어와 있다. 참으로 예기치 못한 이런 곤경으로 말미암아, '옛 서구'는 수정주의적 접근이 활발히 모색되기에 적합한 비옥한 토양으로 바뀌었다. GDP에 맞서 싸우고 우리의 지배적 경제 모델을 근본적으로 재고하는 시각을 가진 새로운 시민사회 기획과 운동들이 양 대륙 곳곳에서 무르익고 있다. 다양한 지역사회 결사체들, 비정부 조직들, 환경 운동과 여타의 시민사회 그룹들이 대안 화폐에서부터 '탈성장'degrowth 기획에 이르기까지 창조적 모델들을 실험하며, 안녕을 고취하고 공공재를 방어하며 우리의 생태계를 지키려 하고 있다.

1장. GDP의 역사: 위기에서 위기로

GDP를 비롯해 여타의 국민소득계정들이 난해한 개념처럼 보일 수는 있지만, 20세기의 가장 위대한 발명품들인 건 사실이다.

___노벨경제학상 수상자, 폴 A. 새뮤얼슨과 윌리엄 D. 노드하우스

GDP의 발명은 경제학의 '맨해튼 프로젝트'였다.

___앨런 앳키슨,『지속 가능성의 변화』

국민소득을 측정하려는 최초의 시도는 17세기 아일랜드로 거슬러 올라가지만, 현재의 국민계정체계SNA는 그 역사가 훨씬 짧다. GDP 또는 애초에 GNP로 불린 것은 20세기에, 그것도 경제 위기가 극심했던 시기에 발명되었다. 1930년대의 대공황은 산업 생산과 고용에 심각한 타격을 입혔고, 이로 말미암아 미국의 정책가들과 경제학자들은 국민경제의 상태와 실적을 시기마다 평가할 수 있는 체계적인 방법을 개발하는 데 관심을 갖고 동참하게 되었다. 당시 정부는 기존의 데이터가 너무나 개략적이고 비교가 어려운 탓에 거시 경제정책의 방향을 이끌 좀 더 신뢰할 만한 증거가 필요했다. 제

2차 세계대전이 발발하자, 국방 예산이 미국 경제의 산출을 추동하는 가장 중요한 동력이 되었고, 거대 기업들은 신속히 군수품과 군사 장비 생산자로 전환되어야 했다. 이런 맥락에서, 내수를 위축시키지 않으면서도 민간 경제를 전쟁 기계로 효과적으로 전환할 수 있는 속도를 측정해 내는 능력은 미국이 다른 나라들보다, 특히 나치 독일보다 결정적으로 우위에 있는 것으로 드러났다. 모든 점에서, GDP의 발명은 최소한 맨해튼 프로젝트를 통해 개발된 원자폭탄 이상으로 미국이 전쟁에서 승리하는 데 도움을 주었다. 결국 GDP와 전시경제 사이의 이처럼 긴밀한 연관은 전후 시대, 특히 냉전의 종식과 더불어, 미국이 유일한 강대국으로 등장하고 그 소비 모델이 전 세계 대부분의 마음을 사로잡게 될 때까지도 전혀 사위어 들지 않았다.

그 이후로도 GDP는 세계은행과 IMF 같은 국제 금융 기구의 정책을 좌우해 왔고, 사실상 모든 정치와 경제 거버넌스 부문들을 이끌었다. 지난 수십 년 동안 GDP 실적은 정치 지도자가 누구든, 산업 발전 수준과 문화적 배경이 어떠하든 간에, 세계 대부분(전부는 아니더라도)의 나라에서 최우선 순위가 되었다. 또 다른 위기, 즉 2008년 시작된 대침체가 오기 전까지는 말이다. 그리고 경제성장이 초래한 환경 파괴가 이 위기와 결합되었다. 이 장은 이 모든 것이 어떻게 벌어지게 되었는지에 대한 이야기다.

숫자와 정치: GDP의 전사

국민경제 계정 체계를 설계하려는 첫 시도는 1652년 아일랜드에서 이루어졌다. 크롬웰은 아일랜드에서 발생한 봉기를 진압한 직후, 자신의 부대에게 전리품으로 약속한 토지를 재분배하기 위해, 영국 육군의 군의관이었던 윌리엄 페티에게 아일랜드의 부에 대한 체계적인 조사를 요청했다. 페티는 혁신적인 조사 도구와 숙련된 병사들의 도움을 받아 13개월 만에 5백만 에이커 이상의 지역에 걸쳐 있는 30개 정도의 주에 대한 지적도를 작성했다. 통상 [아일랜드] 토지조사Down Survey로 알려진 이 작업이 체계적인 경제 분석을 통해 한 나라의 부를 측정한 최초의 시도를 대표한다. 당연하게도, 이 조사가 현실에 적용됨에 따라, 은밀히 감춰져 있던 이 조사의 정치적 의도가 좀 더 분명히 드러났다. 일단 처음부터 이 조사는 영국 정부의 이해에 봉사하기 위해 고안된 것으로, 조사의 주된 목적은 이 지역의 민중들(특히 가톨릭 인구)로부터 생산적 토지를 수탈하고 이를 점령자의 영구적인 수입원으로 만들어서 아일랜드 문제를 해결하는 것이었다. 몇몇 역사가들은 이 통계 사업이 아일랜드의 토착 문화를 뿌리 뽑는 데 얼마나 기여했는지를 예증했고,[1] 또 다른 이들은 이를 '본원적 축적의 거대한 실험'으로 묘사했다.[2] 페티의 작업은 새롭게 획득된 정보를 통해 정부가 세금을 거두고 사적 개인들이 소유한 부의 양을 제한할 수 있는 수단이자, 지방의 자율성을 제약하고 잠재적 반대파들의 손에 자본이 집중되는 것을 막을 수 있는 유용한 지적 수단이었다.

개인적인 차원에서 보면 이 조사는 페티 자신에게도 금융자산을 불릴 수 있는 황금 광산이 되었다. 영국 직물 상인의 아들이었던 이 청년은 불과 몇 년 만에 거의 1만9천 에이커에 이르는 아일랜드 땅을 얻게 되었는데, 이 가운데 일부는 급여 대신 지급된 것이었고, 또 일부는 정부로부터 토지를 수여받은 군인들에게서 그가 사들인 것이었다. 어떻게 이게 가능했을까? 그 이유는, 그의 조사 결과에 근거한 법률에 따라 이 땅의 대부분이 '수익성 없는' 것으로 선언되었기 때문이다. 페티는 바로 이 땅을 군인들로부터 헐값에 사들였던 것이다. 수익성이 없는 것으로 선언되긴 했지만, 이 땅은 페티가 축적한 막대한 자산의 주요 원천이 되었다. 1652년만 해도 그의 총자산은 500파운드에 미치지 못했지만, 1685년에 이르면 그의 개인 자산은 6,700파운드로 집계되었다.[3] 의회는 몇 가지 사건을 들어 그가 뇌물을 수수하고 자신의 공적 지위를 활용해 부당한 이익을 취했다는 혐의로 탄핵하려 했지만, 정부가 그를 방어했고 1660년에 왕정이 완전히 복구되자 그에 대한 모든 기소는 곧바로 기각되었다. 찰스 2세는 크롬웰을 보좌한 공로로 그를 용서하고 기사 작위를 수여했으며, 칙서를 내려 아일랜드 내에 있는 그의 모든 개인 자산을 보장해 주었다.

역사학자 메리 푸비Mary Poovey에 따르면, 페티는 "자신의 경험과 수학 그리고 공평무사함 사이를 연결해 주는 고리를 만들었는데, 이는 자신이 아일랜드에서 경험했던 [두 가지] 일•을 그가 왕을 위해 생산한 지식에 [한 가지 경험은] 핵심적이면서 [다른 한 가지 경험은] 부수적인 것으로 만들었다.

———

• 이는 본문에도 나오듯이 두 가지 경험 — 한편으로 페티가 아일랜드에서 토지조사 사업을 시행하면서 그 땅의 넓이와 수익성을 직접 관찰했다는 점과, 다른 한편으로는 아일랜드에서 자신의 공적 지위를 활용해 부당한 이익을 취함으로써 거대한 부를 쌓은 혐의로 탄핵을 받았던 경험 — 을 가리킨다. 특히, 페티는 아일랜드에서 쌓은 엄청난 부로 인해 페티가 왕에게 권고하는 정책들이 사적인 이해관계에서 비롯된 것이라는 비판에 노출될 수밖에 없었다. 페티는 본문에서 지적된 것과 같은 연결 고리를 만들어 냄으로써, 토지조사를 직접 수행했던 경험은 왕에게 권하는 지식에 핵심적인 것으로, 엄청난 부를 쌓았던 경험은 왕에게 권하는 지식에 부수적인 (중요한 영향을 미치지 않는) 것으로 만들었다. 이에 대해서는, M. Poovey, *A History of the Modern Fact*(Chicago and London: University of Chicago Press, 1998), 123-124쪽을 참조.

이런 연결 고리에서 결정적인 것은 수리적 표현인데, 왜냐하면 단순히 셈한 것을 반영한 것일 뿐이라는 숫자에 대한 신뢰성은 직접적 경험을 통해서 더욱 커졌으며, '계산'computing의 정확성은 숫자들로부터 지식을 만든 사람[페티]의 개인적 이해관계를 소거하는 것처럼 보이게 했기 때문이다.[4]

정부는 물론이고, 왕과 개인적으로 친밀한 관계를 맺고 있던 덕분에, 페티는 영국의 경제정책에 지속적인 영향을 미칠 수 있었다. 무엇보다도 그는 중앙집권화 과정의 일환으로서 국가가 국내 소비, 생산, 교역, 인구 성장 등을 지속적으로 기록해야 한다고 권고했다. 이것이 결국 지방의 자율성을 축소시키고 그만큼 정부를 강화하게 될 것이라는 이유에서였다. 그는 또한 국내 생산의 추이에 지속적인 관심을 갖고 이를 기록해 두는 것이, 정부의 조세수입을 늘리고 유럽의 다른 경쟁국들에 맞서 영국이 팽창할 수 있도록 돕는 경제정책을 고안하는 데 도움이 될 것이라고 주장하기도 했다. 자신의 『경제 논집』Economic Writings에서 페티는 "만약 모든 사람들의 자산 가치가 언제나 그의 면전에서 파악될 수 있다면", 경제활동은 융성할 것이고 국가의 부도 무한히 성장할 수 있을 것이라고 주장했다.[5] 물론 이런 유의 계산은 수익성 없는 땅과 수익성 있는 땅을 단순히 분별하는 것 이상을 필요로 할 것이다. 우선, 각 재산에 대한 일정한 평가가 필요할 것이며, 여기에는 그것을 수익성 있게 하고 생산이 계속 이루어지도록 하는 데 필수적인 노동의 양이 포함되어야 할 것이다. 그리하여 경제적 계산이라는 복잡한 세계로 뛰어든 페티는, 그의 생애 후반을 군주의 경제 보좌역으로 지내면서 이 문제들에 관심을 집중하기 시작했다. 그의 목표는 재산과 노동의 가치를 비교해 둘 다를 과세 대상이 되도록 하는 '불편부당한'

방법을 개발하는 것이었다. 그가 보기에 좀 더 정교한 국민계정체계는 군주가 "계산된 세금을 궁극적으로 거둬들일 수 있도록" 해줄 것이며, 그래서 정부가 화폐를 사회 내에서 자유로이 순환하도록 하고 신민들이 교역을 하고 생산을 하도록 만들 것이었다.[6] 그는 사회를 하나의 경제적 집합체로 상상했는데, 그 안에서 전체적인 생산은 영국이 전 세계에서 행사하는 자신의 이해관계 속에서 이루어지는 것이다. 이 과정에서 일부 개인들은 손해를 보고 또 다른 일부는 이득을 얻겠지만, 페티에게 진정으로 중요한 것은 국가가 하나의 경제적 실체로서 성장할 수 있으리라는 것이었다. 혹자들이 정부와 국민 사이의 다툼으로 본 것에 대해, 그는 다른 국가들에 대항해 이루어지는 양자 공동의 노력으로 묘사했다. 또한 "운에 달린 게임처럼 여겨지던 것"은 "공평한 것으로 볼 수 있는" 부의 순환이 된다.[7]

영국의 정치경제학을 '현대화'하기 위해 노력하는 가운데, 페티는 양화될 수 있는 실체를 측정하는 데서 멈추지 않았다. 노동 가치를 경제적으로 측정하는 것에 대한 관심이 높아지면서, 그는 통계 기술을 활용해 "사람의 가치"를 추정할 수 있다고 생각했다.[8] 그의 접근에 따르면 '가치'는 여타의 심리적·도덕적·종교적 의미 없이 화폐적 측면만으로 측정되어야 했다.

영국의 국민 숫자가 6백만 명이라 치고, 1인당 지출이 7파운드로, 합계 4,200만 파운드라고 가정하자. 그리고 이 나라의 지대는 8백만 파운드이며, 모든 개인 자산의 연간 이윤이 8백만 파운드라고 하자. 그러면 국민의 노동이 나머지 2,600만 파운드를 조달한 셈이 된다. 이제 이것을 20배 하면(인간 집단의 가치는 토지와 마찬가지로 연간 구매 지출 20년분에 해당한다) 5억2천만 파운드가 되는데, 이것이 전체 국민의 가치이다. 이것을 6백만 명으로 나누면 80만 파운드가 되는데, 이것이 남성과 여성 그리고 어린이 1인당 가치이며, 여기서 성인의 가치는 어린이의 두 배로 본다. 이로부터 우리는 전염병, 전쟁에서의 살상, 외국 군주를 위한 파병으로 입는 손실을 계산할 수 있다.[9]

냉소적으로 들릴지 모르지만, 페티는 인간에게 화폐적 가치를 매길 수 있다고 진심으로 믿었다. 사람의 상품화를 주장한 것은 아니지만, 그는 개인들이 나라의 경제적 자원이며 그런 만큼 그들의 경제적 가치를 어떻게든 평가할 필요가 있다고 생각했다. 비록 대체로 일반화와 가치판단에 근거한 것이었지만, 산술적 계산의 불편부당함에 대한 깊은 신봉자인 그는 자신의 접근법을 국민의 가치에 대한 사실적 표현으로 제시했다. 외견상 중립적으로 보이는 숫자에 의지함으로써, 페티는 자신의 이론이 결국 정부가 국민을 인간으로서보다는 수단과 상품으로 간주하도록 만들었다는 사실을 숨길 수 있었다. 그리하여, 페티의 시대가 지나고 얼마 되지 않아 경제적 성과에 대한 강박관념이 공적인 정책 결정 과정에서 최우선의 목표로 자리 잡게 되었다. 그리고 국민소득뿐만 아니라 사람들의 전체 가치까지 측정하는 경제 계정의 채택은 중앙정부에 강력한 도구가 될 수 있었다. 페티의 경제 이론은 정책 계획에 비용-편익 분석이 도입되는 길을 은밀히 닦아 놓았던 것이다. 그래서 만약 인간 생명의 가치가 화폐로 정해질 수 있다면, 왕은 예를 들어 전염병을 방치하는 비용 대비 질병 예방의 비용이나 군사작전에 투여되는 인적 자본 대비 그것이 국내 소비 측면에서 일으킬 손실을 쉽게 비교할 수 있을 것이었다.[10]

정치권력에 대한 홉스의 기계적 기술이 현대 정치사상의 탄생을 알렸듯이, 한 나라의 부를 수학적으로 기술하기 위한 윌리엄 페티의 노력은 현대 정치경제학의 기초를 제공했다.[11] 사회현상(뿐만 아니라 인간존재까지도)의 가치를 숫자로 바꾸려는 그의 시도는 지식과 불편부당성을 향상시키려는 순수한 노력인 것처럼 제시되었다. [그러나] 사실상 이는 지배 엘리트의 이해에 복무하는 것이었으며, 지배의 도구로 널리 도입되었다. 그리고 이는, 예나 지금이나 경제적 성과를 측정하는 모든 작업들에도 해당되는 이야기다.

'전쟁 기계'로서의 GDP

국민경제를 나타내는 통계의 수집은 (윌리엄 페티의 선구적 작업이 보여 주듯) 서구 세계에서 오랜 전통을 지녔지만, 국민계정체계의 발명과 GDP의 측정은 비교적 최근의 것이다. 국민계정체계는 1930년대 미국에서 만들어져 미국 정부가 대공황으로부터 경제를 도약시키도록 해주었고, 더욱 중요하게는, 미국이 전시경제로 신속히 전환되어 생산을 극대화할 수 있게 해주었다.

국민계정의 최초 구성은 러시아 출신 미국 경제학자 사이먼 쿠즈네츠의 지도 속에 젊은 연구자들로 구성된 작은 팀에 의해 준비되었다. 유대계였던 쿠즈네츠는 1901년, 러시아제국에서 태어나서 차르 치하에서 어린 시절을 보냈다. 청소년기에는 마르크스주의적 사회주의에 대한 개량적 접근에 고무되어 온건한 멘셰비키 운동에 동조했으며, 때문에 레닌주의적 볼셰비키의 급진주의에 대해서는 반대 입장이었다. 1917년 10월 혁명 이후 러시아가 내전에 빠져들자 그의 가족은 고국을 떠나 터키를 거쳐 미국으로 이주했고, 여기서 쿠즈네츠는 경제학 공부를 이어 나가 컬럼비아 대학에서 박사 학위를 받았다.[12] 학자로서 쿠즈네츠는 펜실베이니아 대학부터 존스 홉킨스 대학, 하버드 대학에 이르기까지 미국의 여러 대학에서 가르쳤지만, 경제학에 대한 그의 주된 기여는 1920년대에 설립되어 곧 미국의 선도적인 경제 연구 기관이 된 전국경제조사국National Bureau of Economic Research, NBER의 수석 연구원으로 오래도록 재임하는 동안 이루어졌다. 한 사람의 연구자로서, 그리고 NBER의 창립 이사이자 저명한 정치경제학자로 후버 대통령이 설립한 사회동향위원회Committee on Social Trends 의장으로 선임되었던 웨슬리 C. 미첼의 가장 가까운 협력자로서, 쿠즈네츠는 당시 미국의 유수한 정책 결정 집단들 사이로 재빨리 진입하게 되었다.

1920년대 말이 되자 대공황이 미국을 덮쳤다. 노동자들이 매일 같이 해고되고 자본시장이 들썩였으며 전체 산업이 무너지기 일보 직전이었다. 연방 정부는 모든 수단을 동원해서 이 같은 상황에 대응해 보려 했지만, 경제 상태에 대한 체계적이고 정규적인 데이터의 부재로 말미암아 경제정책의 효과성이 위협받았다. 경제학자 리처드 프로이엔Richard T. Froyen에 따르면, "누군가는 후버 대통령과 루스벨트 대통령이 주가지수, 철도 재화고, 불완전한 산업 생산 지표들과 같은 엉성한 데이터를 기반으로 1930년대에 발생한 대공황과 맞서 싸우기 위해 정책을 설계했다는 사실에 크게 실망할지 모른다."[13] 미국이 경제적 구렁텅이로 더욱 깊이 빠져들자 백악관은 상무부에 정부의 정책들이 실제로 작동을 하고 있는지를 평가할 수 있는 일정한 사실 증거를 생산하도록 요청했다. 후버 대통령 자신이 전직 상무장관이었던 만큼, 상무부의 주요 인사들에게 일정한 숫자를 만들어 내도록 직접적인 영향력을 행사할 수 있었다. 선거가 예정되어 있었고 미국의 일등 시민으로서 그의 일자리가 걸려 있었다. 정치적 압력이 고조되는 가운데, 일군의 요원들이 산업 생산에 관한 데이터를 수집하고 보고서를 만드는 임무를 띠고 미국 전역으로 파견되었다.[14] 그들의 능력은 제한되어 있었고 그들의 방법은 대개 임기응변적인 것이었다. 결국 그런 모호한 증거가 경기 회복이 멀지 않았다는 후버의 생각을 부추긴 것도 놀랄 일이 아니었다. 하지만 이내 드러난 현실은 그렇지 않았다.

그러는 동안, 쿠즈네츠는 국민소득을 개념화하고 측정하는 작업을 시작했고, 1932년에 『사회과학 백과사전』 Encyclopaedia of the Social Science을 위해 글을 한 편 작성했다. 그가 제출한 초고 하나를 위스콘신의 공화당 상원의원 로버트 매리언 라폴레트Robert Marion LaFollette가 읽게 되었고, 그는 이제 백악관을 달래기 위한 엉성한 보고서를 작성하는 일을 그만두고 좀 더 체계적이고 신뢰할 만한 방법론 개발에 투자할 때가 되었다며 동료 의원들을 설득했다.[15] 라폴레트는 결의문을 작성했고 이는 미국 의회에서 즉각 승인되었다. 상무부는 대공황 발발 이후 모든 해(1929~31년)의 국민소득을 계측하는 임무를 공식적으로 맡았는데, 이는 당시 경제 상황뿐만 아니라 이 기간 동안 시간의 흐름에 따른 경제 실적을 측정하기 위해서였다.[16] 과학적 전문가의 부족으로 말미암아 상무부는 NBER에 기술 지원을 요청했고, 이에 따라 연구 프로젝트가 쿠즈네츠에게 위탁되었다. 두 명의 젊은 경제학자(장차 상무부에서 발간하는 공식 수치들의 주 저자가 될 밀턴 길버트 Milton Gilbert와 나중에 루스벨트 대통령의 경제 자문역으로 화려한 경력을 쌓게 되는 로버트 네이선Robert Nathan)의 도움 속에서, 쿠즈네츠는 마침내 자신의 이론들을 시험대에 올릴 수 있는 기회를 얻게 되었다. 제한된 재정과 인적 자원에도 불구하고 그는 주어진 시간대에 대한 계측을 완수했다.[17]

쿠즈네츠의 아이디어는 아주 간단한 것이었다. 즉 개인·기업·정부에 의해 이루어진 모든 경제적 생산을 하나의 숫자로 압축할 수 있는 일련의 총합적 척도를 만들어 낸다는 것이었다. 이 수치는 호황기에는 상승하고 불황기에는 떨어질 것이다. 쿠즈네츠의 초기 작업은 정부 관료들의 특별한 관심을 자극했고, NBER이 일련의 연례 대회를 개최해 학계와 정부 사이의 좀 더 긴밀한 연계를 형성하게 만들었다. 당시까지만 해도, 경제학자들과 정책가들은 상대적으로 분리된 두 세계에서 살고 있었다. 그러나 국민계정 통계의 모음집이 생산됨에 따라, 정책 설계(특히 거시 경제정책 영역)에서 이 두 집단 사이의 협력이 크게 늘어났다. 쿠즈네츠와 자유 시장 경제학자 밀턴 프리드먼의 주도하에 '소득과 부 연구회의'Conference on Research in Income and Wealth가 1936년에 처음으로 조직되었다. 여섯 개의 선도적 대학(시카고, 컬럼비아, 하버드, 미네소타, 펜실베이니아, 위스콘신)의 경제학과, 미국 상무부(내외 통상국), 농업부, 재무부, 노동부(노동통계국), 국가자원위원회, 연방준비제도 이사회, 중앙통계청, 전국 상공회의소, 그리고 NBER 등이 이 회의에 참석했다.[18] 학자들, 전문가들, 규제 담당자들, 정책가들 그리고 산업계의 핵심 이해 집단들이 회의에서 적절한 절차에 따라 대표되었다.

이 회의에서는 국민소득에 대한 최초의 측정 결과 및 자본구성 분야의 연구 현황뿐만 아니라, 거시 경제정책의 설계와 실행에 영향을 미칠 수 있는 방법론적이고 개념적인 몇몇 핵심 쟁점들에 대한 집중적인 논의가 진행되었다. 쿠즈네츠가 나중에 회상했듯이, '국민총생산', 즉 GNP라는 용어가 경제적 산출의 거시적 척도로 처음 도입된 것이 이 회의 동안이지만, 국민소득에 대한 정의는 생산과정에서 소비된 상품들(특히 자본의 감가상각)의 가치를 공제함으로써 국민생산의 '순' 구성분으로 제한되었다.[19]

첫 3년간은 회의의 참석자들 사이에 중요한 의견 불일치가 있었는데, 일부는 국민소득을 추계하는 데 밑받침이 되는 핵심 개념들뿐만 아니라 그 '내용'에 대해서도 이견을 제기했다. 열띤 논쟁이 촉발되었는데, 예를 들어 최종 계산에서 자본소득과 손실을 제외하자고 주장하는 이들과 포함시키자고 주장하는 이들 사이에 대립이 일어났다. 국가가 제공하는 서비스에 대한 평가와 관련해서도 이견이 드러났다. 실제로, 상품 가치는 대부분 시장가격으로 측정될 수 있지만, 정부 서비스는 정치적 고려에 의해 영향을 받고, 그 가격 역시 국가가 매기기 십상이며, 따라서 그런 점들이 잠재적으로 최종 계산에 영향을 미치게 된다. 더욱이, 쿠즈네츠 자신은 완전히 몰가치적인value-free 국민소득 개념을 채택하려는 이들에 동의하지 않았으며, 불법적 기업들의 순 가치 생산을 총계에서 배제해야 한다는 입장을 굳건히 견지했다.[20]

1939년까지 매해의 회의는 회의록을 정규 책자로 발간해 학자들과 전문가들이 이용할 수 있도록 했다. 하지만 1940년부터는 회합이 폐쇄된 문안에서 열리기 시작했고, 회의록 발간도 중단되었다. 1940년에 NBER은 토론에 대한 "출간할 만할 정도의 일반적 관심이 부족"하다고 선언했고, 그 이후로는 회의의 초점이 국민소득의 측정보다는 더욱 긴급한 이슈, 즉 어떻게 국민계정을 제2차 세계대전에서 미국이 승리하는 데 도움이 되도록 활용할 것이냐 하는 문제로 명확히 이동했다.[21] 그 이후로도, 회의록은 "일부 보고서들은 해당 주제에 대해 관심을 가질 사람들이 제한적이고, 또 다른 일부는 주로 일시적인 관심에 그치는 것을 감안해……" 출간되지 않았다.[22]

국민계정에 관한 NBER의 작업이 뉴딜의 두 번째 단계[제2차 뉴딜]에 영향을 끼쳤고, 미국 학자와 정책가들 사이에서 케인스주의 정책이 가진 매력에 대한 관심을 늘리는 데 기여했다는 점에는 의심의 여지가 없다. 케인스주의 정책들은 정부로부터 사회로 돈을 흐르게 함으로써 경제적 성과를 유지하는 것을 목표로 삼았는데, 따라서 국가정책이 경제에 미친 영향을 측정하는 정규 데이터를 생산할 수 있는 국민계정체계가 정부 계획에서 핵심적이었다. 이런 점에서, 존 메이너드 케인스의 사도 가운데 한 명인 콜린 클락Colin Clark이 오스트레일리아에서 최초의 경제 계정 체계를 개발하는 책임을 맡았던 것이나, 케인스의 이론에 전반적으로 영향을 받은 두 명의 영국 경제학자 리처드 스톤Richard Stone과 제임스 미드James Meade가 1940년대 초반에 영국의 국민계정을 수립하는 임무를 맡은 것은 놀랄 일이 아니었다. 여기에 깔린 철학은 다음과 같은 것이었다. 즉, 적절한 재정과 조세 운영 그리고 경제 성과에 대한 세밀한 지식을 통해, 경제학자들과 정치학자들이 끊임없는 위기와 일자리 상실을 초래하는 공포스러운 '경기순환'을 마침내 정복하고 영원한 번영을 보장할 수 있으리라는 것이었다. 케인스의 이론적 작업과 쿠즈네츠가 개발한 응용 통계적 방법은 제2차 세계대전 와중에 마침내 하나로 만나게 되었고, 동시에 GNP는 국민 경제정책의 설계와 실행의 기본 심사표scorecard로 등극하게 되었다.

1942년에 쿠즈네츠는 전시생산국War Production Board의 계획위원회Planning Committee 일을 맡게 되었는데, 그 의장은 과거 그의 학생이자 NBER의 협력자였던 로버트 네이션이었다. 쿠즈네츠는 네이션과 함께 국민소득 접근법을 경제의 생산력을 측정하고, 군수 프로그램으로 전환될 수 있음에도 아직 활용되지 않고 있는 역량을 찾아내는 데 적용했다. 또한 그들의 계산은, 최적의 재조정, 군수품 생산의 효율성 그리고 민간 소비의 유지를 통해, 미국 경제의 전쟁 수행 능력을 뒷받침하는 기술적 토대를 제공했다.[23]

국민소득과 자본구성 데이터를 활용함으로써, 그들은 전쟁 첫 12개월 동안 미국 경제의 산출을 1천7백만 달러가량 추가로 자극할 수 있었다. 겨우 4년(1942~45년) 만에, GNP에서 [전쟁] 물자 조달이 차지하는 몫은 4퍼센트에서 48퍼센트로 상승했고, 자동차 산업이 항공기 생산 사슬로 성공적으로 전환된 후인 1944년에 미국은 1939년 한 해 동안 생산했던 전투기의 두 배를 한 달 만에 생산했다.[24]

미국이 공식적으로 전쟁에 뛰어들기 이전인 1940년대 초반 동안, 워싱턴에서는 루스벨트 대통령이 산업 정책을 조정하기 위해 설치한 다양한 기구의 수장들 사이에서 치열한 논쟁이 벌어졌다. 이들 가운데 일부는 민간산업을 군수산업으로 대대적으로 전환하는 프로그램 없이도 미국이 동맹국들에게 계속 재화를 공급할 수 있으며, 이를 통해 제2차 세계대전에서 적극적인 역할을 수행할 수 있으리라 믿었다. 그들에 따르면, 기존 산업을 군수산업화하지 않고도 이용할 수 있는 방대한 자원이 존재한다는 것이었다. 반면 다른 이들은, 미국이 유럽 전선에 직접적인 군사개입을 해야 할 가능성과 필요성을 감안한다면, 민간 산업을 군수산업으로 완전히 전환해야 하며, 이와 동시에 생산 목표도 더욱 높이 끌어올려야 한다고 보았다.[25]

루스벨트 대통령이 미국을 전쟁 기계로 탈바꿈하고 나치 독일이 이끄는 주축국 세력을 패퇴시키기 위해 그의 빅토리 프로그램Victory Program을 가동했을 때, 쿠즈네츠와 네이선이 전시생산국에서 수행한 연구들은 전시동원의 목표와 내수 진작의 필요성 사이의 균형을 파악하는 데 도움을 주었고, 전쟁 수행을 위해 필요한 장기적인 추가 자원을 산출할 수 있도록 했다. 이미 미국의 전쟁 개입 초기부터 국민소득과 자본구성에 대한 체계적인 추계를 통해 쿠즈네츠와 네이선은 루스벨트의 빅토리 플랜이 필요로

하는 물자 생산이 어느 정도이며, 그것이 언제 이용 가능한지를 추정할 수 있었다.[26] 역사가 짐 레이시Jim Lacey가 『미국 경제학자들은 어떻게 제2차 세계대전에서 승리했는가』How US Economists Won World War II라는 제목의 책에서 쓴 것처럼, 이런 계산들은 "당시 미국에 요청되었던 것보다 훨씬 큰 역할을 미국이 할 수 있으며, 그것이 소비의 심각한 위축 없이 가능하다는 것을 분명히 하기도 했"는데, 이는 역으로 국민소득을 지탱하는 자원의 필수적인 흐름을 지속적으로 창출하는 데에도 핵심적인 것이었다.[27] 이런 입장들은 대통령의 측근 경제 보좌관들 이외의 다른 집단으로부터도 지지를 받았는데, 전쟁 수행 능력을 키우면서도 국내 소비를 촉진하기 위한 일련의 국가정책 채택을 지지하는 기업 지도자와 기업들 사이에서 특히 커다란 인기를 누렸다. 그들이 보기에 이 같은 입장은 완전한 전환 프로그램이나 직접적인(비록 일시적이더라도) 국유화 없이도, 그들의 산업에 초과이윤을 안겨다 주게 될 것이었다. 그들이 원한 것은 기업이 군수 생산의 우선성을 받아들이는 것이었지, 군대가 생산 시설을 장악하는 것이 아니었다.

쿠즈네츠와 동료들이 준비한 데이터 수집 작업과 통계 모델들은 구체적인 군사 계획에도 영향을 미쳤다. 예를 들어, 그들이 산정한 GNP 성장 추계와 군사작전에 소요될 예상 비용은 미국 정부가 1943년 말 또는 1944년 초까지 유럽에 군사력을 직접 투입하지 말아야 한다는 결론에 도달하게 했다. 그들의 계산에 따르면, 전장에 조기 개입할 경우 생산수준과 군수품 조달이 이를 감당하지 못할 것이었다.

대통령의 빅토리 프로그램에 대한 그들의 현실성 위주의 접근법은 군사 기관들과 '벽창호들'all-outers, 즉 산업과 민간 기업의 장악을 통해 신속하면서도 대대적인 개입을 촉구한 루스벨트의 정치 자문가 그룹의 저항에 맞닥뜨릴 수밖에 없었다. 그들이 보기에 게임을 지배하는 것은 경제가 아니라 정치여야 했다. "무엇이 필요한지는 전략가들이 결정할 일이며, 우리의 일은 산업이 그 필요들을 충족토록 만드는 것이다."[28] 긴 숫자들의 리스트와 '전시 동안의 국민생산' 같은 추상적 개념에 대한 이론적 측정의 의미를 이해할 수 없었던 그들은 자신들이 설정한 '높은' 목표치가 어떻게 전쟁 수행 능력을 뒷받침할 경제 역량을 저하시키고, 궁극적으로는 전쟁에 승리할 수 있는 미국의 역량마저 갉아먹게 될지 헤아릴 수 없었다.

결국은 경제학자들이 주도권을 쥐었고 정부는 쿠즈네츠와 네이선이 제시한 추정치들에 따라 군수 프로그램에 대한 접근을 뒤바꾸었다. 예상대로, 미국 경제는 호황을 누렸고, 군비 지출을 감당할 수 있는 미국의 역량은 거의 무제한인 것처럼 보였다. 미국의 실제 소비는 1941년에 가파르게 상승했고, 1942년에 약간 떨어졌지만 1943년에 다시 상승했다. 1944년에 미국은 동시에 두 개의 전선(유럽과 태평양)에서 전쟁을 수행할 수 있었고, 그런 와중에서도 국내 민간 소비는 계속 높은 수준을 유지했다. 놀랍게도, 미국의 연구자들은 전쟁이 끝난 후 히틀러의 군수생산 목표가 독일 경제의 전반적 실적과 비현실적일 정도로 동떨어져 있었으며, 이런 결함은 확실히 정교한 국민계정체계의 부재와 무관치 않다고 생각하게 되었다.[29]

쿠즈네츠의 전 상사이자 NBER의 창립 이사인 웨슬리 미첼에 따르면, "제1차 세계대전을 수행하기 위한 경제적 동원 과정에 직접 참여해 본 이들만이, 다양한 방식으로 정리된 20여 년 동안의 국민소득 계측이 제2차 세계대전에서 미국의 전쟁 수행 능력을 다양한 방식으로 얼마나 많이 향상시켰는지 알아챌 수 있었다."[30] 클리퍼드 콜브Clifford Colb, 테드 핼스테드 Ted Halstead, 조너선 로Jonathan Rowe 같은 분석가들의 말을 빌자면, "GNP가

전시 계획의 도구로서 발전한 정도는 과장해서 하는 말이 아니다."

미국에서는 맨해튼 프로젝트가 더 많은 영광을 누렸다. 그러나 기술적 성취로서 GNP 계정의 발전은 그 중요성에서 결코 뒤지지 않는다. 이 계정은 국가가 활용되지 않는 역량을 발굴하고, 기존의 통상적인 견해에서 가능한 것으로 생각되었던 생산수준을 훨씬 뛰어넘을 수 있게 해주었다.[31]

전반적으로 볼 때 GNP 계정은 군사화의 비용을 측정하고, 케인스가 영국 재무부에 재임하던 1940년에 쓴 유명한 논문 제목["군비 조달론"How to pay for the war]을 빌려 말하자면, 어느 정도 속도의 경제성장이 "군비를 조달하는 데" 필수적인지를 계산하는 강력한 수단임이 판명되었다. 이런 체계적인 접근 덕분에, 미국은 진정한 경제계획을 수립할 수 있었고, 1944년의 군수생산 목표만으로 불과 10년 전의 국가 전체 산출을 능가하게 되었다.[32] 『풍요로운 사회』The Affluent Society를 쓴 유명한 저자이자 미국 케네디 대통령의 자문이었던 존 케네스 갤브레이스에 따르면, 쿠즈네츠와 그의 유능한 동료들은 미국의 전쟁 수행 능력에 대한 기여에 있어 몇 개의 보병 사단에 필적하는 역할을 했다.[33] 그들의 작업이 전후 재건에도 심대한 영향을 끼쳤다는 사실 역시 중요하다. 그들의 권고에 기초해 미국 정부는 전쟁 기간 동안 내수를 유지함으로써 민간 산업들을 위험에 빠트리지 않았고, 이는 전쟁 동원을 위한 추가적인 자원 수집을 가능케 하면서 전쟁이 끝난 뒤 새로운 침체를 야기할 수도 있을 과잉 설비를 유발하지 않을 수 있게 해주었다. 결과적으로, 전쟁이 끝날 무렵 미국인들은 더욱 강력한 산업 부문과 거대한 저축고를 갖게 되었고, 이는 그동안 억눌렸던 내구재 수요와 더불어 전후 미국 경제의 팽창을 가속화하는 주요 요인이 되었다.

1946년에 쿠즈네츠의 가장 가까운 협력자 가운데 한 사람이자 당시 상무부에서 GNP 계산을 책임지고 있던 밀턴 길버트는 "전쟁 상황과 그 문제들이 미국의 국민경제를 분석하는 데 대한 관심뿐만 아니라 전쟁에 참여한 다른 나라들의 국민소득에 대한 관심을 자극했"음을 인정했다.[34] 결국 1950년대 초반이 되자 GNP는 서구 세계 전체에 걸쳐 경제 성과를 측정하는 지배적인 잣대가 되었고, 1953년에는 UN이 국민계정을 자신의 국제적 기준으로 선언했는데, 이는 대체로 쿠즈네츠와 미 상무부가 개발한 방법론에 영향 받은 것이었다.

전쟁이 물러가면서, 이 계정은 경제 침체의 재발을 수반하지 않으면서 경제가 평시 상태로 되돌아가는 안내선 역할을 했다. 지속적인 GNP 성장을 보장하기 위해, 정부는 대규모로 민간 소비를 진작해 나갔다. 게다가 미국은 국방 예산을 증가시켰는데, 이는 이른바 군산복합체의 정치경제적 권력을 증가시키는 간접적 결과를 가져왔다. 나중에 아이젠하워 대통령은 기업적 이해의 그물망으로 이루어진 군산복합체가 미국 정치에 미치는 영향력이 커지고 있음을 시민들에게 경고하게 된다. 이 시기 동안 국내 소비 성향과 국외로의 군사력 확대 사이의 연계는 경제 설계와 불가분의 관계가 되어 미국 자본주의 모델의 주요 특질이 되었으며, 전쟁을 통해 형성된 성공적인 모델을 (다양한 정도의 차이가 있지만) 자기 복제했다.

쿠즈네츠는 이와 같은 발전들을 반기지 않았다. 비록 그가 "전쟁에서의 승리와 국가의 사회적 틀거리의 유지 보전"이 "적어도 개인들의 복지만큼 똑같이 중요"하다 할지라도, 그는 "한 나라의 역사 속에서 일시적일 수밖에 없는 위기를 통해 정당화되는 이런 관점을 공적 활동의 일반적인 운영에까지 확장하는 것은 경계해야 한다"고 강조했다.[35] 하지만 냉전의 시작과 더불어, 대부분의 정치인들과 그들의 경제 보좌관들은 경제성장에 대한 관점에 있어 쿠즈네츠와는 반대되는 입장을 채택했다. 그들은 군비 지출을 밀어붙여 이를 GNP 성장의 기둥으로 삼았는데, 이는 애초의 창시자들은 단지 국가의 생존을 위해 전쟁 시기 동안만 정당하다고 생각했던 선택지였다.[36] 결국, 쿠즈네츠가 국민소득의 '평화 시기 개념'을 따로 마련해야 한다고 계속해서 주장했음에도 불구하고, '전쟁 기계'로서의 GNP의 성공은, 정치 엘리트들과 여론 주도자들이 국민 복지의 지표로서 이 숫자가 이러저러한 단점을 갖고 있다는 사실을 깨닫지 못하도록 했다.

조작과 '통계 전쟁'

GNP가 경제 성과를 측정하는 가장 대중적인 방법이 되었음에도 불구하고, 이를 활용하는 나라는 대체로 선진 자본주의경제와 그 동맹국들로 제한되어 있었다. 나머지 세계는 통계학자들과 경제학자들에게는 정복해야할 영토였다. 예를 들어, 쿠즈네츠는 장제스蔣介石가 이끄는 첫 중국 정부가 미국의 경험을 기반으로 국민계정체계를 발전시키는 것을 도왔는데, 이는 중국의 경제정책을 서구 자본주의의 그것과 보조를 맞추게 하고, 동아시아에 공산주의가 확산되는 것을 막으려는 노력의 일환이었다.[37]

대부분의 개도국들이 국가 수준의 경제활동을 측정할 역량이 없었던 반면, 사회주의 블록을 구성하는 국가들은 다른 잣대를 이용했다. 그들의 계산 체계는 두 개의 주요 지표에 기반을 두고 있었다. 산업의 산출 총량을 측정하는 사회총생산gross social product과, 여기서 생산과정에서 산업에 의해 이루어진 물질적 소비를 제외한 물적순생산net material product이 그것이다.[38] 『소비에트 대백과사전』Great Soviet Encyclopaedia에 따르면, 사회주의사회는 "통일된 국가 경제계획의 기반 위에서 사회적 필요의 분량과 구조에 조응해 사회총생산을 산출하고 분배할 수 있"는 반면, 자본주의사회에서 GNP는 "자본주의적 생산관계의 물적 표현인 탓에 계급적 적대성"을 갖는다.[39]

국민소득에 대한 소비에트의 개념은 마르크스의 접근을 좇아서 "화폐적 형태로 가치가 측정되는 사회적 생산 부분으로, 이는 매해 사회의 노동력에 의해 새로이 창출되며 매해의 소비와 축적에 이용될 수 있다"고 공통적으로 정의된다.[40] 이를 측정하는 데에는 물리적 재화, 따라서 물질적 생산만이 포함되며, 쿠즈네츠의 국민소득 계산에서 — 대조적으로 — 중요한 구성 요소였던 정부와 민간의 서비스는 제외된다. 사회주의적 접근에 따르면, 서비스들(공적이든 사적이든)은 '주요한' 또는 '근본적인' 소득을 구성하지 않으며 단지 그 분배의 결과일 뿐이었다. 확실히, 다른 무엇보다도 정부 부문(전통적인 GNP 통계에서 대개 피고용인의 급여로 계산되는)과 서비스산업을 제외한 만큼, 국민소득에 대한 소비에트적 개념은 훨씬 협의의 것이었다.

소연방에서 물적 생산의 추계는 중앙통계청Central Statistical Office(국가통계위원회Goskomstat라는 이름으로도 알려진)이 담당했고, 첫 추계가 이뤄진 시기는 1920년대 초반으로 거슬러 올라가는데, 이는 모든 면에서 쿠즈네츠가 고안한 국민계정체계의 선구적 형태로 간주될 수 있었다.[41] 모든 사회주의국가들이 소연방의 붕괴 이전까지 이런 접근법(국민경제수지체계System of Balances of the National Economy로도 알려진)을 따랐고, 예외적으로 헝가리만이

1968년에 GNP와 물적 생산 두 측면 모두에서 국민소득을 측정하는 이중 방법을 채택했다. 양차 세계대전 사이에 소비에트 당국은 대체로 국민소득의 총합만을 발표했다. 국제정치 및 군사적인 이유들로 인해, 그들은 자국의 경제 상황에 대한 통계가 외부로 유출되는 것을 엄격히 막았다.[42] 제2차 세계대전이 끝난 뒤, 소연방공화국의 경제학자들과 정책가들은 자신들이 사용하는 방법론과 GNP 계산법 사이의 차이를 잘 알고 있었지만, 누락된 항목들(예를 들어, 서비스)을 자신들의 통계 수치에 포함시켜 자신들의 수치를 늘리는 대신, 정부 및 여타 부문이 생산한 서비스의 가치를 제외함으로써 미국을 비롯한 자본주의사회의 GNP 추계를 체계적으로 하락시켰다. 이는 그들로 하여금 사회주의하에서 사회총생산이 놀랍도록 빠른 비율로 증가했다고 결론 내리도록 만들었다. 그들의 공식 기록에 따르면, 자본주의 세계가 대공황으로 여전히 헤매고 있던 1928년에서 1940년 사이에 [소비에트연방의] 사회총생산 규모는 4.5배 증가했고, 1940년에서 1969년 사이에는 7.5배 증가했다.[43] 그들이 보기에, 이런 경제 '활황'boom의 비밀은 새로운 기술의 도입에 따른 사회적 노동생산성의 증가와 물질생산에 고용된 노동자 수의 증가 때문이었다.[44]

냉전이 정점에 다다랐을 때, 경제적 성과는 양 초강대국 사이에서 벌어지는 정치투쟁에서 핵심 요소가 되었다. 이데올로기도 중요했다. 소연방의 물적 생산 추계와 GNP 추계 사이의 차이는 상이한 통계 구성뿐만 아니라 근본적인 개념적 차이에서도 기인하는 것이었다. GNP는 시장경제의 규모와 범위를 측정하기 위해 만들어졌고, 시장가격을 통해 계산되었다. 반대로 물적 생산은 명령 경제의 특징들을 반영했고, 어떤 경제활동들(예를 들어, 산업 생산)을 여타의 경제활동들(예를 들어, 서비스)에 비해 특권화할 수밖에 없었다. 전자가 공산주의경제의 근간을 구성한다고 간주되었던 탓이다.[45] 게다가 비시장경제에서는 정부 당국이 대부분의 소비재 가격을 결정했고, 이는 최종 추계에도 영향을 미칠 수밖에 없었다.

40여 년 동안 이런 통계상의 차이는 경제학자와 분석가들 사이에서뿐만 아니라 미국의 비밀 기구들 사이에서도 특별한 관심을 불러일으켰다. 1950년대부터 미 중앙정보국CIA은 소비에트의 국민소득 추계에 대해 조사하기 시작했는데, 이는 그들이 주장하는 성장률의 신빙성을 폄하하고, 소연방의 경제 발전 및 그 잠재적 성장 전망에 대한 좀 더 정확한 평가를 제공하기 위해서였다. CIA 조사보고국Office of Research and Reports의 첫 국장이었던 맥스 밀리컨Max Millikan이 밝혔듯이, 외국 경제에 대한 정보는 현재와 미래의 군사적 위협을 평가하고(예컨대, 다른 나라의 가용 자원을 측정함으로써), 잠재 적국의 의도 및 그 역량을 파악하며, 가장 중요하게는, 동구에 대한 서구의 상대적 힘을 추정하는 데 핵심적이었다.[46] 전직 CIA 분석가 제임스 H. 노렌James H. Noren이 이야기했듯이, 미국의 정책가들은 "소연방이 국가적 산출에서 미국을 따라잡을 것이라는" 강박에 시달렸고,[47] 이는 그들로 하여금 특수한 정책 체계를 마련하고 이를 통해 자신의 임무를 최대한 빠르고 효과적으로 진행하는 데 필요한 모든 자원을 가진 첩보 기관을 갖추도록 만들었다. 밀리컨의 기술에 따르면, 그들의 임무는 "소련 경제의 현 상태와 전망에 관해 이용 가능한 자세한 정보들을 끈기 있게 그리고 철저히 점검하고 분석"하는 것이었고, 그것은 "지금 이 나라에서 존재하는 가장 중요한 연구 작업"이었다.[48] 그리고 프린스턴 대학의 역사가이자 CIA의 자문역을 했던 조셉 스트레이어Joseph Strayer에 따르면, "이제까지 쓰인 가장 가치 있는 정보 보고서 가운데 일부는 소연방의 향후 경제성장을 전망하는 것들이었다."[49]

또 다른 관심사로서, CIA의 전문가들은 공산주의 체제가 인민들이 받아들일 수 있는 생활수준을 얼마 동안이나 보장할 수 있을지를 추정하기 위해 계획경제가 자원을 할당하는 데 실제로 얼마나 효과적인지를 측정하고 싶어 했다. 이는 소연방과 모든 바르샤바조약기구 국가들 내에서, 소련 경제의 지속 가능성과 대중적 불만에 대한 대응 능력을 측정하기 위한 핵심 정보였다. CIA의 작업은 인플레이션 압력이 실제로는 어느 정도인지, 소련의 국민소득에 해외무역이 기여하는 바는 어느 정도인지(그리고 이것이 가격 변동과 재화 및 서비스의 이용에 어떻게 반영되는지) 등과 같은 좀 더 기술적인 쟁점들에도 초점을 두게 했다.

실제로, 해외무역 계정은 중앙정부가 국내적으로 설정하는 가격과는 무관하게 가격이 매겨지는 탓에 중앙 계획경제에 특히 곤란한 것이었는데, 이는 국민소득의 최종 추계에 숨은 영향을 미칠 수 있었다.[50]

'통계 전쟁'이 절정으로 치달으면서, CIA는 소비에트 지도부가 수립하는 모든 새로운 계획에 대해 그 신뢰도를 깎아내릴 수 있는 자료를 생산하는 임무를 맡게 되었다. 예를 들어, 당 지도자 흐루시초프와 그 후임자였던 브레주네프가 각각 1950년대와 1970년대에 자신들의 야심 찬 농업 프로그램을 제시하자, CIA는 그와 같은 생산 목표들이 달성될 수 없음을 보여 주는 보고서를 연달아 내놓았다. 1958년에 공산당 중앙위원회가 경제 산출을 극대화하려는 노력으로 투자, 국방, 내수를 확충하는 5개년 계획에 동의했을 때, 그리고 1970년이 되면 소연방이 절대 산출이나 1인당 산출 모두에서 세계를 주도하고 인민에게 가장 높은 생활수준을 제공할 것이라고 선언했을 때, CIA는 소연방의 기록들에서 나오는 이용 가능한 정

보들을 즉시 해석해 이런 계획이 실현 가능하지 않다고 발표했다.[51]

소비에트 국민계정 내의 결함들을 보여 주고, 또 GNP 성장의 하락을 추산함으로써 CIA의 보고서는 소연방이 세계에서 가장 큰 경제로서 미국을 따라잡을 수 있는 능력(이는 1961년 공산당 당대회에서 흐루시초프가 공언한 목표였다)에 대한 우려를 잠재우는 데 큰 기여를 했다. 실제로 CIA가 — 그들의 추정에 따라 — 1963년, 소연방의 GNP 상승이 실제로는 겨우 2.5퍼센트였음을 보고하자, 존슨 대통령은 사람들을 파견해 서유럽 자본들에게 이 결과를 제시하며 동맹 세력을 안심시켰다.[52]

1982년에 미국 의회의 합동경제위원회는 CIA가 준비한 『소연방의 경제성장과 발전의 측정(1950~1980)』Measures of Economic Growth and Development in the USSR(1950~1980)이라는 제목의 보고서를 펴냈는데, 이는 지난 30년간 출간되었던 그 어떤 보고서보다도 자세히 소연방의 국민소득 성장에 대해 측정하고, 이를 그 구성 요소별로 분석한 것이었다. 이 계산들은 소연방의 '실제' 성장률을 그들이 발표한 공식 성장률의 대략 절반 정도로 추정했고, 지난 20년 동안 소련 경제는 사실상 경제성장에서 큰 둔화를 경험했다고 주장했다. 이런 추정은 1980년대 말 CIA가 소련의 1인당 소비가 매년 평균 4.5퍼센트 안팎으로 성장해 왔다고 공식적으로 추계한 것과 달리, 매년 2.9퍼센트밖에 증가하지 않았다고 계산하면서 더욱 확고해졌다. 같은 시기에, 많은 연구들이 CIA 추계의 정확성을 반박하기도 했다. 미국 상무부에서 일했던 이들이 수행한 연구에 따르면, "CIA가 경제 영역에서 소비에트 지도부가 직면한 어려움들"을 과장하면서 "소련 경제의 성장을 크게 과소평가했을 수 있다." 이 연구의 저자가 결론 내리듯, "이런 어려움들이 현실적이긴 했지만, 그리고 소연방의 언론과 통계자료 모두에서 이런 문제들이 널리 보고되었지만, 이것들이 CIA의 추계가 묘사한 것만큼 심각하지는 않았을지도 모른다."[53]

사실이든 아니든, 소비에트의 국민계정에 대한 CIA의 주장은 결실을 거두기 시작했다. 1980년대 중반이 되자 미하일 고르바초프가 이끄는 소련 정부는 공적인 사안의 공개를 선호하는, 소위 글라스노스트[개방]glasnost라 불리는 일련의 광범위한 개혁을 도입했고, 이는 공식 통계와 관련해서도 중요한 변화를 만들어 냈다. 부분적으로는 CIA 보고서들의 출간에 영향을 받아 지배 엘리트들 사이에서 갈등이 발생했다. 이전 지도부에 대한 신뢰를 실추시키고 자신의 개혁 프로그램을 준비하는 과정에서, 고르바초프 자신이 브레주네프 시대 동안 경제적으로 거의 아무런 성장이 없었다고 이야기하면서 이를 은폐하려 하는 공식 통계를 비판했던 것이다.[54] 이런 입장은 소비에트 경제의 성과에 대한 여러 수정주의적 연구에 동력을 제공했고, 그 가운데 일부는 소비에트의 경제성장률이 공식적으로 보고된 수치보다 훨씬 낮았다고 결론 내렸다. 주로 기본 생산 품목들에 근거한 대략적인 계산을 기반으로, 새로운 추계들은 1928년에서 1985년 사이에 경제성장이 500~600퍼센트에 불과했다고 지적했다. 반면 소비에트 당국의 공식 통계에 따르면 같은 시기 소련 경제는 8,500퍼센트 성장했다.[55]

또한 CIA가 제시한 주장에 의거해 볼 때, 산업 생산은 공식 기록의 대략 5분의 1 정도로 보고되었고, 미국 경제와 비교해 보면 소련 경제는 공식 통계가 제시하는 것보다 규모는 더 작고 효율성은 더 떨어지는 것으로 드러났다.[56] 미국 전문가들의 의심을 뒷받침하듯, 1988년의 한 문서는 국가통계위원회의 왜곡을 기술하면서, 통계위원회가 지난 20여 년간 기계, 화학 및 소비재의 가격 인플레이션을 대체로 간과했음을 보여 주었다. 고르바초프의 주요 경제 자문 가운데 한 명인 아벨 아간베기얀Abel Aganbegyan 은 "소비에트의 물가통계는 소비재의 품질 향상과는 관계없이 자의적으로 가격을 인상함으로써 실질적인 가격 상승을 제대로 반영하지 못하고 있다"고 지적했다.[57]

비판이 고조되자, 소연방은 기존의 방법론을 포기하기로 결정하고 1988년에 공식 GNP 통계를 발표하기 시작했다. 그 목적은 마르크스-레닌주의에 기반을 둔 사회총생산과 국민소득 추계를, 사회적 재생산에 대한 분석을 확장하고 심화할 수 있는 새로운 척도를 통해 보충하며, 나아가 국제적인 비교를 촉진하기 위함이라고 공언되었다.[58] 동시에, 1980년대 후반 서비스 부문이 급속히 성장함에 따라, GNP의 채택이 경제 산출 수치의 '상향'을 도울 것이라는 약속까지 수반한 것은 우연이 아니었을지도 모른다. 이 이행 기간 동안, 국가통계위원회는 통계 운영을 개혁하고 데이터 수집 방법을 향상시키기 위해 미국의 인구조사국Bureau of the Census 및 경제 분석국Bureau of Economic Analysis 등과 같은 기관의 전문가들에게 도움을 요청했다. CIA는 이 분야에서 전문 역량을 가진 덕분에 지식 이전을 용이하게 촉진할 수 있었는데, 1989년 5월에는 소연방의 GNP 계정으로의 완전한 이행을 어떻게 더욱 잘 준비할 것인가를 주제로 CIA 산하의 소비에트 분석국이 주관하는 세미나를 열기도 했다.[59] 몇 달 후인 11월 10일, 독일의 동서 베를린을 나누고 있는 주 검문소에 수천 명의 시민이 모여들었다. 자본주의와 공산주의 사이의 '벽'이 무너지는 것은 시간 문제였다. 그리고 두 해 뒤, 소연방은 붕괴했고 새로운 지도부는 시장경제를 열렬히 받아들였다.

국민소득의 지구화와 지구적 경제 위기

소연방이 GNP의 세계로 편입됨에 따라, GNP는 경제적 성과의 잣대로 전 지구적으로 받아들여지게 되었다. 국민계정체계는 UN을 통해 나머지 세계로 수출되었고, 전담 인력들이 경제 성과에 대한 통계를 정규적으로 수집하기 위해 개도국들에 배치되었다. 시간이 흐름에 따라 정책적 요구와 경제적 변화들에 부응하면서, 계정들은 다른 무엇보다 개인소득에 대한 계측, 현재의 지출 패턴을 반영하는 실질 산출과 가격에 대한 측정, 하이테크 재화들의 품질 보정 가격, 그리고 현금 인출·전자 결제뿐만 아니라 대부분의 은행이 시행하는 넓은 범위의 서비스들까지 포함하는 금융 부문 산출까지 계측하도록 확대되었다.

1991년에는 GDP가 GNP의 자리를 넘겨받았고, GDP는 현재까지도 통상 국민소득을 가리키는 가장 대중적인 머리글자의 지위를 유지하고 있다. GNP가 GDP로 대체되면서, '국민'national 총생산은 '국내'domestic 총생산으로 대체되었다. 이것이 국내 부분만을 고려하는 부적절한 변환으로 보일 수 있겠지만, 실은 중대한 정치적 변화를 알리는 것이었다. 전통적인 GNP는 그 '소득'이 국경 안에서 만들어지든 밖에서 만들어지든 상관없이, 해당 국가의 국민들이 생산하는 모든 재화와 서비스를 지칭했다. 예를 들어, 이는 다국적기업이 벌어들이는 것은 그 회사를 소유하고 있는 나라, 결국 그 이윤이 돌아갈 나라에 해당되는 것임을 의미했다. '국내'총생산의 도입과 더불어, 이런 계산은 완전히 바뀌었다. 실제로 GDP는 영토적으로 정의되며, 이는 외국 회사들이 산출하는 수입은 그 이윤이 거기에 머물러 있지 않을지라도 그것이 산출되는 나라의 수입에 '공식적으로' 해당됨을 의미한다. 이런 개념적 진화(물론 기존의 통계 또한 변화시킨)는 대체로 여러 개도국들의 경제 활황에 영향을 받은 것이다. 하지만 GDP로 표현된 국민 소득 증가는 실질적이라기보다는 외견상으로만 그러한 것이다. 소득은 숫자들 속에, 그리고 정치 지도자들의 수사 속에 나타날 수는 있지만 평범한 시민들의 일상 경험 속에서는 좀체 드러나지 않는다. 기실 이런 통계적 추상화는 한 가지 기본적 사실을 감춘다. "북반구 나라들이 남반구의 자원을 손쉽게 갈취하고는, 이를 남반구의 이익이라 지칭한다는 사실 말이다."[60]

1990년대 중반이 되자, GDP는 유럽 대륙에서도 경제정책을 좌우하는 최상의 권위를 가진 기준으로 확고히 자리매김했다. 이는 초국적 수준에서는 유럽 '지역'의 점진적인 경제 통합에 초석을 놓은 '마스트리히트 조약'의 채택, 그리고 ─ 더욱 중요하게는 ─ 정부의 공공복지 유지 역량을 GDP 성과에 결부시킨 '안정 및 성장에 관한 협약'의 발효를 통해 이루어졌다. 신자유주의 신조를 수용함으로써 서유럽 경제들 ─ 전통적으로 정치경제에 대한 사회민주주의적 접근에 고취되었던 ─ 은 GDP를 경제적 성공뿐만 아니라 사회지출과 투자 능력을 판단하는 최상의 지표로 격상시켰다. 그때부터 지금까지, 모든 유럽 회원국들과 그 시민은 GDP가 상승해야만 학교, 보건, 사회적 안전망에 대한 지출을 감당할 수 있다고 받아들이게 되었다. 이를 따르지 않는 경우가 있다면 유럽의 제도들이 개입해 GDP의 규율에서 벗어난 정부들을 제제하게 될 것이었다. "GDP 성장이 없다면, 파티도 없다"는 것이다.

GDP의 압도적 지위는 지구적 거버넌스의 사전辭典에까지 침투했다. G8이나 G20 같은 국제적 클럽들의 회원국 기준은 지구적 경제 산출에 기여하는 정도에 따라 세워졌다. '신흥 시장'이나 '신흥 세력'의 정의 역시 한 나라의 현재 또는 미래의 GDP 성장에 달려 있었다. 예를 들어, 급속히 성장하는 브라질, 러시아, 인도, 중국의 경제를 지칭하는 'BRIC'이라는 머리글자가 투자은행 골드만삭스의 2003년 보고서를 통해 국제적으로 소개되었다.[61] 여기서 골드만삭스의 분석은 순전히 GDP 계정과 향후 전망 추계에 기반을 둔 것이었고, 이에 따르면 이들 네 경제의 경제 산출은 2050년에 G8을 따라잡게 될 것이며, 따라서 새로운 지구적 지도력을 창출하게 되리란 것이었다.

지난 30여 년 동안, GDP는 성공의 열쇠말이 되어 왔다. 이에 내재한 경제 법칙들은 지구를 '선진'과 '개발도상'의 두 세계로 나누는 데 기여했다. GDP를 유지하기 위한 정책들을 채택함으로써, 한 나라는 소위 경제적 이익을 취함과 동시에 그 지리정치적 지위의 상승 역시 기대할 수 있었다. 마찬가지로, GDP 실적이 부진한 나라들의 경우 세계은행과 IMF가 국제 투자자들과 금융시장의 협력을 통해 강제하는 구조 조정과 거시 경제 개혁이라는 악순환의 고리 속으로 던져지게 될 것이었다. GDP 접근이 대체로 비공식 경제구조에 의존하는 나라들에 적용되어서는 안 된다는 쿠즈네츠의 결론(이후의 장에서 논의될 것이다)에도 불구하고, GDP의 주술은 역설적이게도 더욱 가난한 나라들에 부과되었다.

GDP의 폭발적 대중화와 무한한 경제성장이라는 교의에도 불구하고, 1990년대는 심각한 사회적 불균형, 점증하는 소득 격차 그리고 심리적 고통이 두드러지기도 했는데, 특히 미국에서 그러했다. 번아웃burnout 증후군, 이혼, 알코올의존증(그리고 약물 남용) 등이 또다시 증가하는 현상을 목도하며, 클린턴 행정부는 미국인들이 경이로운 신경제new economy에 대한 약간의 적응불안을 겪고 있을 뿐이라는 말만 되풀이했다. 비슷한 말로 하자면,

당시의 연방준비이사회 의장 앨런 그린스펀은 1994년 샌프란시스코의 연준 공식 회합에서 경제의 동학은 "마찰과 인간적 스트레스"를 유발하는 게 당연하다고 말했다. 수백만 명의 미국인들이 불평등 증가에 대해 우려한다는 여론조사 결과에 대해 그는 다음과 같이 덧붙였다, "미래에 대한 엄청나게 뿌리 깊은 불길한 예감이 존재하는 게 의아하긴 합니다만 …… 그러나 미국인들의 세대를 막론한 낙관주의가 다시 큰 흐름이 될 것입니다."[62] 정치학자 폴 피어슨Paul Pierson과 제이콥 해커Jacob Hacker의 연구에 따르면, 1980년대와 1990년대의 성장 지향 정책들은 미국의 최상위층과 취하위층 사이의 간극을 넓혔을 뿐만 아니라, 새천년 이후 기업이 정치와 정부 전략에 미치는 영향력이 증가함에 따라 이런 흐름은 더욱 악화되었다.[63]

여러 방향으로부터 경고음이 울려 나왔음에도 불구하고, 1999년에 미국 정부는 GDP를 "20세기의 가장 위대한 발명품 중 하나"라고 선언했다.[64] 쿠즈네츠가 최초의 계산법을 개발한 이래 밀턴 길버트의 지휘하에 GDP 공식 통계를 생산해 온 미국 상무부는 국민소득과 생산 계정의 개발을 "자신들이 20세기에 이룩한 과업"이라 일컬었다. 전 미국 상무장관 월리엄 M. 데일리William M. Daley는 "제2차 세계대전 종전 이후 GDP 계정들이 더욱 완전히 발전하고 더욱 광범하게 쓰이게 된 시기에 호황과 불황의 널뛰기는 훨씬 완화되었다. …… 이 계정들은 매우 유용한 경제 데이터를 끊임없이 제공함으로써 미국 경제의 안녕에 매우 긍정적인 영향을 끼쳤다"고 선언했다.[65] 노벨상 수상자 제임스 토빈의 말을 빌자면, GDP는 "경제 전반의 산출을 정확히 측정할 수 있는 올바른 개념이다. 미국과 세계는 우리가 경기순환의 어느 지점에 있는지를 이야기하고 장기 성장을 측정하기 위해 GDP에 의지한다."[66]

미국 상원의원 폴 사베인스Paul Sarbanes에 따르면, "GDP 계정은 의회와 정부에 우리 경제의 건강 상태에 대한 활력 신호를 제공해 준다. GDP 계정이 정책의 결과를 좀 더 잘 파악할 수 있게 해준 덕분에 우리는 좀 더 좋은 경제정책을 만들고 있다."[67] 하지만 불과 3년 뒤인 2002년, 엄청난 여러 기업 스캔들(에너지 거물 기업 엔론과 통신 회사 월드컴이 연루된 것들과 같은) 이후, 사베인스 상원의원은 기업 부문에 좀 더 엄격한 규율을 부과하는 사베인스-옥슬리Sarbanes-Oxley 법안을 발의했다. 이 법안에 서명한 조지 W. 부시 대통령에게 사베인스-옥슬리 법은 "프랭클린 D. 루스벨트 시대 이래 미국 기업의 관행에 가장 큰 영향을 미칠 개혁을 도입한 것이었다. 느슨한 기준과 허구적 이윤의 시대는 끝났다." [68]

그런데 정말 그랬을까? 2007~08년, 세계는 대단히 파괴적인 새로운 금융 위기에 돌입했고, 이내 끝없는 지구적 경기 하락이 촉발된 듯한 징후들이 나타났다. 미국 경제성장의 주요 견인차 가운데 하나였던 주택 시장이 몇 달 만에 붕괴했고, 주식 거래는 혼돈 상태에 빠져들었다. 이는 이내 1930년대 대공황 이후 가장 큰 침체가 되었고, 유럽과 여러 개도국에까지 연쇄 효과를 일으켰으며, 다중적인 경기 침체와 전 지구적 스태그네이션이 지속될 것이라는 끊임없는 공포를 불러일으켰다. 이런 대침체의 장기적 결과를 예측하기는 어렵지만, 정부들은 전반적으로 공공 부문을 축소시키는 것으로 대응했고, 이는 불가피하게 사회 부문과 복지 시스템에서의 대량 해고와 긴축을 초래했다. 역사적으로 좀 더 강력한 사회 안전망과 좀 더 엄격한 공적 통제 시스템의 보호를 받던 유럽 대륙은 심각한 국가부도 위기에 빠져들었다. 그때부터 모든 나라들이 경제 붕괴 일보 직전에 있게 되었고 사회적 불안도 전례 없이 증가했다.

GDP가 지난 수십 년간 정치와 경제 엘리트들의 이해관계에 복무해 왔지만, 적어도 이른바 서구 세계에서는 이제 그 기력을 모두 소진한 것으로 보인다. 2007년 이래로, 각국 정부들이 정치적 목적에 따라 데이터와 결과를 조작하려 하면서, GDP 추계에 대한 발표가 여러 차례 수정되었다. 2008년에 『월스트리트저널』은 GDP 성장에 대한 계산과 추계가 지난 4년간 잘못되어 왔으며, 이에 따라 하향 조정되어야 한다는 미 상무부의 공식 인정을 보도했다. 그러면서, 당시 다수의 정치인들이 상대적으로 낙관적인 견해를 피력했음에도 불구하고, 미국 경제가 2007년에 이미 침체기에 들어섰을 수 있음을 지적했다.[69] 또한 상무부는 자신들의 계측 대부분이 "불완전하거나 추가적 검토가 필요한 원 데이터에 기반하고 있"으며, 경기침체 상황으로 인해 초기 GDP 추계의 원 데이터로 이용되던 것들을 비롯한 "각종 경제지표들의 정확성에 심각한 도전"이 제기되고 있다는 점도 인정했다. 즉, "침체기 동안, 일부 기업들은 퇴출되었고, 일부는 부분적으로만 조사가 이루어졌으며, 일부는 자발적인 조사에 응답하지 않았을 수도 있다"는 것이다.[70] 데이터의 비일관성 및 여타 다양한 유형의 오류들이 GDP 계산에 점점 더 많은 영향을 미치고 있다는 점을 감안해, 연방준비제도의 연구자들은 최근 가벼운 — 하지만 정치적으로는 유의미한 — 수정안을 제시했다. GDP를 소득 기반의 또 다른 형제alter ego, 즉 국내총소득GDI으로 대체하는 것이다.[71] GDI가 사람들이 목 빠지게 기다려 온 경제 회복에 대한 좀 더 긍정적인 그림을 그려 주는 덕분에, 이 아이디어는 정치적으로 미국 행정부에게 확실히 더 구미가 당기는 것이었다. 2011년 1/4분기의 실질 GDP 성장은 연간 성장 기준으로 0.4퍼센트였지만, GDI는 2.4퍼센트로 나타났다. 2012년에 경제분석국은 2011년 4/4분기에 GDI는 4.4퍼센

트 증가한 반면, GDP는 3퍼센트 증가했다고 보고했다.[72]

2008년 2월, 당시 프랑스 대통령 니콜라 사르코지는 유명한 경제학자 조셉 스티글리츠, 아마르티아 센 그리고 장-폴 피투시를 위원장으로 한 경제 성과와 사회 진보 측정 위원회를 설치했다. 사르코지는 경제에 관한 통계 정보의 상태에 대해 불만을 느끼고 있었던 것이 분명했고, 위원회가 측정의 문제를 포함해서 GDP가 경제 성과 및 사회 진보의 지표로서 갖는 한계를 파악해 주기를 기대했다.[73] 2008년에서 2009년 사이, 프랑스의 GDP는 4퍼센트포인트 이상 줄어들었고, 2010년에야 간신히 침체에서 벗어났지만, 곧 유럽의 위기가 대륙의 경제 전망을 다시금 하락시켰다.[74]

OECD와 유럽연합은 "GDP를 넘어서"라는 이름의 새 기획을 추진했고, 2009년에 유럽위원회는 『GDP와 그 너머: 변화하는 세계에서 진보의 측정』이라는 제목으로 공식 보고서를 냈다.[75] 2010년 말, 긴축과 수업료 급상승 그리고 국민보건서비스NHS 개혁의 와중에, 영국 수상 데이비드 캐머런은 더욱 암울해지는 분기별 GDP 전망 추계를 시민의 '행복'에 대한 좀 더 일반적인 참고 지표를 통해 보완하도록 통계청UK Office for National Statistics 에 요청했다. 그는 구글 자이트가이스트Google Zeitgeist 유럽 회의에서 연설하면서, "안녕은 화폐로 측정되거나 시장에서 거래될 수 없습니다. 그것은 우리 환경의 아름다움, 우리 문화의 수준, 그리고 무엇보다도 우리 관계들의 힘에 관한 것입니다. 우리 사회가 느끼는 안녕의 정도를 향상시키는 일이야말로 우리 시대의 중심적인 정치적 도전이라고 저는 생각합니다"라고 말했다.[76] 몇 달 후 미국 정부가 이를 따라 했다. 보건복지부의 재정 지원으로 노벨상 수상자 대니얼 카너먼Daniel Kahneman을 포함한 심리학과 경제학 전문가 패널이 공식 통계에 포함될 수 있는, "주관적 안녕"에 대한 신뢰할 만한 척도를 개발하는 데 착수했다.[77] 오바마 대통령은 이런 노력을 공식적으로 환영하며, "사회의 주관적 안녕의 특질들을 측정하기 위한 새로운 시도"를 제안한 2009년 보고서의 공저자이자 자신의 수석 경제 자문이기도 한 프린스턴 대학의 경제학자 앨런 크루거Alan Krueger에게 도움을 청했다.[78] 끝으로, 2012년 4월, UN의 반기문 사무총장은 뉴욕의 UN 본부에서 부탄 대표단이 주최한 "행복과 안녕: 새로운 경제 패러다임의 정의"Happiness and Well-Being: Defining a New Economic Paradigm라는 제목의 회의에 참석해, 개막 연설에서 이렇게 말했다.

오랫동안 GDP는 경제학자와 정치인들을 평가하는 잣대가 되어 왔습니다. 하지만 이는 이른바 진보의 사회적·환경적 비용을 고려하지 못하고 있습니다. …… 우리는 지속 가능한 발전의 세 기둥이 서로 동등함을 인정하는 새로운 경제 패러다임이 필요합니다. 사회적·경제적·환경적 안녕은 따로 분리할 수 없습니다. 이 모든 것이 함께 지구총행복gross global happiness을 정의하는 것입니다.[79]

20세기의 가장 위대한 발명?

GDP는 20세기 대부분 동안 우리 사회에 심대한 영향을 끼쳤고 오늘날에도 여전히 경제정책을 주도하고 있다. 1950년대부터 1990년대까지, 국민소득의 측정법은 변화하는 정치적·경제적 이해관계에 따라 몇 차례 개선되었다. 예를 들어, 1950년대 말에서 1960년대 사이에 경제성장을 자극해야 한다는(그리고 최선의 성장 원천을 파악해야 한다는) 폭넓은 압력으로 인해 공식 산업연관표, 자본 스톡 추계, 그리고 보다 자세한 지역별 개인소득 계측이 개발되었다. 1970년대에는 인플레이션이 가속화되면서 가격과 인플레이션을 보정하기 위한 새로운 계측법이 도입되었다. 1980년대에는 서비스 간 거래의 국제화가 이 요소를 국민소득 계산의 요소로 확장시켰다.

이 같은 과정이 초래한 결과 가운데 하나는, 잘 드러나지는 않지만, 세계 곳곳에서 경제학자들의 역할이 국가정책을 설계하는 과정에서 점차 중요해졌다는 점이다. 제2차 세계대전 이전만 해도 경제학자들이 미디어에 인용되는 경우는 드물었다. 그러나 GDP가 발명되고, 분기별로 업데이트되기 시작한 이래로, 모든 종류의 경제 전문가들이 공적 토론에서 핵심 행위자가 되었고, 때로는 모종의 경전적 진리의 담지자로 비춰지기도 했다. 연방준비제도의 전 의장 폴 볼커가 언급했듯이, "상무부는 수십 년 동안 통계를 담당해 오면서 독립적이고 권위 있는, 그리고 시의적절한 분석에 크게 기여한 경제학자 집단을 양성하고 엄호해 왔다. 이는 미국에 큰 이익이 되었고 전 세계적으로 여기에 필적할 만한 사례가 없다."[80]

GDP가 가져온 가장 큰 변화가 사회 전체에 걸친 것임은 의심의 여지가 없다. 노동자, 기업가, 전문가, 농민 등의 경제적 범주, 부모와 아이들과 같은 사회적 범주, 나아가 시민과 같은 정치적 범주들은 모두 생산자와 소비자라는 두 '진영' 속으로 뭉뚱그려졌다. GDP를 중심으로 하는 사고방식이 소비를 번영의 추동력으로 본 만큼, 사회 자체가 그에 따라 모양새를 갖추게 되었고, 경제정책은 모든 종류의 소비주의를 추동하기 위해 설계되었다. 군사적 대립이 정치적 도구로서의 GDP의 성공을 나타냈다면, 전후의 대량 소비 체제는 경제적 헤게모니 도구로 기능하면서 사회에 대한

GDP 자신의 철갑을 감추게 해주었다.* "우리 젊은이들은 두 개의 전쟁에서 싸웠습니다. 미국인들은 쇼핑몰로 행진했고 그 물결은 온 땅을 덮게 될 것이었습니다."[81] 그리고 전쟁과 소비 사이의 이런 긴밀한 관계는 평화의 시기에도 쇠퇴하지 않았다. 1948년에서 1989년 사이, 미국의 경제성장은 대체로 군비 지출에 의존했다. 경제사가 로버트 힉스가 보여 주었듯이, 미국의 경제 성적표에서 가장 긍정적인 시기와 가장 부정적인 시기 사이의 차이는 "단지 군비 지출의 변화 때문이었다 — 이런 지출이 소비자와 투자자의 안녕 그리고 정부가 구매하는 민간 재화 및 서비스의 수혜자들과 갖는 관계는 아주 미약한 것이었다."[82]

2007~08년에 시작된 지구적 금융 위기는 GDP가 누렸던 독보적인 권위를 허물어뜨리는 새로운 기회를 만들어 준 것 같다. 여러 정치적·경제적·사회적 진영들은 이 지표가 무엇을 측정한다는 이유로 그리고 무엇을 측정하지 않는다는 이유로 비판했다. 가장 중요한 것은, 시민사회 그룹과 개별 시민들이 이 '숫자'뿐만 아니라 GDP가 창조된 이래 봉사해 온 정치적·경제적 이해관계에 대해서도 끊임없이 도전해 왔다는 점이다. 바로 이런 대중적 투쟁에서 새로운 사회 모델이 시작될지도 모르는 일이다.

● 안토니오 그람시가 국가를 "강제의 철갑으로 보호되는 헤게모니"라고 지칭한 것에 비유한 구절이다.

2장. 프랑켄슈타인 신드롬

이것을 위해 나는 휴식과 건강마저 잃고 말았다. 나는 절제할 수 없는 열정으로 그것을 갈망했다. 그러나 막상 일을 끝냈을 때, 아름다운 꿈은 사라졌고, 숨 막히는 두려움과 역겨움이 내 가슴을 채웠다. …… 나는 내가 창조한 괴물이 무슨 새로운 악행을 저지르지나 않을까 하며 공포의 나날을 보냈다.

___메리 셸리, 『프랑켄슈타인』

GDP의 발명은 경제적 사고 및 그것이 정책 결정과 맺는 관계의 진화에서 결정적 전환점이 되었다. 누군가가 주장하듯, 경제성장이라는 생각 자체가 "제2차 세계대전 이후 중요한 의미에서 경제학의 발견"이었다.[1] 실제로, 고전파 및 신고전파 경제학과 같은 주류 경제학의 분석은 그 즈음부터 끊임없이 변화하는 현실에 대해 불편해 하고 있었다.[2] 케인스주의 이론 역시 동일한 전통 속에 빠져들어서, 정적인 균형 이론을 저축과 자본축적이라는 본질적으로 동적인 문제에 적용하려 애썼다. 앞 장에서 논의했듯이, 미국의 국민소득에 대한 쿠즈네츠의 작업은 영국에서 미드와 스톤이 수행한 유사한 작업과 더불어, 경제 이론에 대해서뿐만 아니라 그것을 응용한 분석에서도 새로운 지평을 열었고, 전통적 접근법들을 검증하고 뿌리 깊은 확신들을 확인하거나 반박할 수 있는 방대한 데이터를 제공했다. 그들의 기여 덕분에 신고전파 성장 이론은 경제학의 새로운 주류적 접근법이 되었고 세계 도처의 교과서에 실릴 수 있었다. 결과적으로, GDP 성장의 '복음 전도사들'evangelistic worshippers[3]은 학술 연구에서뿐만 아니라 공적 토론에서도 주도권을 장악했다. 예를 들어, 미국 존슨 행정부에서 대통령 경제자문위원회Council of Economic Advisers 의장을 지낸 아서 오쿤Arthur Okun은 GDP를 거시 경제정책을 추동하고 실업과 맞서 싸우는 데 핵심적인 매개변수로 격상시켰다. 그는 소위 오쿤의 법칙(어떤 수미일관한 이론이라기보다는 일부 부분적 관찰 경험에 기반을 두었을 뿐이라는 점에서 '주먹구구 경험 법칙'으로 간주되어야 하겠지만)을 만들었으니, GDP가 3퍼센트 증가하면 고용이 1퍼센트 증가한다는 주장이었다. 흥미롭게도, GDP와 고용 창출 사이의 긴밀한 연관이 있다는 이 믿음(정치인들의 근본적 '편견')은 별다른 논박 없이 주류 정책 결정 과정에도 침투했고 현재 연방준비제도 의장인 벤 버냉키Ben Bernanke처럼 영향력이 큰 경제 전문가들의 사고에까지 영향을 미쳤다.[4] 1960년대부터 GDP는 정치 무대를 정복했고 현대성과 진보의 최고 상징으로 자신의 입지를 굳혔다. 다른 모든 것들(환경적 지속 가능성, 사회정의, 빈곤 추방 등)은 경제성장의 제단에서 희생양이 되었다. 잡지 『포린 폴리시』Foreign Policy의 2011년 기사가 주장했듯이, GDP는 "한 나라의 전반적 복지에 대한 궁극적 잣대, 경제의 영혼을 내다보는 창문, 모든 통계를 끝내는 통계 …… 지난 세기를 규정하는 지표"가 되었다.[5]

그러나 노벨경제학상 수상자 윌리엄 노드하우스와 제임스 토빈에 따르면, 대부분의 경제학자와 정치인들이 채택한 관행적 접근은 GDP의 성장을 "되풀이되는 복제 과정"처럼, 즉 사회의 단선적 발전 과정처럼 묘사하는 것이었는데, 이는 애덤 스미스, 칼 마르크스, 조지프 슘페터 같은 전통적 정치경제학자들이 묘사했던 수시로 변하는 구조적·기술적·사회적 변화들과는 상반되는 것이었다. 노드하우스와 토빈이 보기에, 신고전파 성장 이론은 "총합aggregation으로든 다부문 모델로 도출한 추상적 일반화로든 간에, 사건들의 모든 드라마 — 생산·기술·산업의 상승과 하락, 그리고 이와 함께 일어나는 인구의 공간적이고 직업적인 구성 변화들 — 를 감춘다."[6] 실제로, 1960년에서 1990년 사이에 미국의 GDP는 세 배 가까이 늘어났고 정부의 모든 수준에서 사회지출 총계는 (1990년 고정 달러를 기준으로) 1,437억 달러에서 7,870억 달러로 (다섯 배 이상) 증가했다. 하지만 이 30년 동안 폭력 범죄는 560퍼센트 증가했고, 혼외 출산은 419퍼센트 늘어났으며, 이혼율은 네 배, 편부모 가정 아이들은 세 배, 그리고 10대 자살률은 200퍼센트 이상 증가했다.[7] 소설가 워커 퍼시Walker Percy는 1980년대 후반, GDP 숭배자 레이건 대통령이 두 번의 임기를 마친 다음 그리고 자신이 죽기 얼마 전에, 미국인의 미래에 대해 가장 염려스러운 점이 무엇인지에 대한 질문에 이렇게 대답했다. "내가 두려워하는 것은, 그 위대한 역량과 아름다움 그리고 자유에도 불구하고, 미국인들이 무사안일로 말미암아 점차 쇠퇴하고, 패배하는 것을 지켜보는 것이다. …… 공산주의 운동 때문이 아니라 …… 피로, 권태, 냉소, 탐욕 그리고 결국은 무력감으로 인해 그 내부로부터 말이다."[8] 그럼에도 불구하고, GDP 성장에 대한 맹목적 집착이 가져올 위험천만한 결과에 대해 사회에 경고를 보내고자 최선을 다한 일부 학자들이 있었다. 쿠즈네츠 자신도 그중 한 사람이었다.

괴물 길들이기

1950년대까지 사이먼 쿠즈네츠는 국민소득 통계의 불굴의 지지자였다. 학자로서 그리고 정책가들의 조언자로서, 그는 1869년까지 거슬러 올라가는 미국의 소득 목록표 개발을 비롯한 국가의 부 측정 개선 연구 프로젝트를 지휘했다. 또한 그는 1841년까지 거슬러 올라가는 다른 십여 개 나라들의 고정 가격 계측을 취합했다.[9] 더욱이, 그는 경제적으로 가장 앞선 나라와 가장 산업화가 안 된 나라들까지, 사실상 세계 모든 국가의 산출과 소득수준을 비교하는 국민생산 계산에 성공했다. 그럼에도 이런 초기의 열정이 지난 후, 쿠즈네츠는 자신의 '창조물'에 대해 점점 더 의구심을 품게 되었다. 다른 무엇보다, 그는 매 성장 과정마다 자원의 재분배에 영향을 끼치는 복잡한 요소들을 강조하고자 소득분배 문제에 초점을 맞추기 시작했다.[10] 그는 국민계정이 설계된 방식으로 인해, 상위층의 사치품 지출분이 하위층의 구매력 하락을 상쇄하곤 한다는 사실을 염려했다. 실제로, 부유층이 더욱 부유해지고 빈곤층이 더욱 빈곤해진다 해도, 그 나라는 전반적인 GDP 성장의 견지에서 볼 때 매우 좋은 성과를 낼 수 있다. 하지만 이 같은 불균형은 실제 경제 성과 측면에서는 매우 문제적이다. 이런 국가들에서 GDP는 불평등의 증가를 감추는 '통계적 세탁'이 되기 십상인데, 이 같은 통계적 세탁은 대부분의 선진 경제에서 매우 흔한 일이 되었다. 예를 들어, 2008년 OECD에서 발간한 『증가하는 불평등』*Growing Unequal*이라는 제목의 보고서는 대부분의 선진국에서 소득 불평등이 1980년대 중반에 더욱 커졌음을 증명했고, 이런 경향은 2011년 데이터에 의해 더욱 확증되었지만, 그 와중에도 성장은 유지되었고 예외적으로 GDP 실적이 좋았던 적도 있었다.[11]

또한 쿠즈네츠는 국민소득 측정의 신뢰성에 대해서도 의문을 제기했는데, 데이터가 종종 누락되었고, 국제 비교에서 오류의 서로 다른 원인들을 파악해 보정하기는 무척 어려운 일이었다. 특히나 그는 산업국의 GDP 성장은 교통·오염·안전 비용의 증가 등과 같이 전적으로 산업화의 문제점들을 상쇄하기 위해 생산된 재화와 서비스들을 계산에 넣음에 따라 과대평가될 수 있음을 지적했다. 동시에, 개도국들의 산출 수준은 시장이 산업화 수준이 낮은 국가들에서 작동하거나 무상 자원을 광범위하게 이용할 수 있는 정도 등 다양한 변수들로 인해 과소평가될 수 있다. 더욱이, 그는 상대적 구매력 측정 지표로서 환율을 이용하는 것에 우려를 표하며, 가격 비교는 복잡한 문제들을 야기할 수 있다고 경고했다.[12] 이런 모든 이슈들은 경제 실적에 대한 신뢰할 만한 계측으로서 그리고 전반적인 복지의 지표로서 GDP가 직면하게 될 좀 더 근본적인 비판의 뼈대에 해당하는 것인데, 뒤에서 더 깊이 논의하게 될 것이다.

1962년, GDP에 대한 열광이 정점에 오를 무렵, 쿠즈네츠는 자신이 개발한 지표가 여러 가지 방식으로 오독되고 정치적 목적에 따라 조작될 수 있음을 깨달았다. 그는 "국민소득 추계로부터 한 나라의 후생을 알아내기는 매우 어렵다"는 것을 인정하며, 정책가들이 성취하고자 하는 것이 어떤 유형의 성장인지 그리고 "무엇을 위한" 성장인지를 분명히 하려면 경제성장의 단순한 '양'과 그 실제 '질'을 구별해야 한다는 사실을 강조했다.[13]

훌륭하게도, 쿠즈네츠 그 자신은 1937년에 이미 국민소득의 측정과 관련된 몇 가지 비판 지점을 제기했다. 우선 그는 순생산과 총생산 사이의 중요한 차이를 제시했다. 그는 "모든 상품과 서비스의 산출 가치에서 생산 과정에서 소비된 상품(연료, 원재료 및 자본 설비)의 가치를 차감"하기 때문에 순생산이 좀 더 정확한 추계라고 명확히 했다.[14] 반면, 총생산은 [생산과정에서] "소비된 상품의 가치를 완전히 보정하지 않은" 것이다.[15] 결과적으로, 순생산은 전혀 애매하지 않은 반면, 총생산은 최종 계산에 어떤 항목이 중복되느냐에 따라 여러 유형이 존재할 수 있게 된다. 기계 생산과정에서 소비된 석탄의 가치는 기계의 가치에 포함되는가 아니면 제외되는가? 자동차를 생산하는 데 이용된 기계의 가치는 차량의 가격과 분리해 계산되는가 아니면 합쳐지는가? 각 수준의 중복은 상이한 '총'생산을 만들어 내며, 각각의 산업(또는 부문)은 국민경제 산출에서 자신의 상대적 비중을 과시하기 위해 특정 체계를 선호하는 이해관계를 가질 수 있다.[16] [쿠즈네츠 자신의] 이 같은 중요한 구분에도 불구하고, "자본소비 측정의 난점과 지체"로 인해 총추계가 순추계에 대해 주도권을 갖게 되었고, 이는 (분기마다 계산될 수 있는) GDP가 경제 산출의 정확한 추계로서 갖는 내재적 한계에도 불구하고 "대중적 통계"의 자리를 차지하는 결과를 낳았다.[17]

게다가 기계와 자본의 감가상각이 GDP로부터 공제될 수 있다면, 사람의 마모에 대해서도 똑같은 것이 적용되어야 하지 않을까? 실제로, 생산 체계는 '사물'뿐 아니라 '인간'에게도 손실을 가져온다. 이것이 쿠즈네츠가 "소득의 이면"이라 부른 것으로, 말하자면 "소득을 얻기 위해 투여되는 노력의 강도와 고통"을 의미한다.[18] 하지만 국민소득은 상품과 서비스에 대한 소비자의 수요 충족에만 초점을 맞추며, "노동의 부하와 불편은 무시된다."[19] 동시에, 국민생산은 해당 연도에 개인들이 이용할 수 있는 모든 구매 수단을 대변하지 않는다. 시장에서 구매할 수 있는 개인들의 능력은 현재의 수입 흐름뿐만 아니라 자산이나 신용 장치 등의 다른 원천을 이용할 수 있는 가능성에도 달려 있다. "이는 국민생산에 대한 추계가, 경제 체제의 성과를 시장이라는 측면에서 평가하는 적절한 기준이 되기 위해서는, 자산과 자본 구성에 대한 연구를 통해 보충되어야만 함을 시사한다."[20]

국민소득의 초기 정식화 이래로, 쿠즈네츠는 자신이 제시한 GNP가 경제 체제 전체의 생산에 대한 포괄적인 평가라기보다는 시장 거래에 대한 측정치일 뿐이라는 점을 분명히 했다. 그는 1930년대 후반에 "시장을 모든 구매자와 판매자가 만나는 장소로 넓게 이해한다면" 총생산은 "효용을 공급하지만 시장 메커니즘 바깥에서 이루어지는 다양한 활동들의 결과를 배제한다"라고 썼다.[21] 따라서 그의 국민소득 계측에는 "주급, 월급, 배당금 및 이자 등의 지불"은 포함되지만, 가정에서 이루어지는 활동이나 "엄격히 말해서 시장을 위해 이루어지는 노동이 아닌 활동으로부터" 개인에게 돌아오는 것은 고려되지 않았다.[22] 그의 지표는 그 나라에서 생산되는 모든 재화와 서비스를 측정하지 않았으며, 이로 인해 — 그 고유한 통계적 설계 탓에 — "해당 경제체제 바깥에서 생산되는 여러 서비스와 상당량의 상품"을 고려하지 않았고, "가족 내에서 이루어지는 우리의 유용한 활동에 대한 막대한 기여 및 평범한 생활 과정에 개입되는 수많은 인간 활동들"을 간과한다.[23] 무엇보다도 이런 결점은 동일한 가사 서비스라 할지라도 이를 유급 가정부가 제공할 때는 GDP에 추가되는 반면, 주부가 제공할 때는 GDP에 추가되지 않는 것과 같은 명백한 역설을 발생시킨다. 더욱이, 쿠즈네츠는 적절한 시장 활동과 "효용을 생산하는 여타의 활동들" 사이의 구별은 문화·제도적 조건 및 정치적 시각에 의해 영향을 받으며, 따라서 "시대마다 그리고 나라마다" 변화하는 탓에 국가 간 비교와 시대별 비교에 이 방법론을 적용하는 것은 한계가 있다고 언급했다. 예를 들어, 1800년대의 국민소득을 소급적으로 측정하려다 보면, GDP 추계치가 [예상보다 훨씬 낮다는 사실에 직면할 수밖에 없는데, 이는 당시의 경제들이 1900년대보다 작았기 때문이기도 하지만, 또한 — 당시 사회들의 특수한 조건으로 인해 — 자급 농업과 같이 시장에 기반을 두지 않은 경제 기능들이 여전히 광범위했기 때문이다. 이와 유사하게, 현대 세계의 많은 사회들 역시 지역공동체 활동부터 대리 양육에 이르기까지, 시장 영역과 분리된 많은 생산적 기능들을 여전히 내포하고 있다. 그러나 GDP가 해당 사회가 얼마나 '시장화'되어 있는지에 대한 측정인 까닭에, 경제가 의도적으로든 아니면 구조적으로든 덜 시장화된 나라에서 국민소득 추계치(생산된 재화와 서비스의 총량 근사치)는 시장화가 많이 진행된 나라들에 비해 상대적으로 낮은 게 당연하다.[24]

엄격히 시장에 기반을 둔 접근 방식을 선호했음에도, 국민소득에 대한 쿠즈네츠의 정의에는 도덕적인 요건들이 어김없이 포함되었다. 국민계정을 최초로 취합하는 과정에서, 쿠즈네츠는 국민소득에는 "비생산적인 활동뿐만 아니라 명백히 해로운 것으로서 사회 전체가 법으로 분명히 금지한 것으로 공공연하게 간주되는 활동들"이 포함되어서는 안 되며, 또한 "합법적이라 하더라도, 재화에 대한 추가분이라기보다는 대체로 개인들 사이에서 이루어지는 소득 이동을 나타내는 활동들" 역시 포함되지 말아야 한다고 언급했다.[25] 이런 확신들 때문에 그는 도둑질, 사기, 불법 성매매, 마약 밀매 등과 같은 범죄들로부터 발행하는 이윤은 제외했다. 그와 같은 지출을 국민소득에 합산할 경우 무엇보다 이런 활동을 불법화할 근거를 약화시키게 될 것이기 때문이었다. 그럼에도 불구하고, 쿠즈네츠가 합법적인 것과 불법적인 것 사이의 구분이 어느 정도 자의적이라는 점을 인식하고 있었던 것도 사실이다. 특히 그는 그런 기준들로 말미암아, 무엇이 국민소득으로 계산되고 무엇이 아닌지를 걸러 내는 커다란 재량권을 정부가 가지게 될 것을 우려했다. 쿠즈네츠는 주류 판매가 금지되었다가 합법화되는 시기를 경험했고, 그래서 경제에 실질적인 변화가 없더라도, 법률이 변하면 그것이 국민소득 통계에 얼마나 은밀히 영향을 미칠 수 있는지에 대해 잘 알고 있었다. 예를 들어, 공식 카지노의 수입은 GNP에 포함되었지만, 불법 도박은 포함되지 않았다. 하지만 경제적 관점에서 볼 때, 합법 도박이 국민소득에 기여하는 바를 불법 도박이라고 못한다는 법이 있는가? 또는 합법적인 성매매가 미치는 사회·경제적 영향이 불법 성매매와 다른 점은 무엇인가? 또한 쿠즈네츠는 "모든 합법적인 수익 추구 행위가 사회적 관점에서 반드시 유용하지는" 않다는 사실도 인식했다.[26] 특히, 그는 국민소득 계산에 금융 거래로 획득된 투기적 수익을 포함시키자는 생각에 반대했다. 대공황의 금융 소용돌이가 지난 후, 그는 금융 투기는 "자산의 판매로부터 파생된 것일 뿐이어서, 결코 투기 시장이 제공한다고 할 만한 어떤 유용한 기능을 독창적으로 수행한 결과로 볼 수 없다"고 생각하게 되었다.[27]

국민소득에 대한 최종 계산에서 이 모든 것을 배제하는 일은 만만한 일이 아니었는데, 방법론상에도 제약과 부담을 가져오기 때문이었다. 사실, GDP 설계의 매력 가운데 하나는 그 순환적 배분 구조였다. 쿠즈네츠가 설계한 공식은 국민소득이 생산·소득·소비 수준에서 측정될 수 있으며, 적어도 이론상으로는 언제나 동일한 결과[국민소득 3면 등가의 법칙]를 가져와야 했다.[28] 그러나 국민소득의 정의에서 배제되는 경제활동들이 많아질수록, 계산의 상이한 유형 사이에 더 많은 불일치가 나타나게 되는 것이 당연하다. 즉, 어떤 상품이나 서비스들의 생산이 첫 번째 계측(생산)에서 제외된다면, "이런 활동들로부터 얻어지는 보상을 개인들의 소득에 포함시킬 수 없으며, 우리가 세 번째 정의를 이용할 경우, 이런 활동에 대한 지출을 소비된 상품의 가치에 포함시킬 수" 없게 된다.[29] 만약 불법 성매매, 지하 도박장, 또는 금융 투기꾼에 의해 만들어지는 소득이 국민소득에서 제외된 다면, 이런 돈이 합법적 구매에 사용되거나, 정당한 봉급으로 지불될 때 이를 제외하는 방법 역시 찾아내야 한다. 결국에는 거리의 여성들이 그들의 돈으로 빵과 우유를 살 것이기 때문이다. 이런 작업이 쿠즈네츠와 그의 동료들에게 쉽지는 않았지만, 그럼에도 불구하고 그는 "이런 것들을 국민생산 총계에 포함시킨다면, 국민소득이 사회 전체에 유용한 경제체제를 발전시키는 데 기여한다고 말하지 못하게 될 것"이라고 확신했다.[30]

당연히, 국민생산에 대한 쿠즈네츠의 이 같은 시각은 결국 주도권을 장악한 GDP의 아이디어와 다소 차이가 있는 것이었다. 1946년에 그는 한 사회의 경제적이고 사회적인 생활의 크고 중요한 부분을 간과하는 방식의 총생산 설계[가 낳는 문제점들]는 "높은 국민소득이 이론상의 유일한 목표라는, 또는 한 나라 경제의 사실상의 지배적 동기라는 테제를 너무 손쉽게 받아들여서는 안 된다는 경고가 된다"고 썼다.[31] 그는 통계에 충실한 인물이었음에도, 국민소득이 복지에 대한 추가적인 측정으로 보완되거나 강화되지 않은 채 경제정책을 인도하는 것을 받아들일 수 없었다.

이런 양면성은 1959년, 스탠퍼드 대학 경제학자 모세스 아브라모비츠 Moses Abramovitz가 행한 GDP와 국민계정에 대한 최초의 체계적 비판 속에서 지적되었다.[32] 그는 국민생산이 결코 경제적 후생에 대한 정확하거나 포괄적인 측정이 아님에도 경제성장 연구들은 "대개 언제나 국민생산의 장기 변화를 국민경제의 성과를 보여 주는 가장 기본적인 지표로 간주한다"고 주장했다.[33] 아브라모비츠는 GDP를 경제정책을 설계하기 위한 도구로 이용하는 것에 대한 쿠즈네츠의 경고들을 대부분 되풀이하면서 이와 동시에, 상품과 비상품 사이의 구별, 최종 재화(소비를 위해 구매되는 것들)로부터 중간 재화(생산과정에서 이용되는 것들)의 분리, 가치 기준으로서 시장가격의 이용 등과 같은 일련의 추가적인 결함들을 파악했다. 그가 보기에 이런 모든 방법론들은 다음과 같은 중요한 인식들을 간과하는 것이었다.

산업화 과정에서, 예전에는 자유로이 쓸 수 있던 어떤 재화들 가운데 희소해진 것도 있고, 그 반대도 있다. 이는 가계 및 여타의 부불 생산이 상업적 생산으로 말미암아 줄어들었고, 산출이 개인들이 직접 소비하는 재화들뿐만 아니라 자본구성을 포함하게 되었으며, 그리고 시장에서의 소비 수요로 측정할 수 없는 정부 산출이 대폭 증가했기 때문이다.[34]

중간재와 최종재 사이의 희미해진 구별을 면밀히 재검토함으로써 아브라모비츠는 국민소득에 대한, 다른 무엇보다 1970년대 초반에 노드하우스와 토빈이 곧 되풀이하게 될, 중요한 비판을 예기했다. 예를 들어, 소비자의 경비 일부(예를 들어, 일하러 가는 통근 비용) 또는 대부분의 정부 '구매'(예를 들어, 경찰 서비스)는 개인의 효용을 더하지 않는다는 점에서 수단적인 것일 뿐이다. 그것들은 "복잡한 산업 국민국가의 필수적 간접비용overhead cost"[35]으로 이해될 수 있다. 결국 개념적으로 보면, 이런 지출들은 전체적으로 한 나라의 경제적 진보를 설명하는 계측에서 제외되어야 한다. 하지만 이런 '유감스러운 지출들'regrettable expenses이 국민소득에도 포함되어 왔을 뿐만 아니라 — 노드하우스와 토빈에 따르면 — 그것들이 1930년대 초반부터 1960년대 중반까지 미국의 경제 호황 시기 동안 GDP의 16퍼센트 이상을 담당해 왔다.[36] 거의 20여 년이 지나서, 독일 경제학자 크리스티안 라이퍼트Christian Leipert는 국민소득은 모든 교통비용, 보수 활동, 환경보호 지출, 보안 서비스, 감옥 그리고 대부분의 보건과 법률 비용을 그 최종 합계에서 제외해야 한다고 주장했다. 1989년 서독에 대해 자신이 행한 추계 속에서, 그는 이런 '불운한'unfortunate 지출들이 GDP의 10퍼센트를 넘는다는 것을 발견했고, 이것은 필시 "빙산의 일각"일 것이라고 생각했다.[37]

쿠즈네츠가 애초에 제시했던 주장들을 기반으로,[38] 아브라모비츠는 시장가격으로 재화와 서비스의 가치를 측정한다는 결정이 얼마나 부적절한지(그리고 잠재적으로 위험한지)도 강조했다. 이론적으로, 시장가격은 대체로 재화와 서비스가 개별 소비자에게 가져다주는 한계효용에 조응해야 한다. 말하자면, 가격은 이런 품목들의 교환가치에 대한 최선의 계측치다. 하지만 대부분의 현실 경제에서는 소비자들의 선호와 우선순위에 전혀 영향을 받지 않는(또는 부분적으로만 영향을 받는) 많은 가격들이 존재한다. 자본 투자와 정부 지출 영역이 특히 그러한데, 이 부분들은 지난 세월 동안 GDP의 핵심 구성분이 되었다. 특히나 자본 투자의 경우, 아브라모비츠가 개진한 주장은 갖가지 파생 상품과 복잡한 투자 체계를 갖고 있는 21세기 금융시장의 현 상태에 비추어 볼 때 지극히 선견지명이었던 것으로 보인다. 그의 추론에 따르면, "지난 150여 년간 민간투자의 점점 큰 부분이 자본의 실질 소유자들이 아닌 회사 경영자에 의해 이루어지게 되었음이 분명하다."[39] 자본시장의 발전은 기업 경영자들이 미래 수익성과 위험성(결국 가격)을 실질 소유자보다 할인해 보게 됨을 의미했다. 한 측면에서 보자면, 자본시장의 기능은 미래를 "좀 더 낙관적으로" 바라보는 '전문가들'이

자금을 투자하도록 하며, "저축가들보다 더 낮은 시간선호 이자율*을 취하게 되는 것이다.[40] 결과적으로, 미래의 산출은 저축가들이 가치 있다고 생각하는 것보다 더 커지지만, 더 위험스러워진다.

아브라모비츠가 그 글을 쓰던 당시만 해도, 금융시장이 오늘날처럼 복잡하게 발전할 것이라고는 전혀 예상할 수 없었다. 그럼에도, 그는 "저축이 투자자들에게 흘러가고 증권이 매개 신용기관 등을 통해 다양한 형태로 저축가들에게 흘러가는 증권 거래와 투기의 복잡하고 간접적인 과정들"[41]을 감안하면, GDP는 자본 투자의 실제 가치를 측정하는 데 매우 부적절하다는 것을 이미 알아챌 수 있었다. 그가 보기에, 정부 산출물의 가치를 평가하는 데서의 난점도 이와 유사한 문제들을 제기했다. 이상적으로 보면, 정부가 제공하는 재화와 서비스는 소비자들의 한계효용에 비례하는 가격으로 국민소득에 보태져야 한다. 그러나 GDP는 이런 범주의 가치를 정부의 비용으로 평가하며, 이는 — 정의상으로 — 시장 과정에 의해 설정되는 게 아니다. 이렇게 되는 데에는 기술적이고 도덕적인 이유들이 있다. 우선, 정부가 제공하는 것들은 대부분 "시장 과정 자체가 비효율적이기 때문에 정부의 몫이 되었던" 것들이다.[42] 도로 보수, 국방, 교육, 보건 등의 서비스들은 특수한 사회·정치적 우선순위 때문에 의도적으로 정부 소관으로 유지되었고, 이는 시장이 이 일을 하기에 충분히 효율적이거나 믿을 만하지 못하다고 여겨졌던 탓이다. 이로 말미암아 경제의 특정 분야에 대한 공적 소

● 뵘-바뵈르크는 현재재가 장래재에 비해 높은 가치로 평가되기 때문에 현재재와 장래재의 교환에서 발생하는 할증 가격이 이자이며, 이것을 매개로 현재 소비와 장래 소비 사이의 시간적 배분이 결정된다는 시간선호 이자설을 주장했다.

유가 보장되긴 하지만, [문제는] 그와 같은 재화와 서비스에 지불되는 가격들이 경쟁 시장이라는 틀 속에서 반드시 결정된다고 말할 수는 없다는 점이다. 결과적으로, 이런 가격들이 GDP에 미치는 영향이 의심스럽게 된다. 즉, 이런 품목들 다수에 대해 정부와 공급자들은 쌍방적 독점 관계를 구성하며, 가격은 최종 소비자의 한계효용이나 선호보다는 계약 당사자의 상대적 교섭력을 전적으로 반영한다.[43] 결국, 정부가 지불하는 가격이 시민들(또는, GDP의 용어로 말하자면 소비자들)이 동일한 재화와 서비스에 대해 지불하고자 하는 최적 가격을 반영할 것이라는 보장은 없는 것이다. 더욱이, 가격들(정부 가격이나 시장가격 모두)은 조세, 보조금, 로비, 카르텔, 독점에 의해 쉽게 영향 받을 수 있다. 특정 산업들에 경쟁자들이 누릴 수 없는 특혜를 제공할 수 있는 정치적 차원은 두말할 것도 없다.

어떤 재화와 서비스가 국민소득에 기여하는 정도를 정하는 기준으로서 가격이 갖는 휘발적 성격은 노동생산성과 기술 진보에 의해서도 영향을 받는다. 최근에는 새롭게 출시된 자동차 가격이 20, 30년 전에 비하면 훨씬 저렴한데, 그 주된 이유는 노동과 기술의 효율성이 모두 향상되었기 때문이다. 대조적으로, 베토벤 현악사중주 4번 C단조를 대략 10분간 연주하는 데는 이 독일 작곡가가 살아 있을 때와 마찬가지로 여전히 네 명의 연주자가 필요하다. 이런 현상은 경제학에서 보몰의 비용병Baumol's cost disease*으로 일컬어진 것으로, 즉 경제의 어떤 부분에서는 비용과 가격의 큰 하락을 경

---

* 윌리엄 보몰과 윌리엄 보웰이 주장한 것으로, 공공 부문은 민간 부문보다 생산성이 낮지만 임금은 대체로 민간 부문을 따라가게 되기 때문에 결과적으로 공공서비스 비용 상승으로 이어지고 정부 규모가 커지게 된다는 것이다.

험하는 반면, 다른 특정 부문에서는 그것이 생산성과 무관하게 상승하는 경우를 상정한다.[44] 아마도 지난 수십 년 사이 정보 통신 기술은 가격 변동이 가장 뚜렷했던 부문이다. 예를 들어, 1996년에 미국 상원이 구성한 한 전문가 위원회는 인플레이션을 측정하는 전통적 지수, 이른바 소비자가격 지표가 인플레이션을 정례적으로 과대평가했다고 보고했는데, 그것은 개인용 컴퓨터와 핸드폰 같은 정보 통신 기술 생산물 가격 지표가 갖는 편향bias 때문이었다는 것이다.[45] 대조적으로, 유럽에서의 논쟁은 반대 방향으로 가는 경향이 있었다. 공식 물가통계들이 인플레이션을 과소평가한다는 비판이 제기되었는데, 이는 부분적으로 통계 전문가들이 생산물의 질적 향상을 과잉 보정해 국민의 실질소득에 대해 너무 장밋빛 그림을 그렸던 탓이었다.[46]

실제로 하이테크 생산물들은 상품의 빠른 교체, 커다란 질적 도약(가격으로 자동적으로 반영되지는 않는) 그리고 짧은 제품 수명 주기를 특징으로 한다. 만약 이런 질적 향상이 가격에 바로바로 반영되지 않기 때문에 GDP가 이런 상품들이 경제에 영향을 주는 비중을 경시하게 되는 분명한 편향을 피하고자 한다면, 통계를 조작할 필요가 있다. 이런 목적으로, 통계학자들은 일반적으로 이른바 헤도닉 회귀분석에 기반을 둔 GDP '디플레이터'를 채택했는데, 이를 통해 (명목 시장가치 대신) 상품의 품질이 실제로 어느 정도나 향상되었는지를 고려해 가격을 재계산하는 것이 가능해졌다. 1990년대 초반, 미국 노동통계국은 컴퓨터 및 주변기기들에 대해 질적으로 보정된 생산자 가격 지표를 발표하기 시작했고, 1997년에 경제분석국은 휴대폰에 대해 헤도닉 가격 지표를 도입했다.[47] 이때부터 헤도닉 가격이 다양한 부문에서(주택부터 복사기, 팩스 그리고 모든 유형의 소프트웨어까지) 급속히 영향력을 넓혔고, 이에 해당하는 것이 지금은 명목 GDP의

20퍼센트 정도인데, 이는 어떤 기준으로든 상당한 양이다. 한 가지 결정적인 문제는 각국의 통계 기구가 적절한 디플레이터를 계산하는 데 상이한 방법을 채택함으로써, 나라마다 그리고 시기마다 불일치와 비일관성을 만들어 내게 된다는 점이다.[48] 더욱이, 이런 기술들 가운데 일부는 대체로 생산자와 소비자의 주관적 평가에 의존해 신제품의 품질 변화를 달러 가치로 추정하는데, 이는 실질 GDP의 최종 계산에 일부 산업들이 부당한 영향력을 행사하도록 한다. 이런 문제들이 정부 기구들 내에서 공식적으로 제기되기 훨씬 이전에 아브라모비츠가 정당하게 지적했듯이, 국민소득 측정에서 가치의 기준으로 가격을 이용하는 것은 '실질적으로' 그리고 '개념적으로' 해결 불가능한 문제를 제기하며, 이는 공공 정책 설계에서 GDP 추계의 영향력을 삭감할 뿐만 아니라 주류 경제 분석에 대한 근본적 재검토를 요구하게 할 수밖에 없다.[49]

그림자정부통계Shadow Government Statistics 웹사이트*에 따르면, 다양한 인플레이션 왜곡과 방법론적 변화들이 미국 정부의 공식 GDP 보고를 구조적으로 상향시키는 편향을 초래했다. 〈그림 2-1〉은 경제분석국이 발표한 공식 수치와 [그림자정부통계의] 분석가들이 정부의 통계 '조작들'이라고 생각하는 것을 보정한 수치를 비교한 것이다. 두 곡선의 불일치는 1980년대 중반 이래로 공식 GDP 추계와 보정된 GDP 추계 사이에 매우 큰 차이가 나고 있음을 보여 준다. 이 분석에 따르면, 매우 흥미로운 점은, 실질적

● 그림자정부통계 웹사이트(shadowstats.com)는 기존에 과소평가되던 데이터를 활용해 실업률, 인플레이션, GDP 등 주요 사회경제 지표들을 정부의 공식 통계와 독립적으로 생산하고 분석한다.

〈그림 2-1〉 미국의 GDP 성장: 공식 GDP와 왜곡-보정 추계 비교(퍼센트 변화)

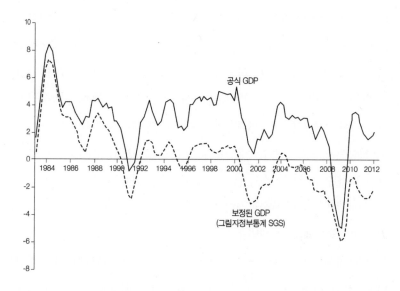

주: 공식 GDP 추계는 경제분석국이 발표한 것이다. 그림자정부통계의 대안 GDP는 인플레이션이 보정된, 또는 실제의, 연율 GDP 변동을 반영한 것으로, 이는 공식 보고서의 상향 편향을 초래하는 미국 정부의 인플레이션 활용과 방법론적 변화들의 왜곡들을 보정한 것이다. GDP를 표시하는 숫자는 가장 최근 분기의 전분기 대비 변화율을 1년으로 환산한 것(전분기 대비 그 분기의 변화율이 네 분기 동안 지속될 경우 얻어지는 값)을 나타낸다. 이는 가장 최근 분기의 숫자가 긍정적인 연율 성장률로 보고될 수 있는 반면, 실제의 전년도 대비 성장률은 부정적일 수 있음을 의미한다. 2009년 3분기 역시 그러했다. 이 방법론에 대한 더 자세한 정보는 www.shadowstate.com을 참조.

인 침체가 정부가 발표한 2008년뿐만 아니라 2001년 초반에 이미 시작되었다는 점이다.

아브라모비츠의 마지막 비판은 GDP를 경제적 안녕의 지표로 이용하는 부분에 대한 것이다. 거대도시의 성장과 교통 및 통신의 급격한 발전을 고려할 때, 아브라모비츠는 한 개인의 소비 패턴이 점점 다른 이들의 복지에 영향을 주게 되는 상황에서 사적 소비를 개인적 효용의 극대화로 이해하는 것은 복지에 대한 평가를 호도할 수 있다고 주장했다. 경제학자들은 대체로 개인적 만족은 다른 이들이 향유하는 소비나 소득수준과 무관하다고 명목적으로 가정한다. 그렇지만, 재화에 대한 우리의 필요는 일정 정도 "경쟁적이며, 소득을 얻고자 하는 동기 가운데 상당 부분이 차별화를 위한 욕망에서 기인한다는 점을 부인하는 이는 드물 것이다."[50] 따라서 누군가의 만족이 다른 이들의 불만족의 원인이 된다면, 추가적인 수입이 [어떤 특정] 개인에게 추가적인 만족을 제공한다손 치더라도 그것이 공동체 전체에 대해서도 그럴 것이라고 볼 수는 없다. 결국 사람들 사이의 상호 연관성은 경제학자들로 하여금 개인적 한계효용의 범주를 다시 생각하고 '사회적 한계효용'과 같은 개념을 좀 더 진지하게 고려하도록 강제한다. 더욱이, 국민소득에 의해 추가되는 효용은 "소득수준이 증가함에 따라 감소한다"는 것을 보여 주는 '경험 법칙'이 존재한다.[51] 아브라모비츠에 따르면, 복지를 위한 추가적 소득의 중요성은 "산업화가 진전됨에 따라", "인구당 수입이 상승함에 따라", "소비에서 선택의 폭이 커짐에 따라", 그리고 "재화가 물질적 중요성보다 상징적 중요성을 더욱더 갖게 됨에 따라" 점차 약해진다.[52] 결과적으로,

> 소비는 일정 지점 이후에는 스스로 수그러들 수 있는데, 이는 구체적인 필요를 충족시키기 위해 재화를 추가적으로 구매해야 할 절박함이 점점 작아져서, 소비 증가의 유일한 중요성이 그들 스스로가 설정한 기대를 저버리지 않는 수준에까지 이르게 될 것임을 의미한다.[53]

결국 아브라모비츠의 결론은 경제적 복지의 지표로서 국민생산 추계를 이

용하려는 모든 시도는 "심각한 문제에 봉착하게 됨이 분명"하며, 이 가운데 일부는 단순히 성가신 차원의 문제이지만, "다른 것들은 해결이 불가능한 것처럼 보인다"는 것이다.[54] GDP는 근본적으로 몰역사적이라 할 수 있는데, 이는 인간의 진보가 생산의 구성, 가계와 상업 경제의 역할, 그리고 경제적 행위자로서 정부의 부상 등에서 중요한 변동들을 경험하지 않았다고 우리가 믿도록 강제한다는 점에서 그러하다. 더욱이 이는 가격이 불완전한 저울추이며 무엇보다도 시장과 정치적 이해들에 의해 끊임없이 조작된다는 사실에도 불구하고 우리가 시장가격을 재화와 서비스의 내재적 가치에 대한 가장 정확한 표현이라고 간주하길 원한다.

대부분의 정치 지도자들은 20세기 내내 GDP를 사회의 가장 깊은 문제들을 푸는 해법으로 찬양했다. 안녕을 측정하는 데 부적절한 성격은 물론이고 경제 성적표로서의 근본적 제약에도 불구하고 말이다. 영국의 경제학자 앤드루 오즈월드Andrew J. Oswald에 따르면,

세계의 모든 산업국에서, 언론인들과 정치인들은 매일 같이 의식적이고 무의식적인 메시지를 내놓았다. 경제 성과가 좋을수록, 국민들 역시 더욱 행복하다고 말이다. 이런 생각은 거의 의문시되지 않았다. 우리는 다음과 같이 생각한다. 사장님이 월급을 올려 주면 우리가 좀 더 행복해질 것이라고 말이다. 우리는 국가도 대체로 그럴 것이라고 가정한다.[55]

하지만 20세기 중반 이래 여러 연구들은 GDP 성장과 행복 사이에, 최소한 개인이 느끼는 것에서는, 그 어떤 유의미한 상호 연관성도 없음을 보여 주었다. 아브라모비츠의 분석을 기반으로, 서던캘리포니아 대학의 경

제학자 리처드 A. 이스털린Richard A. Easterlin은 일정 수준의 수입에 도달한 뒤에는 행복이 GDP에 따라 증가하지 않는다는 것을 논증했다. 1974년에 출간된 중요한 논문에서 이스털린은 국민소득이 개인의 행복에 미치는 영향을 경험적으로 평가하는 최초의 전국적 조사를 수행한 후, "경제성장은 한 사회를 어떤 궁극적 풍요 상태에 도달하게 하지 않는다. 오히려, 성장 과정 자체는 끊임없이 이어지는 성장 요구를 낳는다"고 결론 내렸다.[56] 20여 년 후, 보완된 연구 속에서도 그는 비슷한 결론에 도달했다.

모든 이들의 소득 증대가 모든 이들의 행복을 증가시킬까? 지금 이 질문에 대한 답변은 20년 전보다 훨씬 확실하다. ······ '아니오'다. ······ 일반적으로 말해서, 행복 또는 주관적 안녕은 한 사람 자신의 소득에 따라 직접적으로 그리고 다른 이들의 소득에 역비례해 변화한다. 모든 이들의 소득 증대는 모든 이들의 행복을 증가시키지 못한다. 좀 더 높은 소득이 주관적 안녕에 미치는 긍정적 효과는 소득의 전반적 증가가 좀 더 높은 생활수준을 규범으로 만드는 부정적 효과에 따라 상쇄되기 때문이다.[57]

이스털린 패러독스라 알려지게 된 이것은 세계 여러 나라에 걸친 여론 조사에서도 확인되는 것 같다. 제2차 세계대전부터 20세기 초반까지 미국의 1인당 GDP가 두 배 이상 증가했음에도 불구하고, 행복감이 증가했다는 경험적 증거는 아무것도 없다.[58] 서유럽에서는 개인적 만족도가 상승한 나라가 있지만, 거꾸로 떨어진 나라도 있는 등 어떤 일관된 추세를 찾을 수 없었다.[59] 1950년대에서 1990년대 초반 사이에 일본의 1인당 실질소득은 다섯 배 늘어났고, 일본을 미국의 대략 3분의 2 정도의 생활수준으로 끌어올렸다.[60] 1950년대 초만 해도 일부 가구에서만 갖추고 있던 세탁기,

냉장고, 텔레비전 같은 내구재들이 1990년대 초반에 이르면 거의 모든 가정에 비치되었고, 자동차 소유도 전체 가구의 1퍼센트에서 60퍼센트로 급상승했다.[61] 이런 전례 없는 30년간의 GDP 성장에도 불구하고, 주관적 안녕이 증가했음을 알려 주는 보고는 없었다.[62]

1997년에 이스털린 패러독스가 좀 더 최근의 그리고 포괄적인 데이터를 가지고 검증되었지만, 좀 더 낙관적인 결과를 아주 조금 보여 주었을 뿐이다. 미국의 행복 정도는 전후 시기 이래 아주 조금 올라갔고, 유럽에서 '생활 만족도'는 전체적으로 20년 전보다 미세하게 상승했지만 여러 나라에서는 크게 떨어진 것으로 나타났다. 동시에, 서구 국가들에서 자살률은 1970년대 이래 상승했고, 부유한 나라들의 자살률은 가난한 나라들보다 전반적으로 높았다. 결론은 아마도 "경제적 진보를 통해서는 행복의 아주 작은 양만을 추가로 살 수 있을 뿐"이라는 것이다.[63]

GDP 대 사회와 환경

국민소득계정은 시장 거래와 연관되지 않거나 재화와 서비스의 시장가치로 측정되지 않는 효용과 비효용의 많은 원천들을 대체로 무시한다. 노드하우스와 토빈에 따르면, 생산의 측정에서 여가와 비시장적 생산 활동을 제외하는 것은 경제학자들이 '물질주의에 눈이 멀었다는' 인상을 준다. 그러나 상식적으로 볼 때, GDP가 떨어지는 와중에도, "자발적으로 주당 노동시간을 줄이고, 연간 노동 주간을 줄이며, 평생 노동 햇수를 줄이는 선택을 한 결과" 복지가 상승할 수 있다.[64] 예를 들어, 1970년대에는 미국 인구의 대략 40퍼센트 정도가 노동 인구였다. 이들은 평균적으로 일어나 있는 시간의 35~40퍼센트 정도를 노동에 할애했다. 결국 고용 — 국민생산 통계에 직접 반영되는 — 은 전체 인구가 깨어 있는 시간의 겨우 15퍼센트에 해당했다. 일어나 있는 총시간의 나머지 85퍼센트는 여가 시간과 학생, 아동, 은퇴자, 주부 등과 같이 공식적으로 고용되어 있지 않은 이들이 일어나 있는 시간에 해당했다.[65] 그 이후로도 여가 활동과 자유 시간은 개인들에게, 특히 산업화된 나라의 개인들에게 더욱 중요해졌다. 하지만 이런 활동들 대부분은 그것들이 어떤 화폐적 수입이나 지출 형태를 포함하지 않는 경우 대개 GDP에서 간과된다. 노드하우스와 토빈이 언급했듯이, "내 이웃 중 한 명이 정원을 아름답게 가꾸고, 다른 한 명이 소음을 많이 일으켜서, 내가 누군가에게는 감사의 마음을 또 누군가에게는 짜증을 낸다 해도, 상무부는 이에 대해 아무 관심이 없을 것이다."[66]

이와 동시에, 경제성장은 성장 과정에 의해 불가피하게 영향을 받는 '사회제도들' 및 '인간 생활과 노동 패턴의 조정'과 같은, 사회에 대한 다양한 간접비용을 수반한다. 1962년에 쿠즈네츠는 다음과 같은 선견지명 있는 글을 썼다.

일반적 공식으로서, 한 사회에 어느 정도의 높은 성장률이 어느 정도까지 지속되는 게 바람직한가 여부는 그 사회가 기꺼이 감내하고자 하는 비용 수준과 일치한다고 할 수 있을 것이다. 그러나 이를 경제적 문제와 정책을 판단하는 데 적용하려면, 성장의 양과 질 사이의, 비용과 대가 사이의, 그리고 단기간과 장기간 사이의 구별을 염두에 두어야 한다.[67]

국민소득은 시민이 즐겁게 향유하는 비화폐적 활동을 포괄하지 못하는 반면, 최소한 장기적으로는 사회에 아무런 이익이 되지 않을 수 있는 경비와 투자는 모두 포함한다. 두 차례에 걸쳐 세계대전을 경험했고, 나치 독일에 대한 미국의 승리에 적극적으로 기여한 쿠즈네츠는 국민소득계정의 발명이 어떻게 군비 지출을 촉진하고 군산복합체를 강화했는지 잘 알고 있었다. 1장에서 논의했듯이, 그는 전쟁에서 승리하는 것이 "개인들의 복지만큼 똑같이 중요하다"고 믿었던 만큼 그 대의를 지지했다. 그러나 그는 분명히 — 최소한 일상적 시기에는 — "군비 지출의 큰 증가와 주로 관련된 총경제성장률의 상승을 환영할 사람은 없을 것"이라고 확신했다. 제아무리 필요악이라 하더라도, 그것은 여전히 악이었다.[68] 군비 지출을 GDP 계산에 포함시키는 것은 방법론적 견지에서도 문제가 있었다. 만약 국방이 누군가의 최종 효용의 원천이라기보다는 '필요악'necessary regrettable이라면, 심각한 외부 위협이 없는 경우 모든 군비 지출은 없어도 될 것이며 그것이 최선일 것이다.[69] 예를 들어, 코스타리카는 1948년에 군대를 폐지했는데, 이로 말미암아 시민들의 복지가 하락했다는 증거는 아무것도 없다. 역으로, 코스타리카는 그 이후 이 지역에서 내전에 빠지거나 쿠데타를 겪지 않은 유일한 나라였다. 동일한 이유에서, 만약 군비 지출의 목적이 비군사적인 생산이 발생하는 사회·경제적 틀을 보존하기 위한 것이라면, 그 가치는 그 전에 민간 재화의 시장가격 속으로 흡수되어야 할 것이다.[70] 이런 점에서, 군비 지출을 GDP의 추가적 구성분으로 더하는 것은 [GDP 추계에서] 부적절한 중복을 초래할 것이다. 더욱이, 국방 정책(노후한 군사기지의 유지 보수비용 조달을 중심으로 돌아가곤 하는) 분석가들은 적어도 상당한 비중의 군비 지출이 국가 방어에 아무런 기여도 하지 않음을 오래

전부터 보여 주었다.[71]

사회에 부정적이거나 해로운 많은 사건과 사회 변화들이 GDP 성장에는 매우 효과적일 수 있다. 전후의 재건은 1960년대 경제성장의 강력한 추동력이었다. 다양한 자연재해들도, 2005년 허리케인 카트리나의 경우처럼, 적어도 주택과 인프라가 재건되어야 하는 복구 과정에서는 GDP에 도움이 될 수 있다.[72] 이는 사회현상들에도 동일하게 적용된다. 시카고 교외의 거대 부동산 회사 쾨니히앤스트레이Koenig & Strey의 부사장 크리스 아이겔Chris Eigel은 이렇게 말한 적이 있다. "유감이지만, 이혼은 우리 사업의 중요한 부분입니다. 우리에게 이혼은 집 한 채가 매물로 나오고 또 집 두 채를 팔 수 있는 기회가 생긴다는 뜻이니까요."[73]

정치경제학자 앨버트 허시먼Albert Hirschmann에 따르면, 산업 진보와 경제성장은 GDP의 발명 한참 전에 이미 "전능하고, 저항할 수 없는 힘으로 여겨졌다."[74] 가족부터 국가까지, 전통적 위계제부터 오래된 협동적 질서에 이르기까지, 사회생활의 모든 영역은 경제성장에 심대한 영향을 받아왔다. 완전한 '용해'부터 '침식', '부식', '오염', '침투', 그리고 '저거노트juggernaut와 같은 시장'•에 의한 '침범' 등의 비유들이 이런 변화를 묘사하기 위해 곧잘 이용되었다.[75]

1970년대에 경제학자 프레드 허시Fred Hirsch는 그가 '도덕적 유산의 쇠

• 저거노트는 힌두교에서 시바신에게 인신 공양을 할 때 희생자를 치어 죽이는 수레다. 마르크스는 사회적 노동생산성을 향상시키려는 자본의 방법을 묘사하면서, 케인스는 자유방임적 자기 조정 시장을 표현하면서, 그리고 폴라니는 시장이 청산되는 과정에서 그 시장에 참여한 많은 이들이 희생당하는 사태를 비유하면서 이 말을 썼다.

퇴'와 GDP 성장의 '사회적 한계'라 일컬은 것을 자세히 다루었다. 그는 '방어적 지출'이라는 개념을 도입하기도 했는데, 이는 경제성장이 야기하는 사회 및 환경 파괴에 맞서 스스로를 보호하기 위한 지출을 말한다.[76] 그의 연구에 따르면, 사회 환경, 인간관계의 질 그리고 집합적 협동 역량 등 복지를 위해 중요한 자원들은 성장과 부정적 상호 관계를 가진 듯 보인다. 즉, "개인 행위가 개인적 이득을 향하게 됨에 따라, 공동체적 태도와 목적들에 기반을 둔 습관과 본능들은 상실되었다."[77] 전통문화들은 종종 GDP 성장을 방해하기 때문에, 그것들을 파괴하고 성장에 우호적인 체제로 대체하는 것이 성장을 일으키는 필수 조건이 된다. 역사를 통틀어서 볼 때, 문화적이고 사회적인 특질들이 시장 원리의 직접적 침투에 대해 충분한 저항력이 있음이 드러날 경우, 정부들은 성장 목표를 엄호하기 위해 자신의 정치적 행정적 수단들을 이용하도록 요청받았다. 17세기와 18세기에 영국에서 공유지의 인클로저는 정부 주도 정책을 통해 경제성장을 밀어붙인 전형적인 사례였다. 실제로 인클로저는 자유로운 소비의 붕괴를 초래했고, 자연 자원의 이용을 화폐를 통하도록 만들었으며, 이는 산업 노동자들을 공급하는 저수지가 형성될 수 있는 전제 조건을 구성했다. 정치경제학자 칼 폴라니는 『거대한 전환』The Great Transformation에서, 근대 유럽에서 '시장 사회'의 안착을 특징지었던 인간과 자연 자원에 대한 착취 과정을 20세기 초반 식민지에서 전통적 제도들에 가해졌던 조치들에 견주었다.[78] 또한 어떤 이들은 전통적인 사회들에 자본주의적 시장이 들어설 수 있는 공간을 개척하기 위해 정부가 도구적 역할을 수행했음을 신빙성 있게 보여 주기도 했는데, 이를 위해 국가는 (종종 IMF나 세계은행과 같은 국제 금융 기구들의 지원과 더불어) GDP 목표치를 활용했다. 좀 더 최근에는 굵직한 재난 시기들 동안 그리고 그 이후 구조 개혁을 부과하고 경제를 자유화하는 데 '쇼크 독트린'shock doctrine●이 미친 영향을 보여 준 이들도 있다.[79]

허쉬와 그의 동료들에 따르면, GDP의 성장은 그 자신의 파괴적 힘을 통해 추동된다. 즉, GDP는 비시장적 재화의 파괴를 통해서만 스스로를 지탱할 수 있으며, 자유로운 소비의 감소 및 그것을 비용이 드는 소비로 대체하는 것을 통해 동력을 공급받는 내재적 성격을 지닌다.[80] 공동의 목초지뿐만 아니라 공원과 광장, 해변과 호수 역시 그 이용이 어떻게든 제한되고 화폐를 매개로 하지 않으면 GDP에 보태지지 않는다. 도시 생활은 이런 상황의 전형적 사례다. 도시는 노동을 위해 건설되는 장소로서 낮은 비용으로 이용할 수 있는 것들이 드문데, 사람들이 [무료로] 만날 수 있는 장소부터가 많지 않다. 여가의 측면에서 보았을 때도, 대부분의 도시는 값비싼 오락거리(극장, 영화관, 체육관 등)를 다양하게 제공하지만, 자유로운 소비는 찾아보기 어렵다. 게다가 도시에서 어느 한 개인의 복지는 대체로 다른 이들이 하는 일에 달려 있는데, 이는 사람들이 매우 상호 의존적이며, 경제활동이 공동의 자원에 미치는 부정적 영향이 다른 곳보다 높기 때문이다. 이것이 이탈리아 경제학자 안젤로 안토치Angelo Antoci와 스테파노 바르톨리니Stefano Bartolini가 '에어컨 신드롬'이라 부른 것이다. 도쿄를 예로 들면, 건물 내부의 온도를 낮추는 대신 열기를 밖으로 배출하는 에어컨의 광범위한 사용은 도시 거주자들이 더욱 많은 에어컨을 사게 만들며, 결과적으로 '방어적 소비'의 악순환을 만들어 낸다는 것이다. GDP 성장은 부

● 자유 시장이 폭력과 충격을 이용해 세계경제의 흐름을 좌우하는 수법을 의미한다.

정적 외재성을 만들어 내면서 또 역으로 그것이 사람들로 하여금 성장에 더욱 기여하도록 한다는 점에서 자기 강화적 과정이 된다.[81]

1970년대에 노드하우스와 토빈이 이미 지적했듯이, 어느 GDP의 대차대조표에도 나타나지 않지만 사회적으로 생산적인 자산들(예를 들어, 환경)이 존재한다. 그것들이 생산자와 소비자들에게 제공하는 이익의 가치는 국민소득을 계산하는 과정에서 평가되지 않는다. 동일한 이유에서, 그와 같은 종류의 생산적 자산들이 미래에 이익을 제공할 수 있는 역량의 고갈도 [GDP의 대차대조표상에서는] 고려되지 않는다. 주류적이고 표준적인 성장 모델은 비인간 생산 주체들의 공급 확대 가능성에는 제한이 없다고 가정한다. 이는 기본적으로 생산이 노동과 재생산 가능한 자본에 의해서만 좌우되는 2요인two-factor 모델이다. 즉, 이 모델에는 "고전적 삼각형의 세 번째 인자인 토지와 자원이 일반적으로 누락되어 있다."[82] 그럼에도 불구하고, 매우 우려스럽게도, GDP에 대한 이처럼 단순화된 이론적 개념화는 경험적 연구뿐만 아니라 정책 결정에서도 관철되고 있다. 실제로, 수많은 정치인들과 그들의 경제 보좌관들은, 자본과 기술을 토지와 같이 고갈될 수 있는 자원들에 대한 거의 완벽한 대체물로 간주한다. 즉 "만약 어떤 기술을 통해 자연 자원을 대체하는 것이 불가능하거나 특정 자원이 고갈된다 해도, 우리는 혁신을 통해 그와 같은 희소성을 극복할 수 있을 것이라고 …… 암묵적으로 가정하는 것이다."[83]

세계자원연구소World Resource Institute에 따르면, 국민계정에서 자원 고갈을 체계적으로 간과하는 것은 오래도록 수많은 '환상들'을 낳았는데, 특히 GDP 성장을 자연 자원 개발에 크게 의존하고 있는 국가들 사이에서 그러했다.[84] 순생산과 순자본구성은 과대평가된다. 자연 자원을 소유한 중앙정부의 재정

적자는 과소평가된다. 한 나라의 국제수지에서 경상수지 적자는 자연 자산의 지속 불가능한 판매에 의해 가려질 수 있다. 이 같은 통계적 왜곡은 단기적인 관점에서 자연 자산의 가격을 낮게 매기는 정책에 지나치게 의존하도록 부추기고, 이는 미래 환경의 지속 가능성에 심각한 결과를 수반한다. GDP 성장과 천연 자원 사이의 전도된 관계는 〈그림 2-2〉에서 뚜렷이 나타나는데, 위쪽으로 향하는 지구적 GDP 곡선에 대비해 생태용량biocapacity[생태계가 자원을 제공하고 폐기물을 흡수할 수 있는 능력은 하향 곡선을 그린다.

1972년의 『성장의 한계』The Limits to Growth는 끊임없는 GDP 성장이 초래하는 잠재적으로 비가역적인 피해에 대한 체계적인 설명을 최초로 제공했다. 매사추세츠 공과대학MIT 연구팀이 수행한 이 연구는 로마클럽(이탈리아의 산업가이자 대중적 지식인 아우렐리오 페체이Aurelio Peccei가 설립한, 저명한 기업인과 국가 관료 및 과학자들의 국제 위원회)으로 알려진 지식인 그룹의 의뢰로 이루어졌다. 연구팀은 당시로서는 선구적으로 컴퓨터를 이용해, 미래 시나리오와 시뮬레이션[85] — 그 정교한 수준에서 당시로서는 필적할 것이 없는 — 을 작성했다. 이 연구의 핵심 테제는 물질 소비와 오염이 제한된 세계 속에서 영원히 이어질 수 없다는 것이었다. 인간 본성은 사람들로 하여금 성장률이 단선적이라고 순진하게 가정하도록 만들지만, 우리 행성의 생태적 한계와 자연 자원의 희소성은 통제 불가능한 과정을 쉽사리 촉발시킬지도 모른다. 그래서 이 책은 1970년대까지 나타났던 것과 같은 GDP의 기하급수적 성장(그만큼의 산업 산출, 자연 자원 소비와 오염을 수반하는)의 지속은 부국과 빈국 사이의 격차를 넓힐 수밖에 없으며, 궁극적으로 2050년에서 2070년 사이에 커다란 전 지구적 자원 부족 상황을 초래할 것이라고 제시했다.[86]

<그림 2-2> 세계의 천연자원 소비 비용에 힘입은 지구적 GDP 성장

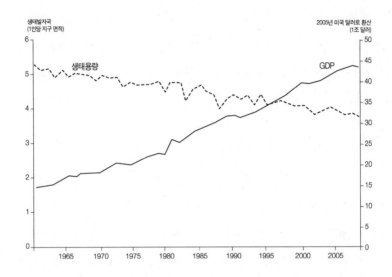

자료: *Beyond GDP: New Measurement for a New Economy* (Demos: New York 2012).

　이 연구는 세계가 제2차 세계대전 종전 이래 20년 이상 수그러들 줄 모르는 성장(그리고 GDP 도취)을 구가하고 있던 시기에 차가운 물벼락으로 다가왔다. 당시만 해도, 인류는 1969년에 달을 정복했고, 핵에너지가 새롭게 부상하고 있었다. 광물자원이 어느 날 갑자기 고갈될지도 모른다는 징조는 그 어디에도 없었다. [그렇지만] 1973년에 들이닥친 석유 위기가 저자들이 제시한 우려들을 확증하는 것처럼 보이자, 이 연구 결과는 커다란 관심을 끌었고, 책은 수백만 부가 팔려 나갔다. 확실히 이 책의 가장 중요한 기여는 그것이 GDP에 대한 비판 여론을 전문가 집단 바깥으로 확산시켰고, 경제성장의 장기적 영향에 대한 관심과 학계의 논쟁을 수십 년간 대중화했다는 점이다. 그리고 아마도 바로 이 때문에, 이 책은 다양한 각도에서, 다시 말해, 학문 공동체뿐만 아니라 좀 더 중요하게는 여론 주도층과 정책가들의 맹렬한 비판을 받았다. 책의 결론들은 1800년대에 인구 성장을 늦추고 1인당 소비를 줄이기 위해 다른 무엇보다도 산아제한, 낙태, 전쟁의 활용을 옹호한 영국의 정치경제학자 토머스 맬서스Thomas Malthus의 뒤를 좇는 구태의연한 맬서스주의로 치부되어 기각되었다. GDP 성장을 줄일 필요에 초점을 두었던 이 보고서의 핵심 권고는 현 상태의 유지에 커다란 이해관계가 걸려 있는 이들에게는 결코 환영할 만한 것이 못되었다. 금융적 그리고 산업적 수준에서, 이 책은 널리 퍼져 있는 상업적 이해관계에 도전했다. 정치적 수준에서, 이 책은 정부들로 하여금 공공 지출에 필요한 조세수입의 하락을 걱정하게 만들었다. 정상상태steady-state의 경제를 어떻게 계획할 것인가 하는 질문을 결코 제기해 본 적이 없는 주류 경제학자들 사이에서, 이 책은 경제문제들에 대해 주도적으로 조언을 해왔던 자신들의 지배력을 위협하는 것으로 간주되었다.[87] 이 보고서에 대한 가장 격렬한 비판자들 가운데에는 급진적 자유 시장 경제학자 줄리언 사이먼Julian Simon과 미래학자 허먼 칸Herman Kahn도 있었는데, 그들은 이런 예측들이 "모든 진지한 경제학 비판자들에 의해 바보 같은 이야기나 사기로 취급당했다"고 공격했다.[88] 사실 일부 노벨경제학 수상자들, 이를테면 윌리엄 노드하우스와 군나르 뮈르달Gunnar Myrdal 역시 이 연구를 비판했지만, 그들의 비판은 그 발견 전반에 대한 것이라기보다는 주로 연구에 이용된 방법론을 향한 것이었다.[89]

『성장의 한계』는 대중의 눈앞에서 해부되었고, 연구의 신뢰성을 깎아내릴 만한 모든 사소한 부정합들이 지적되었는데, 2009년 내내 헤드라인을 장식한 기후변화에 관한 정부 간 패널IPCC의 전망들이 야기한 동요에서도 똑같은 일이 반복됐다. IPCC의 예측 모델들이 환경 회의론자들의 도마 위에 올랐고, 그들은 이런 전망들을 운명의 날doomsday에 대한 히스테리컬한 예언으로 치부해 기각했다. 다른 무엇보다, 그들은 이 책이 고갈된 자원들을 대체하는 창조적 방법을 찾아내고야 말 인간의 천재성과 적응 능력에 충분한 점수를 주지 않았다고 주장했다.[90] 이에 더해, 자유 시장 경제학자들은 시장 메커니즘은 상황에 따른 가격 조정을 통해 희소한 자원을 대체하도록 인도하고 발명가와 기업가들이 다양한 기술적 해법들을 개발하도록 촉진함으로써, 결국 붕괴를 예방하게 할 것이라고 보았다.[91] 1989년에 당시 경제지 『포브스』의 과학면 편집자였던 로널드 베일리Ronald Bailey는 이 보고서의 저자를 '닥터 둠'[운명 박사]Dr Doom이라 부르고 이 책 자체를 "방향을 잘못 잡아도 제일 잘못 잡은" 것으로 간주하며 조소 어린 공격 기사를 썼다.[92] 그는 1993년에는 『생태 사기』Ecoscam라는 제목의[국내에는 『에코스캠』(이상돈 옮김, 이진, 1999)으로 소개된] 책을 통해, 그리고 2002년에는 『지구온난화를 비롯한 생태 미신들: 환경 운동은 어떻게 우리를 죽음으로 위협하기 위해 거짓 과학을 이용하는가』Global Warning and Other Eco Myth: How the Environmental Movement Uses False Science to Scare Us to Death라는 책에서 같은 비난을 되풀이했다.

"맬서스, 다국적기업 그리고 로마클럽"Malthus, Multinationasls and the Club of Rome이라는 제목의 토론문에서 서섹스 대학의 로버트 골럽Robert Golub과 조 타운센드Joe Townsend는 연구를 후원한 로마클럽이 "일종의 광신적 군사독재"를 수립할 음모를 꾸몄으며, 이를 통해 다국적기업 마음대로 세계와 경제를 주무를 것이라고 비난했다. 그들이 보기에,

한계 논쟁은 그것이 여론(그리고 아마도 정치 지도자들까지)을 혼란케 하고 사기를 떨어뜨리려 의도한다는 점에서 이미 커다란 역사적 역할을 수행했으며, 그 결과 우리가 직면한 위기들이 과거의 것들과 질적으로 다르다는 생각이 오늘날 만연해 있다.[93]

『성장의 한계 다시 보기』The Limits to Growth Revisited의 저자 우고 바르디Ugo Bardi에 따르면, 이런 비난들이 틀렸음을 밝히기 위한 노력은 거의 없었다. 반면, 특정 미디어와 여러 산업 및 경제 서클들의 공모 덕분에 이 책에 대한 중상모략이 득세했고, 이 책이 몇 쇄를 거듭했음에도 불구하고 1990년대 초반에는 이 연구가 제기한 쟁점들은 "모두의 조롱거리"가 되어 버렸다.[94] 그리고 윌리엄 노드하우스가 브루킹스연구소가 후원한 1992년 논문에서 [『성장의 한계』에 대해] 자신의 비판 일부를 부분적으로 철회한 것은 거의 아무런 의미도 없어 보였다. 그는 이렇게 주장했다.

경제학자들은 고갈될 수 있는 자원의 한계에 대한 기존의 우려와 잠재적 환경 파국에 대한 현재의 경고 모두를 과소평가함으로써 우울한 과학dismal science•이라는 경제학의 전통이 허위임을 보여 주었다. 하지만 환경에 대한 오늘날의 우려를 그대로 방치하는 것은 지각없는 일이 될 것이다.[95]

• '우울한 과학'은 역사학자 토머스 칼라일이 맬서스의 『인구론』을 읽은 뒤 경제학은 극단적인 비관론의 학문이라는 의미에서 사용한 말이다. 칼라일은 수요와 공급 원리에서 우주의 진리를 찾고 자유방임을 주장하는 사회과학은 음울하고, 황량하며, 절망적이고 비참한 과학이라고 보았다.

바르디는 연구가 어떻게 '악마화되는지'를 살펴보면서, 1960년대에 DDT와 같은 살충제의 사용이 환경에 미친 치명적인 영향을 폭로해 환경 문제에 대한 서구 사회의 관심을 환기시키는 데 전환점이 된『침묵의 봄』의 경우와 비교한다.『침묵의 봄』과 저자인 생물학자 레이첼 카슨은 화학 업계로부터 맹렬한 공격(전문적인 차원은 물론, 개인적인 차원에서도)을 받았는데, 여기에는 로비스트, 친기업 성향의 미디어, 다양한 전문가들과 거대 화학 기업이 후원하는 싱크탱크 집단들이 참여했다. 바르디는 이를 "연기가 자욱한 방 안에 세계 산업계의 대표자들이 모여서, 대중의 시각을 바로잡기 위해 [『성장의 한계』에] 대항 수단을 결정하는" 장면에 비유했다.[96]

많은 싱크탱크들과 정치 그룹(여기에는 회의론 용병scepticism-for-hire의 보루인 조지 C. 마셜 연구소George C. Marshall Institute와 기업경쟁력연구소Competitive Enterprise Institute도 포함된다)들이 이 연구의 결론과 그것이 일으킨 자연 자원에 대한 관심을 깎아내리기 위한 연구에 재정을 대기는 했지만, 1980년대와 1990년대를 거치면서 [『성장의 한계』에 개진된] 견해들이 사라지게 된 것은, 어떤 잘 조직된 음모의 결과라기보다는, 자생적 과정으로 보인다.[97] GDP 성장과 그 약속이 주는 매력은 발걸음을 멈추고 돌아보기에는 아마도 대부분의 사람들에게 너무도 강력한 것이었다. 특히 GDP는 경험적 증거라는 외양과 전문가의 권위를 미디어를 통해 미리 준비된 이야기 줄거리와 결합시켜 줌으로써 사람들을 만족시킬 수 있었을 뿐더러, GDP에 부응하는 산업 의제들에 힘을 실어 주었다.

실제로, 환경을 오염시키고 자원을 고갈시키는 모든 산업들에 국민소득계정이 갖는 인기가 힘을 실어 주었음은 거의 의심할 나위가 없다. GDP는 이들의 활동을 경제적 진보로 보이게 해주었던 것이다. 통계와 산업적 이해 사이의 이런 견고한 결탁은 1994년에 아주 분명히 드러났는데, 당시 클린턴 행정부는 GDP에서 자원 소모분을 제외하기로 제안한 바 있었다. 이는 수십 년 동안 진보적 경제학자들과 환경 운동에서 나온 비판적 시각들에 점점 더 영향을 받게 된 상무부의 제안을 따른 것이었다. 상무부의 경제분석국은 계정 작성 관행을 스스로 비판하면서, 인프라나 산업 설비에 큰 가중치를 주는 데 비해 자연 자원은 소홀히 대접하는 몇 가지 '불균형 지점들'을 지적했다. 이를 바로잡기 위해 그들은 자연 자원을 산업의 고정자산처럼 취급할 것과 더불어, 경제와 자연환경 사이의 상호작용을 요소 분해함으로써, 부분적으로는 자연 자원의 소모분을 GDP에서 차감할 것을 제안했다.[98] 정부가 제출한 실제 안은 결국 GDP 비판자들이 요구한 것보다 훨씬 온건한 것이었지만, 1994년 4월 하원 세출위원회House Appropriations Committee의 청문회에서 석탄이 풍부한 주州들에서 온 여러 대표자들이 산업부의 담당 공무원들을 공격했고, 몇 차례의 연기와 추가적 검증을 거친 끝에 제안은 기각되고 말았다. 웨스트버지니아의 앨런 몰로한Alan Mollohan 의원의 말을 빌리자면, 만약 국민계정에 석탄 자원의 소모와 대기오염 효과를 포함시키려 했다면, "누군가 말할 겁니다. …… 석탄 산업이 이 나라에 기여하는 게 아무것도 없단 말인가요?"

삶을 가치 있게 만드는 것

1853년에 『민주주의 리뷰』Democratic Review의 한 언론인은 기술적 진보(당시에는 주로 전기와 자동기계)가 삶을 엄청나게 변화시켜서 19세기 말이 되면 "남성과 여성들은 귀찮은 돌봄 노동이나 고생스러운 수고를 할 일이 없어질 것이다. 기계가 모든 일을 다 할 것이다 — 자동기계가 그 일을 감독할 것이다. 인류의 유일한 과제는 사랑을 나누고 연구를 하고 행복해지는 일일 것이다"라고 전망했다.[99] 이와 비슷하게 1930년대에 케인스는 생산성 증가 덕분에 산업사회의 평균적 시민은 2030년에는 주당 최대 15시간만 일하게 될 것이라고 예견했다.

하지만 역사는 다르게 흘러갔다. 1992년의 베스트셀러 『과로하는 미국인』 The Overworked American의 서두에서 사회학자 줄리엣 쇼어Juliet Schor는 이렇게 썼다.

> 지난 20여 년 동안, 미국인들이 일을 하며 보내는 시간은 꾸준히 증가했다. 매해의 변화는 작지만, [결과적 증가량으로 보면] 거의 9시간에 달하며, 하루 노동일이 약간 넘을 정도가 늘어난 것이다. 어떤 한 해만 보면 이 같은 작은 증가는 감지되기 어려웠을 것이다. 그러나 20년 동안의 누적 증가분은 상당한 것이다. …… 노동시간의 증가는 예상치 못한 것이었다. 거의 1백여 년 동안 노동시간은 하락해 왔다. 이 하락은 1940년대 말 돌연 끝이 났고, 이 시기는 노동시간에 있어 새로운 시대의 시작으로 기록되었다.[100]

이 시기는 GDP의 시대이기도 했다. 국민계정과 무한 성장의 시대. 경제 실적과 대량 소비 지속의 시대. 온실가스와 기후변화의 시대. 경제학이 다른 모든 사회과학들을 자신의 권력의 시녀로 장악한 시대이기도 하다. 이 시기 동안 경제학자들은 GDP의 극대화가 정책의 적절한 목표여서는 안

된다는 점을 잘 알았지만, "그러나 그들은 경제 성적의 기준 성적표로서 [GDP를] 일상적으로 이용함으로써 그들이 [GDP의] 열정적 숭배자임을 확실히 각인"시켰다.[101]

메리 셸리 소설의 프랑켄슈타인처럼, 사이먼 쿠즈네츠는 자신의 창조물이 얼마나 위험한 것이 될 수 있는지 깨달았다. 쿠즈네츠는, 긴 안목을 가진 경제학자들(이들 가운데 일부는 노벨상을 수상한 이들도 있었고, 비교적 덜 알려진 이들도 있었다)과 함께, GDP와 경제성장을 둘러싼 잠재적 조작과 오해에 대해 사회와 정치인들에게 경고하고자 노력했다. 그는 "생산에서 어떤 요소들이 성장해야 하는지 정하지도 않고 …… 그리고 성장의 대가, 비용은 무엇인지 따져 보지도 않은 채, 전체 성장률이 1년에 몇 퍼센트 상승해야 한다는 식으로 몰아대는 것"은 불합리한 것이라는 주장을 끊임없이 제기했다.[102] 또한 그는 정치인들이 GDP 성장을 당면 문제들에 대한 해답으로 바라본다는 점과, 그것이 그들의 행동이 갖는 장기적 결과들에 근본적으로 눈을 감게 만든다는 점을 깨달았다.

> 만약 이용되지 않은 자원과, 곤궁에 빠져 있는 집단들이 있다면, 그것은 즉각적인 문제다. 다른 한편, 미래에 대한 장기 전망은 언제나 불확실하다. …… 그럼에도 불구하고 …… 공적 주체들은 수십 년 동안 투입하고 몰두해야 할 것들을 비롯한 장기적 범위의 의사 결정들을 끊임없이 행한다. 그리고 현재의 문제들을 겨냥하고 있는 그런 정책들은 모두 장기적 영향력을 발휘한다.[103]

하지만 GDP 숭배자들의 합창 소리가 얼마나 컸던지 간에, 정치 전장 속의 모든 이들이 이 전능한 숫자에 똑같이 빠져 있던 것은 아니다. 당대의 최고위 정치인들 가운데서 가장 잘 알려진 GDP 회의론자는 아마도 로버트 케네디였을 것인데, 그는 경제 정의, 인종 간 평등, 연대 그리고 경제의 탈군사화(그는 열정적인 베트남전 반대 활동가였다)라는 정강에 기반을 두고 1968년 대통령 선거전에 뛰어들었다. 암살되기 불과 3개월 전, 대통령 선거운동 기간 동안 캔자스 대학에서 행한 역사적 연설에서 그는 예언적인 말을 남겼다.

너무나 오랫동안, 우리는 개인의 존엄과 공동체의 가치를 단지 물질적인 것들의 축적을 위해 포기해 버린 것처럼 보입니다. …… GNP는 대기오염과 담배 광고, 그리고 고속도로 위의 즐비한 시체를 수습하는 구급차까지 계산에 넣습니다. 또한 우리 집에 설치하는 특수 자물쇠와 그 자물쇠를 부수는 사람들을 가두기 위한 감옥을 유지하는 비용도 계산에 넣습니다. 삼나무 숲이 파괴되고, 무분별한 도시의 확장 속에서 자연의 경이로움이 사라지는 것도 포함됩니다. 네이팜탄도 계산에 넣고 핵탄두도 계산에 넣으며 도시 폭동을 진압할 경찰 장갑차도 계산에 넣습니다. …… 하지만 GNP에는 우리 아이들의 건강, 그들이 받는 교육의 질, 그들의 놀이가 들어갈 자리는 없습니다. 우리의 시가 갖는 아름다움이나 우리의 결혼이 갖는 결속력, 우리의 공적 토론이 갖는 지적 수준이나 우리 공무원들의 청렴도 포함되지 않습니다. 우리의 위트나 용기도, 우리의 지혜나 배움도, 우리의 열정이나 애국심도 계산에 넣지 않습니다. 대신 모든 것을 간단히 계산해 냅니다, 우리의 삶을 가치 있게 만드는 것만 제외하고 말입니다.[104]

3장. GDP 퇴위를 위한 지구적 모색

우리 가운데 일부는 오래전부터 GDP 계산의 불합리성, 본말 전도, 그리고 부적절성을 지적해 왔다. 독이 든 맥주를 판매하는 술집을 폐쇄해 달라고 지방 판사에게 청원한, 체스터튼의 이야기 속 시민들처럼, 우리의 청원은 공식 답변을 받았다. "그래요, 증거는 당신이 맞다는 것을 보여 줍니다. 그러나 우리가 독성이 확인된 이 체제를 파괴해서 역사적 연속성을 희생하기 전에, 이 자리에 무엇을 채워 넣을지 당신이 분명하게 이야기해야만 합니다."

___허먼 데일리, 『정상상태 경제』 *Steady State Economy*

체스터튼의 비유는 매우 시사적이다. (복지의 지표로서는 말할 것도 없이) 경제 성적을 측정하는 기준으로서 GDP가 갖는 결점을 자세히 설명하는 수천 쪽의 문서도 정치인들과 주류 경제학자들이 이 지표를 정책 도구로 이용하는 것을 멈추도록 설득하는 데에는 충분치 않았다. GDP를 재고하도록 노력한 선구자 가운데 한 사람인 환경 경제학자 허먼 데일리는 "독이 든 맥주보다는 맥주가 없는 게 낫다"고 주장한 바 있다.[1] 그러나 아마도 사람들은 여전히 취하고 싶어 한다. 그리고 독이 든 맥주가 마을에서 유일하게 손에 넣을 수 있는 맥주인 한, 아무도 그 쓴맛에 대해 뭐라 하지 않을 것이다.

1970년대부터 시작해, 시민사회 그룹들뿐만 아니라 수많은 진보적 경제학자들, 지식인들, 싱크탱크들, NGO들, 재단들, 정부 기구들이 GDP를 '더 좋은' 숫자로 대체함으로써 '퇴위'시키려 했던 이유가 이것이다. 이런 제안들 가운데 일부는 주로 '나쁜 것들'을 빼고 추가적인 '좋은 것들'을 포함해 GDP를 수선하고자 하는 형식적인 움직임들이었다. 이런 부류에서 우리는 경제적 복지와 진정한 진보의 척도를 추가함으로써 GDP를 개선하고자 하는, 경제학 내의 오랜 사고 전통을 발견한다. 진보적 환경 경제학자들의 주도로 이런 접근들은 더욱 대중화되었고 특히 UN과 세계은행 같은 통치 기구들 사이에서도 설득력을 얻게 되었다. 좀 더 최근 들어서는 GDP를 '넘어서려는' 새로운 시도들이 이루어졌다. 지속 가능성과 안녕과 관련된 다양하고 추가적이며 보충적인 척도들을 제공함으로써 GDP가 행사하는 영향력을 희석하기 위해, 총합적 지표보다는 '종합상황판'dashboard을 채택함으로써 이용 가능한 지표들의 조합을 확장하는 데 초점을 두는 시도들이 그것이다. 이런 접근이 유용하기는 하지만, GDP 성장에 깔려 있는 가정들과 그것의 정치적 의제들에 문제를 제기한 것은 아니다. 결국, 좀 더 급진적인 제안들이 제출되었다. 경제성장이 그 자체로 받아들일 만한 목표인지를 논박하고 GDP를 보충하거나 개선하려 노력하는 대신, 안녕에 대한 완전히 다른 이해에 기반을 두고 정책이 수립되어야 한다는 주장이다. 이런 개혁들은 주로 시민사회 그룹과 진보적 싱크탱크들에 의해 개진되었고, 매우 소수의 진보적 정부들의 지원을 받았다.

환경 파괴의 규모와 중요성을 둘러싸고 국제적인 대중 토론이 치열하게 전개되고 이에 대응하기 위한 정책들이 제출되면서 이와 나란히 대안 지표들도 계속 생산되었다. 1972년의 UN 인간환경회의United Nations Conference on the Human Environment, UNCHE(대개 '스톡홀름 회의'라 불린다)가 국제적 수준에서 벌어지는 일련의 정상회담의 시작을 알렸고, 환경 정책을 둘러싼 불가피한 정치적 논쟁들(이는 국제적 수준에서 논의되는 환경 정책 입안 과정의 특징이 되었다)이 벌어졌다. 환경 운동 진영의 압력이 고조되었음에도 불구하고, 미국 산업 압력단체의 이해가 (당시 미국의 국무장관이었던 헨리 키신저의 개인적 개입에 힘입어) 판을 좌우했고, 회의의 최종 문서에는 지속 가능성이라는 개념 대신, 대표자들이 선호했던 '생태적 발전'이라는 애매한 표현이 반영되었다. 브룬트란트 위원회Bruntland Commission로 더 잘 알려진 세계환경개발위원회World Commission on Environment and Development, WCED가 마침내 "미래 세대가 자신들의 필요를 충족할 능력을 저해하지 않고 현재의 필요를 충족하는 발전"이라는 표현으로 지속 가능한 발전이라는 개념을 공식적으로 도입하는 데까지는 수많은 협상들과 트집 잡기로 점철된 15년의 세월이 더 필요했다.[2] 『우리 공동의 미래』*Our Common Future*로 이름 붙여진 브룬트란트 위원회의 보고서는 [1987년] UN 총회에서 42/187 결의문으로 채택되었다. 1988년에는 기후변화에 관한 정부 간 패널IPCC이 세계기상기구World Meteorological Organization와 UN환경계획UNEP에 의해 설립되었고, 이후 43/53 결의를 통해 UN에서 승인되었다. 끝으로, 두 번의 지구 정상회담[UN 환경개발회의를 말한다], 즉 1992년 리우데자네이루에서 그리고 2002년 요하네스버그에서 열린 회의에서 중요한 진전이 있었고, 이는 2005년 교토 협약의 도입으로까지 이어졌다. 초기에 미국은 클린턴 대통령하에서 협상의 주도적 역할을 수행했음에도 공식적으로는 협약을 비준하지 않았고, 조지 W. 부시 대통령은 두 번의 임기 동안 이를 명시적으로 거부했다. 2009년

코펜하겐에서 열린 'UN 기후변화협약'UNFCCC 회의에서는 기후변화에 대한 좀 더 광범위한 사회정의적 함의를 인식하지 못하는 서구에 대한 개도국들의 증대하는 분노가 표출되었다. 중국, 인도, 브라질, 남아프리카공화국 등 신흥 경제국들이 대열을 이탈했고, 이에 따라 새로운 합의가 조만간 만들어지리라는 희망도 희미해져 갔다. 지구적 환경 법제화를 전통적으로 지지해 온 캐나다마저, 2011년에 스티븐 하퍼Stephen Harper 수상이 이끄는 보수당 지도부 아래서 교토 협약에서 철수했다. 2012년에는 리우+20 정상회담이 지속 가능한 발전에 대한 정상회담이 20년을 맞았음을 알렸고, 같은 해에 열린 스톡홀름+40 회의에서는 경제 및 환경 거버넌스의 측면에서 논쟁을 업그레이드하고 체계적인 개혁을 재개하기 위해 국제적 공동체가 동의하는 모든 주요 이슈와 문제들을 망라해 토론을 벌였다.

GDP에 대한 대안적 계측을 둘러싼 논쟁은 지속 가능성을 둘러싼 지구적 논쟁이 가진 모순들을 반영하고 있었다. 진보적 환경 정치의 시기에 이루어진 중요한 진전들은 보다 전통적인 경제적 관심이 무대를 장악하자마자 대부분 뒷걸음질하거나 움츠러들고 말았다. 다음 절에서는 GDP를 다른 척도로 대체하려는 시도와 GDP를 개선하려는 시도들 사이의 긴장, 특히 정부 제도의 역할과 GDP의 정치학에 도전한 개인들 그리고 변화에 대한 우리 사회의 저항에 초점을 맞출 것이다.

GDP의 개선인가 대체인가? 대안 지표의 탐색

국제적으로 GDP를 개선하고자 했던 첫 시도는 윌리엄 노드하우스와 제임스 토빈이 1971년 '경제후생지표'Measure of Economic Welfare, MEW라 불리는 지수를 발전시킨 것이었다. 이 두 명의 예일대 경제학자는 아브라모비츠(2장을 보라)가 지적했던, 최종재와 비최종재 사이의 구분 문제를 좀 더 명확히 하기 위해 지출을 "소비, 투자, 중간생산물intermediate로" 재분류했다.[3] 게다가 그들은 복지의 측정은 여가와 가계 노동의 기여도 포함해야 한다고 주문하는 이들의 관점도 고려했다. 나아가, 경제성장과 연관되는 '나쁜 것들'이 복지에 미치는 영향을 인정해, "도시화의 일부 부작용들에 대한" 다양한 보정 변수들을 도입했다.[4] 특히나 중요한 점은 그들이 모든 군비 지출을 단호하게 제외했다는 점이다. 그들은 군비 지출이 경제저 복지에 미치는 직접적인 영향을 발견할 수 없었고, 합리적인 나라(또는 가계)라면 국방을 '그 자체를 위해' 구매하려 하지는 않을 것이라고 주장했다.[5] 만약 전쟁 또는 전쟁 위협이 존재하지 않는다면, 군비 지출의 필요성도 없을 것이고, 그것이 없어도 사정이 더 나빠질 사람은 없을 것이라는 이유에서였다.

복지를 측정하는 좀 더 나은 방식을 제안하면서도, 그들은 GDP를 '경제학자들'의 단기적인 분석과 예측에 도움이 되는, 나아가 정책을 입안하는 데 필요한 주요 수단 가운데 하나로 높게 평가했으며, 이외에 다양한 목적들을 위해서도 중요한 것이라고 생각했다.[6] 결국 노드하우스와 토빈이 제시한 경제후생지표는 경제성장이 여전히 정책의 근본 목표로 남아야 하며, 그러면서도 제한적인(대개는 기술적인) 조정을 통해 복지 상태에 대해 더 잘 이해할 수 있게 된다는 것을 보여 주기 위해 국민계정 항목들을 재배열한 것이었다.

1970년대와 1980년대 전반에 걸쳐, 경제학자 로버트 아이스너는 미국의 국민계정 전반에 대한 개혁을 촉구한 대표적 인물이었다. 이 분야에서 그의 가장 유명한 업적은 '총수입계정체계'total incomes system of accounts, TISA의 수립이었는데, 이를 통해 그는 미국 정부의 국민계정 계측 방식을 개선하고 확장했다.[7] 다른 무엇보다, TISA는 기존의 GDP 측정에서 큰 비중을 차지하고 있던 (도로, 치안, 방위, 사법에 대한) 정부 구매 항목을 본성상 매개적인 것으로 간주하고 이를 최종 산출에서 제외했다. 이와 유사하게, 대체로 노동과 관련된 가계 지출(예컨대, 통근 비용) 역시 소비자 만족의 원천이라기보다는 매개적 생산 비용으로 보아 공제했다. 또한 TISA는 가계 부문에서 대부분 이루어지는 비시장적 생산의 중요성 역시 인정했다. 결과적으로, 식사 준비, 집안 청소와 수리뿐만 아니라 아이들과 노인 돌봄의 가치를 포함하게 되었다.[8] 아이스너의 계산에 따르면, 이런 다양한 형태의 가계 생산은 1980년대 동안 — 평균적으로 — 미국 GDP의 3분의 1이 넘었다.[9] 전통적인 GDP 계정들이, 신규 주택 구매를 제외하고는, 정부와 가계가 취득하는 모든 유무형 자산을 제외했고, 따라서 산업 부문만이 사회 투자 활동을 전담하고 있는 것으로 전제한다는 사실도 TISA가 제기한 또 하나의 쟁점이었다. 자신의 재계산을 통해 아이스너는 기업 측 언론이 되풀이하는, 미국 정부의 경제에 대한 투자가 너무 미미하다는 주장은 대체로 근거가 없는 것이며, 이와 대조적으로, 재정 결손을 막기 위해 연방 정부의 지출을 무차별적으로 삭감하는 것은 교통·교육·신기술 등에 대한 공적 투자를 줄일 수 있음을 밝혀냈다. 2012년 중반, 세계를 어떻게 지구적 경제 불황에서 벗어나게 할 것인지에 관한 끝없는 논쟁의 와중에, 미국 상무부는 경제에 대한 사회적 투자에 좀체 앞장서려 하지 않는 산업계의 소극성에 대한 아이스너의 우려를 확인해 주었다. 실제로 2012년 1/4분기 동안 대부분의 기업들이 엄청난 이윤을 벌어들였음에도 불구하고, 민간 부문의 투자 급락으로 인해 GDP 성장 전망은 하향 조정되어야 했다. 다시 한 번, 미국 경제의 전반적 성적은 가계의 지원에 의지하게 되었고, 이는 그들의 저축을 축내고 더욱 많은 빚을 지게 만들었다.[10]

아이스너의 제안은 특히 "기업들은 최종 소비자들을 위해 생산하고 투자하기 위해서만 존재한다"는 것과 가계는 비생산적이며 그들의 기여는 "산업 부문으로부터의 상품을 구매하는 것 뿐"이라는, GDP의 주술이 만들어 낸 몇 가지 '신화들'을 해체하는 데 도움을 주었다.[11] 하지만 GDP의 개념틀과 그 생산 중심 패러다임을 진지하게 재검토하지는 못했다. 예를 들어, 아이스너는 그의 비시장적 산출의 계측에 여가 시간의 가치를 포함하지 않았고, 고용과 관련된 쟁점들(생산적인 일에 참여하는 것에 대한 개인적 만족뿐만 아니라 열악한 노동조건에 대한 불만족 모두)을 무시했으며, 근본적인 소득재분배 문제를 간과했다. 특히나, TISA의 틀거리는 자연 자원의 소모 문제를 다루지 않았다.[12]

거시 경제, 사회 그리고 환경 데이터를 인간 복지에 대한 포괄적 계측 속에 통합하려는 최초의 수미일관한 시도는 1980년대 말 발전 경제학자 허먼 데일리와 신학자 존 콥John Cobb에 의해 이루어졌다.[13] 데일리와 콥은 GDP에 대한 그들의 대체물을 지속 가능한 경제 후생 지수Index of Sustainable Economic Welfare, ISEW라고 불렀다. 이 지수는 애초 1950~86년 시기를 대상으로 한 지수였는데 1990년대 중반에 참진보지수Genuine Progress Index, GPI라는 이름으로 바뀌었고, 2006년까지 여러 차례 업데이트가 이루어졌다. 데일리와 콥은 그들이 노드하우스와 토빈에게 지적인 빚을 졌음을 인정하면서, 경제적 후생은 단지 시장화될 수 있는 상품의 산출뿐만 아니라 모든 원천들로부터 인간으로 향하는 서비스들의 실제 흐름이라고 주장했다. 또한 그들은 소득의 한계효용 체감에 대한 아브라모비츠의 고찰을 따라 "추가적인 1천 달러의 소득은 부유한 가족보다 가난한 가족의 후생을 더 많이 증가시킨다"는 사실을 고려에 넣었다.[14] 따라서 소득 불평등의 정도가 클수록 경제적 복지는 낮아진다. 아이스너의 계산을 따라, 그들은 공식 소비 추계에서 대체로 누락되는 네 개의 '서비스 흐름', 즉 가사 노동, 현존하는 내구성 소비재, 공공 도로와 고속도로, 그리고 보건과 교육에 대한 공공 지출을 포함시켰다.[15]

또한 그들은 대부분의 정부 지출, 가계의 통근 비용, 보험, 오염 통제, 교육과 보건에 대한 개인적 지출을 계산에서 제외함으로써, 방어적 소비의 범위도 확장했다. 대기 오염, 수질 오염, 소음 공해 비용이 복지를 계산하는 데에서 추가적으로 공제되었다. 자연 자원의 소모는 데일리와 콥에게 또 하나의 중요한 관심사였다. 그들은 과거와 현재에 습지와 농지가 도시화 용도로 전환되는 것과 관련된 생산 서비스의 연간 손실분을 추계해 이를 공제했다. 그들은 토지 개발을 비가역적인 것으로 간주하고 습지와 농지가 제공하는 서비스에 대한 잠재적 대체물은 쉽게 발견될 수 없는 것이라고 생각했다. 더욱이, 그들은 [습지와 농지의] 토지 전환이 누적됨에 따라 연간 수익의 손실도 커질 것이라고 내다보았다. 결과적으로, 그들의 계산 방법은 시간이 갈수록 토지 개발의 총비용이 상승하게 됨을 확인해 주었다. 석유, 석탄, 천연가스와 핵발전 연료의 형태로 비재생에너지를 채굴하는 것은 GPI 내에서 자연 자본의 소모라는 또 하나의 범주로 취급되었다.

그들이 보기에, "비재생 자원들의 소모는 …… 미래 세대가 짊어져야 할 비용으로서 현 세대의 자본계정으로부터 공제(차변에 기입)되어야만 한다."[16]

경제 이론과 지속 가능한 발전이라는 널리 공유된 원칙 둘 다에 그 뿌리를 두고 있었지만, GPI가 모든 비판으로부터 자유로운 것은 아니었다. 일부 보수주의 비판자들은 미래 세대들이 감당해야 할 비재생 자원이나 다른 형태의 자연 자본의 소모와 연관된 비용들은 현재의 복지에 아무런 차이를 만들지 않기 때문에 "현재의 복지welfare 지표를 지속 가능성 지표와 결합하는 것"은 옳지 않다고 주장했다.[17] 다른 경제 평론가들은 GPI가 큰 기여를 하기는 했지만, 후생의 측정에서 무엇이 포함되고 무엇이 암묵적으로 배제될지와 관련해서는 여전히 근본적으로 자의적인 지표일 뿐이라고 지적했다.[18] 예를 들어, GPI는 소득 불평등과 자연 자원 소모에 대해서는 바로잡았지만, 정치적 자유나 성별 간 평등의 정도와 관련해서는 그런 요소들이 개인이나 집단의 안녕에 아무런 중요성도 가지지 않는다는 듯이 포함되지 않았다는 것이다.

아마도 GPI의 가장 중요한 이론적(그리고 정치적) 결함은 그것이 "상이한 형태의 자본들 사이에서, 이들이 완벽하게 서로 대체 가능"하다고 전제했다는 것이었다.[19] GPI는 복지에 대한 전반적인 계산 속에 자연 자본을 포함하려는 일환으로, 자연 자본을 '화폐화'하려 한 최초의 시도 가운데 하나였다. 자연 자원들은 그것의 추정된 경제적 가치와 그것의 소모 정도(다른 형태의 자본에 대한 기여를 위해 공제된)에 따라 측정되었다. 이런 화폐화 과정은 자연 자산에서의 손실은 인간이 창출한 자본에서의 동일한 또는 더 큰 이익에 의해 손쉽게 상쇄될 수 있다는 역설적 결론에 도달하게 만들고 말았다. 예를 들어 어떤 공원의 가치가 (그것이 주민들의 복지에 기여하는 정도의 '측정'에 기반해) 2백만 달러로 책정될 경우, 그 공원이 철거되고 대신에 동일하게 '측정된' 가치를 갖는 학교나 병원이 세워진다면 그 결과는 중립적인 것이 될 수 있다. 선한 생태적 의도(그리고 화폐화되지 않는 것은 일반적으로 공짜이거나 몰가치한 것으로 간주된다는 그럴듯한 확신)에서 비롯된 것이긴 했지만, 모든 형태의 자원을 화폐의 측면에서 측정하고자 하는 이 같은 접근은 오늘날까지 지속되면서 온갖 종류의 역설과 왜곡들을 만들어내고 있다.

GPI를 비롯해, 이 시기 동안 수많은 대안적 지표가 다양한 싱크탱크, 투자 기금, NGO와 재단들에 의해 제안되었다. 소득수준뿐만 아니라 그것이 어떻게 분배되고 이용되는지를 측정하기 위한 몇 가지 노력들이 1970년대 말부터 1980년대에 걸쳐 전개되었다. 이런 견지에서 만들어진 초창기 사회지표에는 물질적 삶의 질 지수Physical Quality of Life Index, PQLI와 국제인간고통지수International Human Suffering Index, HSI 등이 있다. 1970년대 중반에 해외개발협의회Overseas Development Council가 발표한 PQLI는 유아 사망률, 기대수명, 그리고 문자 해독률을 안녕의 세 가지 기본 지표로서 결합시켰다. HSI는 안녕을 측정하려는 좀 더 야심적이지만 아마도 매력은 덜한 대표적인 시도였다. 1987년의 인구위기위원회Population Crisis Committee가 처음 발표한 HSI는 사회적 안녕을 측정하는 열 개의 — 다소 이질적인 — 지표 묶음을 이용했는데, 인구당 칼로리 공급량, 상수도 비율, 전화 보급률, 정치적 자유와 시민권, 인플레이션과 GDP를 포함했다.[20]

이런 일련의 시도들 가운데서, 시민사회 연합체인 소셜워치Social Watch는 2000년부터 기본역량지수Basic Capabilities Index, BCI를 발표하고 있는데 지금은 170개 나라들에 대한 지표를 발표하고 있다. 소셜워치에서 발표하는 기본역량지수는 GDP를 사회 발전의 척도로 삼는 것을 거부하며, 소득을 계측하는 대신 "사람들이 처해 있는 실제 조건의 다양한 측면들 및 그것들이 인간적 권리들이 실현시킬 수 있는 크고 작은 가능성"에 주목한다.[21] 이 지수는 세 가지 지표로 구성되는데, 아이들이 5학년까지 교육받는 비율, 5세까지의 생존율, 그리고 숙련된 전문 인력이 출산 과정에 참여하는 비율이 그것이다. 소득을 지표로 사용하지 않는다는 바로 그 이유 때문에, BCI는 여타의 인간 역량 지표들과 매우 높은 상호 연관성을 가지는 것으로 밝혀졌다. 특히 새천년개발목표Millenium Development Goals(UN이 후원하는 가장 포괄적인 전 지구적 기준)와 관련된 지표들과 높은 상호 연관성을 보여 준다. 그렇지만, 이와 동시에 BCI가 소득보다는 '역량들'에 초점을 맞추었기 때문에, 좀 더 풍요로운 사회들에서는 그 적용성이 제한적이다. 레가툼 투자 그룹과 연관된 런던 기반의 싱크탱크인 레가툼 연구소Legatum Institute는 2007년부터 110개국을 대상으로 번영 지수Prosperity Index를 발표하고 있다. 이 계측은 "유일하게 부와 주관적 안녕 둘 다에 기반을 둔 국가별 번영 측정"이라 설명되며, 사회적 자본부터 개인적 자유와 기업가 정신entrepreneurship에 이르기까지 다양한 차원들을 포괄한다.[22] 하지만 그 주요 지표 가운데 하나로 GDP 역시 포함한다.

환경문제와 관련해 가장 많이 알려진 지수는 아마도 생태발자국ecological footprint일 텐데, 이는 1990년대 초반에 브리티시컬럼비아 대학의 박사과정생이었던 매티스 웨커네이걸Mathis Wackernagel이 개발한 것으로, 그는 현재 지구생태발자국네트워크Global Footprint Network의 의장을 맡고 있다. 이 측정 세트(공식적으로 국민발자국 계정으로 불리는)는 UN 식량농업기구FAO, UN 통계국UNSD, 국제에너지기구IEA, 그리고 과학 저널들의 다양한 연구들로부터 취합한 정보들을 가지고 2003년에 만들어졌다.[23] 생태발자국은 "생태계 생산물과 서비스를 공급하는 데 필요한 생물생성적bioproductive 육지와 바다의 크기를 기준으로 인간이 이런 생산물과 서비스를 어느 정도 이용하는지를 측정한다." 2005년에 지구발자국네트워크는 생태발자국을 2015년까지 적어도 10개의 핵심 국가에서 제도화한다는 목표로 압력 캠페인을 개시했다. 이제까지 20개 나라 이상이 발자국에 대한 검토를 마쳤지만, 공식적으로 채택한 것은 일본, 스위스, 아랍에미리트, 에콰도르, 핀란드, 스코틀랜드와 웨일스뿐이다. 생태발자국의 주요 약점 가운데 하나는 데이터 수집에 엄청난 시간이 들고, 새로운 정보는 2년 내지 3년 단위로만 이용할 수 있다는 점이다.

생태발자국은 우리 경제가 얼마나 많은 자연 자원을 이용하는지에 대한 측정이지만, 인간의 안녕이나 경제적 복지 그 자체를 측정하지는 않는다. 영국에 기반을 두고 있는 신경제재단New Economics Foundation, NEF이 2006년 개발한(그리고 2009년에는 143개국을 포괄하며 개정된) 지구행복지수Happy Planet Index는 복지와 환경적 영향을 결합시키려는 흥미로운 시도다.[24] 이 지수는 생태발자국을 생활 만족도와 기대 수명으로 보완했고, 이에 따라 소득이나 GDP는 주요 변수에서 제외했다. 이는 일종의 효율성 측정으로, '생산된' 안녕의 양을 그것이 생산되기 위해 환경에 미친 영향과 대비해 평가하는 것이다. 이 지수가 만들어진 이래로, 이 지수는 높은 수준의 자원 소비가 그에 상응하는 수준의 안녕을 생산하지 않는다는 것과, 지구의 자연 자본을 과도하게 소비하지 않고도 높은 수준의 만족감(전통적인 여론조사에서 측정되는)을 얻을 수 있다는 것을 일관되게 보여 주었다. 또한 상대적으로 비슷한 수준의 안녕을 성취하는 데에는 다양한 경로가 존재한다는 것을 강조했다. 특히 서구에서 추구된 모델이 전반적으로 긴 수명과 다양한 생활 만족감을 제공할 수는 있지만, 이는 자원 소비의 견지에서 보았을 때 막대한 그리고 궁극적으로 반-생산적인 비용을 수반한다는 점을 보여 주었다. 흥미로운 것은 대부분의 라틴아메리카 국가들이 언제나 이 지수의 세계 순위에서 맨 윗부분에 위치해 있고, 그 선두에는 코스타리카가 있다는 점이다. 코스타리카 사람들은 세계에서 가장 높은 생활 만족도를 보이고 있을 뿐 아니라, 아메리카 대륙에서 (캐나다 다음으로) 평균 기대 수명이 가장 높기도 하다.[25]

'미국의 상태'The State of the USA라 불리는 플랫폼은 비영리 조직과 정부기구 사이의 협력을 통해 출현한 또 하나의 흥미로운 시도다. 2007년에 공식 출범했지만 금세 유용성을 보여 준 이 기획은 인터넷의 힘을 이용해 미국 시민들이 범죄, 에너지, 인프라, 주택, 보건, 교육, 환경 및 경제와 같은 이슈들에 관한 수백 가지 지표들을 발견하고 이해하고 또 검토할 수 있도록 하기 위한 것이다. '미국의 상태'는 국립과학아카데미가 방법론적 파트너 역할을 맡게 되면서, 그리고 오바마 행정부가 2010년에 핵심 국민지표 시스템Key National Indicator System을 만들도록 결정하면서 날개를 달게 되었다. 캐나다에서는 1990년대부터 앳킨슨 자선 재단이 삶의 질을 측정하는 새로운 지표들을 정의하는 지역공동체 기반 과정을 후원했다. 이 노력은 2009년에 캐나다안녕지수Canadian Index of Wellbeing 및 이와 연관된 다수의 보고서가 발표됨으로써 결실을 맺었다.

GDP를 재고하는 공적 기관들?

연구자들, 싱크탱크들, 시민사회 그룹들만 GDP에 의문을 제기한 것은 아니었다. 공적 기구들과 정부들 역시 일정한 범위 내에서 수정주의를 고무하기도 했다. 그럼에도 불구하고 자신들이 안전할 만한 범위 바깥으로까지 GDP에 대한 문제 제기를 밀고 나가지는 않았다. 눈에 띄는 예외가 하나 있다. 세계에서 가장 인구가 많은 두 나라인 인도 및 중국과 국경을 접하고 있는 작은 왕국이다.

부탄 왕국은 1972년에 '국민총행복지수'gross national happiness, GNH 개념을 도입했는데, 16세에 왕위에 오른 새 국왕 지그메 싱기에 왕추크Jigme Singye Wangchuck가 부탄이 불교적 가치에 기반을 둔 통치 방식을 채택하기 위해서는 GDP가 주도하는 경제정책과 결별해야 한다고 공식 선언했던 것이다. 이 같은 움직임은 처음에는 단지 수사적인(통계 계정에는 거의 아무런 실제 영향도 갖지 않는) 것이었지만, 점차 공식 정책들이 "진보 개념에 총체적holistic 접근을 취하고 안녕의 비경제적 측면들에 동등한 중요성을 부여"하기 시작했다.[26] GNH 개념은, 전통적으로, 좋은 거버넌스, 지속 가능한 사회·경제적 발전, 문화유산의 보전과 진흥, 환경 보전이라는 네 개의 기둥을 통해 설명되어 왔다. 그렇지만, 정부가 GNH 지표를 개발하기로 공식 결정한 것은 2005년에 이르러서였다. 부탄연구센터Center for Bhutan Studies가 방법론 설계를 담당했고, 수많은 자문 회의와 지방 이해관계자 모임을 통해 2007년에 극소수 지역에서 GNH에 대한 조사가 최초로 시행되었다. 네 개의 기둥은 아홉 개의 측정 가능한 항목으로 변환되었다. 심리적 안녕, 보건, 교육, 시간 활용, 문화적 다양성, 굿 거버넌스, 지역공동체의 활력,

생태적 다양성, 생활수준이 그것들이다. 두 번째 (보다 큰 규모의) 조사가 2010년에 시행되었지만, 조사가 완료되기까지 9개월 가까이가 걸렸는데, 국가정책 사업을 공식적으로 홍보하면서 수행되어야 하는 탓에 오랜 시간이 걸리는 과정이었다. 질문지의 길이, 외진 마을에 거주하는 주민들까지 찾아가야 하는 현지 작업의 어려움, 그리고 응답자들이 국가 인구의 대표성을 (행정구역 수준뿐만 아니라 도·농 수준에서도) 갖도록 하는 샘플링 절차 등이 주요 걸림돌이었다.[27]

'행복'에 대한 최초의 공식 추계라고 잘 알려져 있기는 하지만, GHN은 사실 불교적 윤리성에 부합하는 '충족성'을 측정한다. 이런 개념적 접근법에 따르면, 행복한 사람은 그가 필요로 하는 것을 충분히 가진 사람이다. 이것이 이 조사가 주관적 행복에 대한 개괄적인 질문들("모든 것을 고려할 때, 당신은 당신이 매우 행복하다, 행복한 편이다, 아주 행복하지는 않다, 전혀 행복하지 않다, 이중 무엇이라 말할 수 있습니까?" 같은 것)을 포함하지 않는 이유다. 이런 개괄적 질문 대신 GNH는 '다차원적' 빈곤 측정을 위해 옥스퍼드 대학이 도입한 앨키어 포스터Alkire Foster의 방법을 따라, 주의 깊게 선택된 다양한 지표들에 초점을 맞춘다.[28] 이 척도는 0에서 무한대까지 걸쳐 있는 것이 아니라, 충분한 성취 수준에 근거하는 '기준선cut-off 점수'를 적용한다. 예를 들어, 생활수준의 경우, 충족 기준선(언제나 공식 빈곤선보다 위에 있어야 하는)은 응답자 대부분이 '좋은 급여'라 생각하는 것의 평균이다. 만약 성취 정도가 기준선을 상회할 경우, 그것은 충족성 수준으로 대체된다. 따라서 응답자의 실제 소득이 1,000이고 충족 기준선이 150이라면, 그는 150을 버는 것으로 간주된다.＊

부탄연구센터의 연구자들은 "충족 기준선이 설정되는 수준은 가치판단에 따른다"는 것을 잘 알고 있다.[29] 그럼에도 그들은 불가피한 난점들로 말미암아 "**일정한 충족 기준선**을 설정하는 것의 합리성이 가려져서는 안 된다"고 주장한다.[30] 충족 기준선이 제기할 수 있는 방법론적 문제들에도 불구하고, 삶의 만족도 측정에서 GNH가 제공한 가장 흥미로운 기여는 바로 충족성을 기준으로 설정했다는 점이다. 왜냐하면, GNH는 어떤 지점을 넘어서면 그때부터 삶의 질은 개인들이 좀 더 행복하기 위해 새로운 성취 항목들을 '쇼핑 리스트'에 계속 추가하기만 하면 되는 기계적 과정이 아니라는 점을 강조하기 때문이다. 이를 정책적 관점에서 보면, 충족성에 대한 초점은 정부로 하여금 기준선을 넘은 이들보다는 기준선 아래에 있는 이들을 지원하는 데 더욱 큰 강조점을 두게 한다. '상위' 수준에서는 추가적 향상이 있다 하더라도 최종 점수에는 별다른 증가가 없을 것이기 때문이다. 따라서 교육, 낮은 생활수준, 지역공동체의 활력과 균형 잡힌 시간 이용(조사는 이 부분을 가장 광범한 '불충족'insufficiencies으로 기록했다) 등과 같은 문제의 해결이 국가정책의 중심 목표가 되었다.[31]

부탄은 2008년에야 입헌군주국이 되었고, 적어도 전통적인 GDP 기준으로는 빈국에 머물러 있는 것이 사실이다. 게다가 부탄의 민주주의에 대한 신뢰성 역시 의심스러울 수 있으며, 따라서 과연 누구의 행복 또는 누구의 충족성이 실제로 측정되는지에 관한 질문이 제기될 수도 있다.[32]

───────

● GNH 지수는 지표마다 만족되어야 하는 최소 기준(sufficiency cutoff)을 결정하고 설문 대상자의 답변이 이를 상회하는 경우는 0의 값을, 미달시에는 최소 기준으로부터의 상대적 거리(의 제곱) 값을 계산한 후 모든 설문 대상자에 대한 평균치로 행복의 정도를 판단한다. 이는 최소 기준을 만족하지 못하는 사람들의 행복에 초점을 맞추겠다는 것을 의미하며 따라서 이를 만족한 자들의 행복 수준은 문제가 되지 않는다는 것이 특징이다.

그러나 부탄에서 채택한 이와 같은 접근법의 영향력은 시간이 흐르며 커져 갔다. 국민총행복에 관한 국제회의가 캐나다, 태국, 브라질에서 개최되었고, 지역 수준에서 국민 행복을 측정하려는 중간 규모의 프로젝트들이 지구 곳곳으로 퍼져 나갔다. 2012년에 비영리단체인 국민총행복 미국Gross National Happiness USA은 버몬트 주정부가 주의 총생산 지표 및 여타의 다양한 통계 수치로부터 도출하는 추계를 보완하기 위해 '경제, 환경 및 사회적 안녕'을 측정하는 '참진보'지수GPI를 포함하도록 설득하는 데 성공했다.[33]

2006년에 영국의 레스터 대학이 수행한 연구(이 연구는 CIA, 유네스코 UNESCO, 세계보건기구WHO는 물론이고 다양한 여론조사 기관들에서 수집한 데이터를 기반으로 이루어졌다)를 통해, 부탄 사람들이 세계에서 가장 행복한 국민 가운데 하나임이 밝혀졌다.[34] 이 작은 히말라야 왕국은 [세계행복지수에서] 8위를 차지했는데, 이는 덴마크, 스웨덴, 스위스, 오스트리아 같은 부유한 나라들 바로 다음이었다. 이와 대조적으로, 미국은 겨우 23등, 영국은 41등, 중국은 82등이었다. 부탄은 GDP 성적이 낮은 나라들 가운데 20위권에 든 유일한 나라였다. 2011년에 UN 총회는 부탄 정부가 다른 68개 회원국의 지원을 받아 제출한, '발전에 대한 총체적 접근'을 요청하는 내용의 결의안을 만장일치로 채택했다.[35] 뒤이어, 2012년 4월에는 "행복과 안녕: 새 경제 패러다임의 정의"에 관한 UN 고위급 회합이 열렸는데, 이 회합에는 전 지구적인 지속 가능성과 안녕의 새로운 틀을 발전시키기 위해 세계 지도자들, 전문가들, 시민사회와 종교 기구들이 참석했다.

세계은행 역시 스스로 공언한 빈곤과의 싸움을 위해 GDP를 보완하고자 노력했다. 일련의 보완적 지표들이 1978년에 처음 도입되었는데, 당시 세계은행 총재였던 로버트 맥나마라가 지난 사반세기 동안의 '전례 없는 변화'와 경제성장의 '인상적인 기록'에도 불구하고 세계 인구의 절반가량이 여전히 '절대적 빈곤선'에 갇혀 있다는 사실을 깨달은 직후였다. 경제성장의 경이에 대한 독실한 신봉자였던 그는, 세계은행이 발전의 '쌍둥이 목표', 다시 말해 "경제성장의 가속화와 빈곤 감축"을 달성하기 위해서는 새로운 도구들이 필요할 것이라고 말했다.[36] 경제성장과 빈곤 감축이, 비록 논리적으로 동일하지는 않더라도, "불가결하게 연결되어 있다"는 전제는 세계은행으로 하여금 일련의 기본적인 발전 지표들을 확장하도록 이끌었다. 1980년대 초반이 되자, 목록은 여섯 개의 분리된 일련의 변수들, 즉 인구, 영토, 1인당 GDP, 기대 수명, 성인 문자 해독률, 물가상승률로 확대되었다. 추가적 지표들의 목록이 그 이후에도 계속 늘어나긴 했지만, 경제발전에 대한 다차원적 시각을 모색하려는 세계은행의 노력을 과대평가해선 안 된다. 세계은행의 경제학자들은 GDP가 "그 자체로 복지나 발전의 성공을 야기하거나 그 척도가 되지 못한다"는 것을 인정하면서도, 이를 "경제들에 등급을 매기고 경제 발전의 여러 단계를 크게 구분하는 데 활용되는 주요 기준"으로 계속해서 활용했다.[37]

또한 세계은행은 지난 10여 년 동안 "총부"[종합자산]total wealth를 측정하는 새로운 방식을 도입해 왔는데, 이는 "토지·노동·생산 자본을 생산의 주요 요소로 본 고전파 경제학자들의 사상"으로부터 영감을 받은 것이다. 이런 연구들에서 활용된 핵심 지표 가운데 하나가 실질 저축genuine saving으로 더 잘 알려진, 이른바 보정된 순저축adjusted net saving인데, 각국이 미래를 위해 얼마나 많은 것을 준비하고 있는지를 검토함으로써 지속 가능성을 측정하고자 하는 것이다.[38] 저축에 대한 추계는 소비에 직접 이용되지 않는 GDP의 양을 계산한 뒤, 여기에 인적 자본에 대한 투자를 더하고, 자연 자원의 소비를 뺀 것으로 구한다.

총부 지표들은 생산 자본(기계, 설비, 인프라, 도시 토지urban land의 합을 포함하는), 자연 자본(토지 자원, 산림 및 지하자원을 포함하는) 그리고 무형자본(인적 자본, 제도와 거버넌스의 질과 같은 광범한 자산)으로 구별된다. 데이터 수집의 범위로 인해 취합이 만만치 않은 일이어서, 총부에 대한 추계는 5년 단위로만 발표된다.『국가의 부는 어디에 있는가? 21세기를 위한 자본 측정』Where is the Wealth of Nations? Measuring Capital for the 21st Century이라는 제목의 가장 최근 보고서에서, 세계은행은 GDP에만 전적으로 의존할 경우 국가의 부에 대한 왜곡된 추계가 초래될 수 있음을 분명하게 보여 주었다. 특히 결론에서 "모든 나라에서 이제까지 무형자본이 부의 가장 큰 몫을 차지"하고 있고, "빈곤한 나라들에서는 자연 자본이 생산 자본보다 더 중요"하다고 지적하며, 따라서 "특히 이런 나라들에서, 가장 가난한 가계들은 대체로 이런 자원들에 대한 의존도가 매우 크기 때문에" 자연 자원에 대한 적절한 경영이 이들 국가의 발전 전략에서 근본적으로 중요한 요소가 되어야 한다고 지적했다.[39] 보고서는 시사적인 시뮬레이션을 통해 만약 자원 의존적 경제들이 1970년에서 2000년 사이의 생산과정에서 소모된 자연 자원과 동등한 가치를 일관되게 투자했다면, 이들 나라의 전체 부가 상당히 증가했을 것이라고 결론지었다. 예를 들어, 나이지리아와 같은 주요 석유 수출국은 현재보다 다섯 배 많은 생산 자본 스톡을 갖게 되었을 것이다. 비슷하게, 베네수엘라는 생산 자본의 네 배를 가졌을 것이다. 모두 석유 매장량이 풍부한 산유국들인 베네수엘라, 트리니다드토바고, 가봉 등은 1인당 GDP로 볼 때 현재의 남한과 비슷한 생산 자본 수준에 도달했을 것이다.

국민계정에서 GDP가 행사하는 헤게모니에 대한 가장 잘 알려진 도전은

1990년에 국제연합개발계획UNDP이 도입한 인간개발지수Human Development Index, HDI일 것이다. HDI에 깔린 전제는 사람이 "한·국가의 실제 부"이며, 개발의 기본 목표는 "사람들이 오래, 건강하게, 창조적으로 삶을 누릴 수 있는 환경"의 창출에 있다는 것이다.[40] GDP와는 반대로, HDI는 "만족성 satiety보다는 충분성을 강조"하며 국민소득의 확대 그 자체를 목적이라기보다는 인간 발전을 촉진하는 수단으로 바라본다.[41] 이 경우 소득은 인간 발전을 이루는 데 필요조건이지만 충분조건은 아닌 것으로, 그리고 두 개의 추가적 차원, 즉 건강(기대 수명에 근거하는)과 교육(진학률에 근거하는)으로 보충되어야 하는 것으로 간주된다. HDI는 낮은 소득이 대개 기본적 필요를 충족시키는 반면, 높은 소득은 사치재에 지출된다는 점을 감안해, 1인당 GDP의 가격 보정 버전을 이용한다. 이는 수입이 높아질수록 인간 발전에 대한 기여도가 낮아짐을 고려한 것으로, 세계 중위값 이상에서는 1인당 GDP의 증가가 추가로 인간 발전에 기여하는 바가 거의 없다는 의미이다.

HDI를 설계하는 데 유용하게 활용된 것은 노벨상을 수상한 인도 출신 경제학자 아마르티아 센이 제안한 이론(인간 발전의 핵심 요소로서 개인의 역량을 강조하는)이었다. 실제로 『인간 발전 보고서』Human Development Report를 작성하는 데 주요 역할을 한 파키스탄 경제학자 마흐붑 울 하크Mahbub ul Haq는 대학 시절부터 센의 오랜 지인이었다. 센이 『뉴욕타임스』와의 인터뷰에서 회고했듯, "케임브리지에서 우리를 가르쳤던 많은 교수들은 만약 한 나라가 GDP를 증가시킬 수 있다면 다른 모든 좋은 것들이 따라올 것이라고 주장했다. 하지만 마흐붑과 나는 그것이 잘못된 생각이라고 생각했다."[42] 물론, 그들의 주장은 GDP 그 자체에 대해 반대하는 것이라기보다는, '오로지 GDP에만' 의존하는 주류적 접근에 반대하는 것이었다. 40년 가까이 지난

1990년에 HDI 지표를 개발하던 하크가 센에게 도움을 요청했을 때, 센은 이 생각에 반발했다. "나는 마흐붑에게, GDP가 저속한vulgar 것과 마찬가지로, 엄청나게 복잡한 이야기를 단 하나의 숫자로 포획하려는 [그 시도 역시] 저속하다고 말했습니다." 하지만 마흐붑은 그에게 다시 부탁하며 말했다. "아마르티아, 당신이 맞습니다. 내가 당신이 해주길 원하는 바는 GDP만큼 저속하지만 우리 자신의 삶에 좀 더 적절한 지표를 만드는 것이죠."

그것이 고안된 이래로, HDI는 학자들, 정부 간 기구들과 국제 기부자들에 의해 널리 이용되었었는데, 특히 세계에서 상대적으로 가난한 국가들에서 그러했다. 그렇지만, GDP를 대체하는 것은 고사하고, 정책가들은 이 지표를 유의미하게 받아들이지 않았다. 혹자들은 이 지표가 사회경제적 지표들을 채택하고는 있지만, 정치적 자유와 인권의 측정을 배제한다는 점에서 인간 발전에 대한 편향된 이해를 제공하는 것으로 본다.[43] 수년간 이 지수는 명백한 역설들을 만들어 냈는데, 여기에는 2011년 아랍의 봄이라는 대중 봉기가 휩쓸고 간 이집트·리비아·튀니지 3개국이 가장 산업화된 나라들과 비슷한 점수로 아프리카 대륙에서 계속 상위권을 차지했다는 사실도 포함된다. 게다가 풍요로운 나라들 사이에서는, 점수 차이가 거의 없어서 HDI 지표의 유용성이 별로 없는 것으로 간주되기도 했다. 실제로, 이런 나라들은 대체로 거의 100퍼센트에 가까운 성인 문자 해독률을 보이며, 소득 이전 과정을 통해 1인당 GDP가 기본적으로 균등화된다.

더욱이 상당수의 미국 경제학자들과 정책가들은 HDI가 미국을 계속해서 일부 유럽 국가들 아래에 위치시키며 따라서 '성조기' 발전 모델에 의문을 던진다는 이유로 비판해 왔다. 자유주의경제학자 브라이언 캐플런 Bryan Caplan이 성마르게 주장하듯이, "HDI에 따르면 스칸디나비아 국가들이 상위를 차지할 수밖에 없다. 왜냐하면 HDI가 원래 당신의 나라가 얼마나 스칸디나비아적인지를 측정하는 것이기 때문이다."[44]

시간이 흐르면서 HDI는 수차례 개정되었다. 원래의 HDI가 "불평등이 없다면 성취될 수 있는 잠재적 HDI"였다면, 2010년 이래로는 "인간 발전의 실제 수준"을 나타낸다고 간주되는 새로운 불평등-보정 점수를 도입했다.[45] 이어서 2012년에 국제연합개발계획은 미래 세대의 인간 발전 비용을 고려하는 '지속 가능한' HDI라는 아이디어 연구에 착수했다.[46] 아마르티아 센 역시 HDI가 개발되었던 때보다 훨씬 더 좋은 조사 데이터가 있음을 깨달았다. 더욱이 이주, 도시화, 기후변화 같은 (HDI에서 완전히 제외되었던) 사회 및 환경 현상들과 관련된 문제들이 긴급한 현안으로 떠오르게 되었다. 이에 센은 2009년에 당시 프랑스 대통령 니콜라 사르코지의 요청에 따라 노벨상 수상자 조셉 스티글리츠와 프랑스 경제학자 장-폴 피투시가 만든 특별위원회(새로운 도전들을 잘 다룰 수 있는 국민계정에 대한 좀 더 포괄적인 청사진을 제공하기 위한)의 일원으로 참여해 달라는 요청을 받아들였다. 비록 이 그룹은 '경제 성과와 사회 진보 측정 위원회'라는 난해한 이름을 선택했지만, 그 실제 목적은 정책가들이 GDP 대신 쓸 수 있는 대안적 계측 방식을 모색하는 것이었다. 최종 보고서에서 위원회는 국가통계사무소가 정규적으로 발표하는 정보를 건강, 교육, 정치 참여와 거버넌스, 사회적 연결과 관계, 환경과 불안정성(경제적일 뿐만 아니라 물리적인 특성까지 갖춘)의 측정까지 포함하도록 확대할 것을 권고했다. 이들은 통계학자들이 행복까지 측정해야 한다고 말하는 데까지 나아가지는 않았지만, "안녕의 객관적이고 주관적인 차원들이 모두 중요"하며 사람들의 삶의 가치를 평가하기 위한 특별한 조사 기법이 도입되어야 한다고 언급했다.[47] 지속 가능성에 대한 측정과 관련해, 위원회는 기후변화 관련 현상들(대기 중 온실가스 농도와 같은)의 물리적 지표들을 전통적인 경제학 모델(모든 자연 자산을 화폐적 등가물로 변환하는)과 결합해야 한다고 보았다. 그럼에도 불구하고, 그들은 그런 '화폐화' 접근에는 "몇 가지 한계가 있으며, 자산의 가치를 평가하는 데 근거가 되는 다양한 시장이 부재한 것이 가장 중요"하다는 점을 인정했다. 게다가 "시장가치가 존재하는 경우에도, 그것들이 미래의 안녕에 있어 여러 가지 자산들이 갖는 중요성을 적절히 반영한다는 보장은 없다."[48]

결론적으로, 위원회는 이런 모든 측정치들을 단지 하나의 총합 수치로 모아 내려는 유혹에 대해 경고했다. 대신에 자동차 운전자의 비유를 써서 '종합상황판' 개념을 제안하며 이를 정당화했다. GDP는 당신이 얼마나 빨리 가고 있는지를 알려 주는 어떤 하나의 눈금판이다. 그러나 이성적인 운전자(우리의 정책가들로 읽을 수 있겠다)라면 연료는 얼마나 남았는지, 차가 얼마나 더 갈 수 있고, 지금까지 전체 주행거리가 얼마나 되는지도 알고 싶어 할 것이다.

자동차의 현 속도와 남은 가솔린 양을 하나의 숫자로 올리는 계기판은 운전자에게 아무런 도움도 되지 못할 것이다. 두 가지 정보 모두 중요하며, 종합상황판에서 잘 보이는 부분에 나타나야 한다.[49]

스티글리츠-센-피투시 위원회가 제출한 권고들을 따라 OECD는 2011년에 『하우즈 라이프』How's Life라는 보고서를 발간하며, "주거, 건강, 노동과 삶의 균형, 교육, 사회적 연결, 시민 참여와 거버넌스, 환경, 개인적 안정성과 주관적 안녕 등 사람들의 삶과 안녕을 구성하는 가장 중요한 측면

들"을 살펴보았다.[50] 게다가 OECD는 더 나은 삶의 지수Your Better Life Index
로 알려진 흥미로운 상호 대화형 도구를 만들어, 이용자들이 안녕의 다양
한 차원들을 토대로 각국의 성적을 파악할 수 있게 했을 뿐만 아니라, 각
차원이 최종 점수에 미치는 가중치(결국 중요성)도 직접 설정할 수 있도록
했다 "삶에는 GDP의 차가운 숫자들과 경제학 통계들보다 더 많은 것들이
있다"가 그 슬로건이었다.[51]

    유럽연합과 일부 서구 국가들도 위원회의 작업으로부터 실마리를 얻
었다. 예를 들어, 프랑스, 독일, 영국, 미국의 정부는 GDP를 보완하는 새로
운 지표를 검토하는 특별 태스크 포스를 설치했다. 실제로, '종합상황판' 접
근은 다양한 정책 입안자들 사이에서 상당한 호소력을 가졌는데, 아마도
가장 큰 이유는 그것이 GDP를 전면적으로 대체하는 것보다 정치적 문제
가 더 적기 때문이었다. 실제로 국민계정체계SNA에 종합상황판의 몇 가지
'눈금판들'을 보태는 것은 일부 추가적인 회계 자원들을 요구하게 될 수 있
지만 전체적인 패러다임 전환을 의미하지는 않는다. 실제로, 우리 사회를
주도하는 지표로서 GDP를 대체하려는 무수한 시도들로부터 얻은 교훈이
있었다. 즉, 새로운 지표들을 고안하고 권고하고 시행하는 것과, GDP를
손에서 놓고 싶어 하지 않는 정치적이고 경제적인 이해관계들을 극복하는
것은 전혀 다른 일이라는 것 말이다.

변화에 대한 저항

스티글리츠에 따르면, 사르코지 대통령은 진심으로 GDP에 대한 대안적인(그리고 더 좋은) 계측을 발전시키려 했다고 한다. 스티글리츠는 2010년 『뉴욕타임스』에 실린 한 기사에서 "그는 [내게] 다음과 같은 긴장을 느낀다고 말했다. 즉, GDP를 최대한 끌어올리라는 말을 듣지만, 훌륭한 정치인으로서 그 자신은 또한 사람들이 오염 문제나 삶의 질의 다양한 차원들에 대해서도 우려하고 있다는 사실을 알고 있다"는 것이다. "그가 선거에 나서면 사람들은 GDP 성적으로 그를 평가하겠지만, 또한 삶의 질을 기반으로도 그를 평가할 것이다. 그래서 그는 다음과 같이 말한다. 이런 이율배반을 낳지 않는 계측을 만들어 이런 긴장을 해결할 수는 없을까?"[52]

미국 상무부 차관 레베카 블랭크에 따르면, 새로운 국민 계측은 새로운 통계 공식뿐만 아니라 통계 기구들 간의 좀 더 긴밀한 협력 및 추가적인 재정 자원들[을 얼마나 확보할 수 있는지]에 달려 있기도 하다. 그리고 무엇보다 중요한 것은, 정치적 의지다. 블랭크는 위원회가 제시한 몇 가지 권고 사항들에 반대하지는 않았지만(특히 그녀는 미국 국민계정에 가계 부분을 포함해야 한다는 생각을 지지했다), 큰 수정을 가하기는 아직 시기상조라고 지적했다. 우리가 무엇을 해야 할지 알고 있지만, 어떤 경우에서는 "그것을 수행할 돈이 없"거나, "우리에게 없는 데이터를 좀 더 수집할 필요가 있고", 또 어떤 사례들에서는 "우리가 어떻게 해야 할지 아직 알지 못한다"는 것이다."[53]

2장에서 논의했듯이, 상무부는 1990년대 중반에 자원 소모분을 GDP에서 공제할 것을 제안했지만, 이 제안은 의회의 저항에 부딪혔다. 생태계 서비스*의 가치를 평가하는 분야의 전문가이자, 세계은행에 녹색 성장을 자문한 제프리 힐에 따르면, 한 나라가 국민계정에 자원 고갈을 포함시키는 것은 몇 달이면 충분할 것이다. 하지만 어느 한 나라가 이를 일방적으로 포함시키는 움직임은 일어날 것 같지 않으며, 선진국들이 그와 같은 조치에 함께 동참할 때에만 중요한 진전이 가능할 것이다. 동시에, 완전한 환경 계정 체계를 갖추기 위해서는 중요한 방법론적 도전이 남아 있다. 이는 다음과 같은 경제적 관점에서 제기되는 것이다. 즉, "아마도 광물 매장량, 어류와 심지어 산림 등에 화폐가치를 매길 수 있을 것이다. …… 그러나 기후 시스템의 변화, 생물종의 소멸, 그리고 여기서 비롯될 결과들에 대해서는 화폐가치를 매기기 어렵다."[54]

경제 계측의 수정은 세계경제를 주도하는 많은 국가들의 신뢰도와 평판에도 영향을 미치게 될 것이다. 예를 들어, OECD에 따르면, 가계 생산과 서비스를 공식 계측에 포함할 경우, 미국 경제는 GDP 성장률에서 여러 유럽 국가들에 뒤처지게 될 것이며, 그것은 미국식 경제의 꿈American economic dream 배후에 뿌리 내리고 있는 확신을 흔들게 될 것이다.[55] 흥미롭게도, 가계경제를 공식 계측에 포함하게 되면 유럽의 경기하강을 둘러싼 일반적인 인식 역시 바뀔 것이다. 예를 들어, 포르투갈과 스페인 같이 '난타당한'battered 두 경제는 자국의 경제지표들을 부정적인 것에서 긍정적인

● 해양생태계의 물의 순환, 탄소의 순환, 오염 물질의 정화 기능 등 인간 사회에 직접적인 경제적 혜택은 없으나 생태계의 존재와 기능이 생물의 생존에 기여하는 혜택을 말한다. 생물 다양성이 생물 자체에 초점을 둔 것이라면 생태계 서비스는 생물 다양성이 인간과 자연에 미치는 영향까지 아우르는 것이다. UN은 2001년에서 2005년까지 새천년 생태계 평가 사업을 진행해 생계태가 제공하는 서비스를 크게 공급, 조절, 문화, 지원 서비스로 나눈 바 있다.

것으로 재평가하게 될 것이다. 이들 국가에서는 가계 활동이 경제의 50퍼센트가량을 차지하기 때문이다. 비록 형식적인 것일지라도, 이와 같은 변화는 중요한 정치적 영향을 미칠 것이다. 이는 두 나라 모두에서 경제 불황의 끝을 의미하게 될 것이기 때문이다.

여전히 남아 있는 질문은 새로운 계측 체계의 도입이 초래할 위험성을 알고 있는 몇몇 정부들이, 그와 같은 재고가 자기 나라에 정치적 타격을 입힐 것이므로 피해야 한다고 결론을 내릴 것인가 하는 부분이다. 이런 측면에서 볼 때, 녹색 GDP의 도입을 둘러싸고 중국에서 벌어진 논쟁은 시사적이다. 2004년 중국 정부는, 장차 중국의 경제 실적을 보여 주는 주요 측정 항목으로 사용될 '녹색' 지수를 발표했다.[56] 당시에 이 아시아의 거인은 국제 무대에서 막 부상하는 중이었고, 2008년 올림픽(중국의 소프트 파워를 보여 주는 상징적 승리가 될) 유치 신청이 환경문제를 개선하기로 한 정부의 약속 덕분에 더욱 탄력을 받고 있었다.

국가환경보호총국State Environmental Protection Administration, SEPA(2008년에는 환경보호부의 지위로 격상되었다)의 젊고 활동적인 판위에Pan Yue 부국장은 이와 같은 계획을 대표하는 인물이었고, 베이징에 있는 당 지도부의 암묵적인 지지를 받고 있었다. 당시 GDP에서 환경 비용을 완전히 공제해 계측하는 포괄적 방법론을 발전시킨 나라는 하나도 없었기 때문에, 중국 당국은 맨땅에서 시작해 새로운 계정 체계를 만들기로 하고 지방정부들의 협력을 요청했다. 이 과정은 세 개의 순서, 즉 경제활동에서 소비된 자연 자원의 계산, 경제 발전이 야기한 환경 손실의 평가, 자연 자원과 환경 손실량의 화폐화로 나뉘어 진행되었다. 2년 동안 사업 기술 팀이 중국의 42개 산업 부분과 동부, 중부, 서부 세 개 지역에서 환경오염 및 환경 파괴가 초래한 비용을 물리적으로 수량화하는 계산을 수행했다.

2006년에 발표된(그러나 데이터는 2004년의 것이다) 첫 보고서는 오염으로 인한 경제적 손실이 5,118억 위안(663억 달러)에 달하며, 이는 국민경제의 3.05퍼센트에 해당함을 보여 주었다. 이 가운데, 수질오염, 대기오염, 고형 폐기물 및 오염 사고에 의한 환경 비용이 각각 총비용의 55.9퍼센트, 42.9퍼센트, 1.2퍼센트에 해당했다.[57] 경제성장 수치를 수정하지 않기로 악명 높기는 하지만, 이 같은 데이터 수집 과정을 주도한 국가통계국은 녹색 GDP가 발전의 숨은 비용을 이해하도록 하는 데 도움을 주며, 이를 통해 사람들이 "자원과 환경의 중요성을 무시하면서 경제성장만을 추구하는 것은 불합리하다"는 것을 깨닫도록 할 수 있다고 확언했다.[58]

판위에는 이 작업이 "녹색 GDP 계측을 위한 노력의 시작을 의미할 뿐"이라고 자랑스레 선언했다.[59] 그러나 이 같은 그의 열의에도 불구하고, 녹색 GDP 프로젝트는 첫 보고서가 발표된 직후 곧 사장되었다. 방법론적 문제들, 정치적 긴장들 그리고 경제적 이해들이 이 계획을 좌초시키고 말았던 것이다. 먼저, 다수의 오염 산업을 지닌 지역 — 닝샤, 허베이, 산시, 네이멍구와 같은 — 의 당국들이 데이터 수집 협조를 거부했다. 많은 지방정부 공무원들은 녹색 GDP 계획이 '낙인 찍고 망신 주기'naming and shaming 관행을 만들지 않을까 두려워했다. 실제로, 판위에는 이 새로운 계측법이 '녹색성'에 따라 공무원들을 서열화하고 기록이 저조한 이들을 처벌하는 데 쓰일 수 있음을 숨기지 않았다. 하지만 이 같은 접근은 자기가 속한 지방의 경제성장률에 따라 공무원들을 보상하는, 국가기구 내에 수십 년 동안 자리 잡아 온, 전통과 충돌을 빚었다.

더욱이, 국가환경보호총국과 국가통계국은 방법론 및 예산을 둘러싸고 다툼을 벌이기 시작했고, 2007년 10월의 제17차 공산당 전국대표대회를 앞두고 긴장이 고조되었다.[60] 국가환경보호총국은, [보고서가] 공무원 사회에 커다란 충격을 주었음에도 불구하고, 보수적 추계만을 발표했다고 공개적으로 언급했다. 국가통계국이 기본 데이터와 기초적 기법에만 의존해, 환경오염 비용에만 초점을 두고 자연 자원 소모와 생태 파괴 비용을 계산에 넣지 않았다는 사실 때문이었다. 국가환경보호총국은 다음과 같이 인정했다. 즉, "전체적으로 보아, 이 계산 결과는 최종 녹색 GDP 계산의 일부만을 반영하고 있을 뿐이다."[61]

판위에는 많은 오염을 유발하는 산업들 및 그들의 기성 정치권과의 결탁을 공개적으로 비난했다. 적절한 환경 평가를 시행하기 위해 그는 140억 달러 이상의 가치를 지닌 30개 건설 현장의 폐쇄를 요청했는데, 여기에는 세계에서 가장 큰 발전소로서 2005년 이래 130만 명의 사람들을 이주하도록 만들어 수많은 논란을 일으킨 쌴샤댐Three Gorges Dam과 관련된 몇몇 프로젝트도 포함되었다. 더욱이, 녹색 GDP팀의 리더인 왕진난Wang Jinnan은 지방정부와 통계 기관이 능장을 부리고 있다고 비난했다. 마침내, 2007년에 국가통계국이 이 계획에서 철수하자 프로젝트는 답보 상태에 빠지게 되었고 다음 해의 보고는 영원히 미뤄지게 되었다.[62]

비록 녹색 GDP 프로젝트가 일부 생각이 비슷한 지방 지도자들(특히 녹색 산업들이 뿌리를 내리고 있는 크지 않은 도시의 지도자들)에게 활기를 불어넣고, 당대회가 지속 가능한 발전 및 환경보호를 더 중시하게 만들기는 했지만, 이 나라 지도자들은 "너무 빨리 녹색으로 가는 것"이 국내적으로나 국제적으로나 그들의 사업 파트너와 자신들의 정치적 영향력에 해를 입히지 않을까 여전히 두려워하고 있다.[63] 이 같은 상황 속에서도, 판위에는 보다

지속 가능한 중국 경제를 위한 싸움을 계속하고 있으며, [환경보호부] 부부
장이라는 그의 새로운 지위에 따라 그의 영향력 역시 증가하고 있다. 2007
년에 그를 올해의 인물로 지명한 영국 잡지『뉴스테이츠먼』*New Statesman*과
의 인터뷰에서, 판위에는 중국의 경제 성적을 다음과 같이 표현했다. "이런
기적은 곧 끝날 겁니다, 환경이 보조를 맞춰 주지 못하니까요." 나아가, 환
경 피해가 중국에 매년 GDP의 8~15퍼센트의 비용을 부담시킨다는(2006
년의 공식 녹색 GDP 계측을 훨씬 넘는다는) 자신의 추계에 근거해, "중국이
1970년대 후반 이래 획득한 성과들은 모두 환경오염으로 말미암아 상실되
었다"라고 결론 내렸다.[64]

GDP 옹호자들의 반격은 2012년 초에도 뚜렷이 드러났다. 오바마 대통
령이 저명한 의사이자 학자인 김용 박사를 세계은행 총재로 지명하기로 결
정하자 격렬한 논쟁이 촉발되었던 것이다. 언론들이 십여 년 전 출간된『성
장 강박증: 전 지구적 불평등과 빈민층의 건강』*Dying for Growth: Global Inequality
and the Health for the Poor*이라는 제목의 책에서 김 박사가 다음과 같이 쓴 것을
발견하고 집중포화를 퍼부었던 것이다.

> 왕성한 경제성장이 자동적으로 모든 이들에게 더 좋은 삶을 가져다 줄 것이라는
> 생각은 위안을 준다. 불운하게도, 이는 잘못된 것이기도 하다. …… GDP의 성장
> 과 기업 이윤의 추구는 수백만 여성과 남성들의 삶을 사실상 악화시켰다.[65]

주류 경제학자들, 자유 시장 친화적 잡지들, 성장 옹호 여론 주도자들
과 보수적 블로거들의 반응은 맹렬했다. 예를 들어『이코노미스트』는 김
박사의 지명을 혹독하게 공격하며, 나이지리아의 재무장관이자 정통 경제

학자 오콘조-이웨알라Ngozi Okonjo-Iweala의 임명을 지지하는 글을 게재했다. 『이코노미스트』는 김 박사가 그의 책에서 급진 행동주의자 노엄 촘스키의 말을 인용하고 쿠바의 보건 정책을 찬양했다고 비난했다. "김 씨가 월가 점령 운동을 이끌고 싶어 한다면 이런 관점은 하등 이상할 게 없다"라고 말하며, 하지만 세계은행은 "성장을 진작하는 기관이다. 이는 성장이 가난한 이들을 돕기 때문이다. 만약 김 씨가 이에 동의하지 않는다면, 그는 의술에나 매진해야 할 것이다"라고 덧붙였다.[66] 『파이낸셜 타임스』에 인용되었듯이, 뉴욕 대학의 경제학자이자 독실한 자유 시장경제의 수호자인 윌리엄 이스털리William Easterly 교수는 "김 총장이 [취임하면] 반성장 노선을 가진 첫 세계은행 총재가 되는 것"이라면서 "세계은행의 노선을 가장 신랄하게 비판해 온 나 같은 사람조차 성장을 원하는 것이 현실"이라고 말했다.[67] 보수 정치 옹호자 데이비드 호로비츠David Horowitz의 웹사이트 헤드라인은 이랬다. "오바마의 세계은행 인사 추천은 자본주의를 증오한다." 그리고 수많은 경제정책 블로그들은 김용 박사를 "카스트로식 공산주의자"로 깎아내렸다. 끝으로 미국기업연구소American Enterprise Institute는 "무엇이 경제성장을 만들고 국가들이 어떻게 빈곤에서 벗어나는지에 대해 근본적으로 잘못 알고 있는 사람을 2012년 세계은행 총재로 임명하는 것은 정치적으로나 인도적으로나 재앙이 될 것이다"라고 주장했다.[68]

김 박사가 GDP 성장에 대한 자신의 견해를 재검토하도록 강제 받았음은 두말할 것도 없다. 그는 국가수반, 재무장관 및 다른 전문가들의 의견과 동의를 얻기 위해 세계 도처를 돌아다니며 의견을 취합했고, 그 후 『파이낸셜 타임스』에 칼럼을 게재했다. 여기서 그는 "오늘날 더욱 많은 사람들이 역사상 그 어느 때보다 빠르게 성장하는 경제 속에서 살고 있다"

그리고 "발전은 어디서나 뿌리를 내릴 수 있다"라고 썼다. 특히나 지구적 경제로의 통합은 "빈곤한 나라를 세계에서 가장 역동적이고 번영하는 경제 가운데 하나로 변화시킬 수 있다"라고 썼다. 그리고 그는 "나는 경제성장이 보건·교육·공공재에 대한 투자를 위한 자원을 만들어 내는 데 중요하다는 것을 인정한다"라며 글을 맺었다.[69] 2012년 4월 16일, 김 박사는 세계은행 총재로 선출되었다.

GDP의 역습

UN 통계위원회가 관리하는 GDP 통계의 국제적 표준인 UN 국민계정체계UNSNA의 첫 판본은 1953년에 발표되었다. 1장에서 논의했던 것처럼, 이는 쿠즈네츠와 그의 동료들이 미국에서 수행한 핵심 연구로부터 도출된 것이었다. 시간이 흐르면서 이 체제는 시장경제의 전개 및 회원국들의 특수한 이해관계들에 따라 개혁되었다. 1968년에 UNSNA는 몇몇 주요 개념을 좀 더 발전시키기 위해, 특히 시장과 비시장 생산 사이의 구별, 분류체계, 통계 단위 및 국민소득에 추가되는 것으로 간주되는 자산의 범위 등을 부분적으로 개선했다. 이런 개선 과정 이후, 일본과 오스트레일리아가 UN 국민계정체제에 합류했고, 1970년대에는 유럽공동체가 이 개선된 요소들 가운데 일부를 채택했다.

　각 나라들이 자신만의 국민계정을 발전시키기 시작함에 따라, 통계학자들 역시 국민계정체계의 기반을 조금씩 개선해 나갔다. 1장에서 길게 살펴보았듯이, 냉전의 종식은 국민계정의 역사에서 근본적 전환점이 되었고, "마을의 유일한 게임"으로서 GDP가 행사하는 권위를 공고화했다. 한때 국민경제수지체계(GDP와 달리 물질 생산에 이용된 모든 경제들을 결합시킨 전통적 기준)를 사용하던 과거 사회주의 블록 국가들 역시 이를 폐기하고, 지구적 클럽에 합류했다. 한동안 통계학자들은 시장의 지구화로 말미암아 나타난 복잡한 경제 및 금융 메커니즘을 부지런히 따라잡아야만 했다.

세계 정치와 경제 무대에서 발생한 이와 같은 전환들은 1980년대 후반에서 1990년대 초에 걸쳐 UNSNA의 상당한 수정으로 이어졌고, 1993년에는 새로운 가이드라인이 발표되었다.[70] 이 시기에, GDP가 자연 자원 고갈과 환경 파괴의 결과들을 설명하는 데 실패했다는 환경 운동 진영의 우려가 UN의 통계학자들 사이에서 어느 정도 설득력을 얻게 된 것이다. 그렇지만, 이와 같은 개정의 결과물은 대부분의 진보적 경제학자들과 환경주의자들이 희망했던 바와 같은 GDP의 수정이 아니라, 이른바 위성 계정satellite accounts, 즉 다른 무엇보다 비공식 부문의 범위 및 환경 자원의 소비 정도를 측정하는 지표들을 새로 추가하는 계산 세트의 고안이었다. 위성 계정의 활용은 '새로운' 쟁점들에 주목할 수 있도록 해주었지만, 경제정책 수립에 이용되는 핵심 틀거리까지 넘볼 정도는 아니었다.

UN의 분석가들은 GDP에 대한 철저한 개편 요청을 받아들이지 않았다. 더 이상 국민계정에 오명을 전가하고 싶지 않았기 때문이다. 이런 동기에서 그들은 환경 옹호자들이 '규범적 잣대'를 부과하려 한다고 비난했다.[71] 또한 그들은 자연 자원은 어머니 자연으로부터 '구매'되는 것이 아니므로, 자연 자원에 그 어떤 가치를 매기더라도 이는 불가피하게 인위적일 수밖에 없으며, 논란을 불러일으킬 것이라고 생각했다. 결국, 왜곡될 바에야 가치 평가를 아예 안 하는 편이 낫다는 것이었다. 그들은 (자연 자원의) 소모와 (인간이 만든 자산의) 감가상각 역시 구별했는데, 전자와 달리 후자 [감가상각]는 재화의 소비를 가리키는 것으로, "그와 같은 재화의 소비는 이미 국민계정체계 속에 충분히 계산되어 있다"고 보았다.[72] 이와 대조적으로, 통계학자들은 자연을 생산요소로 인정하지 않으며, 따라서 자원의 공급(결국에는 소모)은 이 계정 속에 기록될 수 없고 결국 국민계정체계의 틀 거리는 환경 계정에는 적합하지 않은 것으로 보았다.

"공식 통계와 신경제"Official Statistics and the New Economy라는 주제로 열린 국제공식통계학회의 2002년 대회 이후, OECD는 UN 통계위원회로부터 유럽연합통계청EUROSTAT, 세계은행 그리고 IMF에 이르는 자신의 파트너 조직들에게 1993년에 발표된 국민계정체계의 가이드라인을 갱신하는 데 착수하도록 고무했다. 새로운 개정안은 2008년에 공식 발표되었는데, 가장 중요한 변화는 GDP 성장의 주요 추동력 가운데 하나가 된 금융 부문과 관련된 것이었다. 첫 번째 개혁은 연금 지출의 계산에 관한 것으로, 공적 공급자와 사적 공급자들 사이의 연금 체계의 다양화를 고려하는 새로운 시스템을 도입했다. 게다가 정책가들과 중개인들의 압력 때문에, 금융 자산의 범위는 파생 금융 상품까지 포함하는 것으로 확장되었는데, 급성장하고 있던 이 투기 산업은 이내 전 지구적 경제체제를 곤두박질치게 할 것이었다. 끝으로, 금융 투기에 의해 생산된 '외견상의' 부가 (쿠즈네츠가 국민계정의 초창기에 경고했던 것과 반대로) GDP 계정에 완전히 통합되어, 경제성장의 핵심 추동력이 되었다.

이 새 버전에서 UNSNA는 판매든 교환이든 실제로 시장으로 가게 되는 모든 생산물을 포함하게 되었지만, (유급 가사 도우미가 생산하는 서비스와 자가 주거자의 귀속 임대료®를 제외한) 가계 내에서 그 자체로 최종 소비되는 서비스의 생산은 여전히 배제했다. 마찬가지로, 비영리 기구들에 비용 없이 제공되는 개인들의 노동 서비스(예컨대, 자원 활동)에 대한 측정도 포함되지 않았다. 이 같은 개정 과정을 통해, 생산적 활동으로 간주되기 위한 '필요조건'은 "그 활동이 생산된 것에 대해 소유권을 행사하는 어떤 제도적 단위의 지휘, 통제, 책임 아래 수행된 것이어야만 한다"는 원칙이 재확인되었다.[73] 예를 들면, 국제 쿼터에 귀속되지 않는 공해상에서 이루어진 수산자원의 자연적 증가는, 그것이 어떤 소유 기관에 의해 관리된 과정이 아니고, 또한 그 물고기가 어떤 조직이나 회사의 소유가 아니라면, 생산으로 계산되지 않는다. 이와 대조적으로, 어장에서 관리되는 수산자원의 증가는 생산과정으로 간주되며, 따라서 GDP에 더해진다. 마찬가지로, 원시림이나 미개간 숲 또는 야생 과일과 열매는 생산으로 계산되지 않는 반면, 유실수의 재배나 목재 등의 이용을 위해 길러지는 나무는 매년의 수확을 늘리는 것으로 동일하게 계산된다. 하지만 '원시림의 고의적인 벌목'과 '야생 과일과 열매, 장작의 수집'은 생산으로 계산된다.[74] 동일한 논리에 따라, 내리는 비와 자연적 물길을 따라 흐르는 물은 생산과정이 **아니지만**, 저수지나 댐에 저장된 물과 한 곳에서 다른 곳으로 물을 옮기거나 관을 따라 흐르게 하는 일은 **모두가 국민소득의 증가분을 구성한다.**

2008년에 개정된 UNSNA는 환경 비용을 국민소득의 계산에 포함하

● 자가 주택에 대해서도 전월세와 같은 서비스를 낳고 있는 것으로 가정해 평가한 계산상의 임대료를 말한다.

는 것을 그 자체로 배제하지는 않았다. 또한 군비 지출을 GDP의 일부로 계산하는 것에 대해 진보적 경제학자들이 오랫동안 제기했던 우려를 다시 환기하기도 했다. 당시까지만 해도, 공격용 무기(포탄, 어뢰, 예비 부품 같은)에 대한 지출은, 그 무기의 수명과 무관하게, 그것이 구입된 시기에만 국민소득의 한 부분으로 포함되었다. 이는 무기들이 다른 계정 기간에 팔리거나 수출될 수 있으며, 따라서 해당 시기의 정부 계정 속에 비합리적으로 다시 포함될 수 있음을 의미했다. 이런 기술적인 불일치 문제를 간단히 해결하기 위해, 2008년의 개정은 1년 이상 사용되는 항목에 대한 군비 지출은 모두 자본구성[다시 말해, 고정자산]으로 간주하도록 권고했다. 또한 2008년의 개정은 민간 목적으로 이용될 수 있는(자본구성으로 기록되는) 군수 '자산'과 그렇지 않은 것(지출로 계산되는)에 대한 지출을 구별하도록 했던 1993년 국민계정체계의 권고를 삭제했다.*

이런 개혁이 도입되는 데 무기 생산 국가들의 특정한 압력이 있었는지 말하기는 어렵다. 무기류에 대한 세계적 지출과 판매가 전 세계적으로 가

---

* 1993년 국민계정체계에서는 군사 장비 및 시설 가운데 비군사적 목적으로 이용할 수 있는 군사시설(비행장, 항만, 병원 등) 및 장비(수송 장비, 컴퓨터 및 통신 장비 등)에 대해서는 자산으로 처리하도록 하면서, 그 외의 미사일, 로켓, 폭탄 등 일회성 무기와 군함, 잠수함, 전투기, 탱크 등의 군사용 장비에 대한 지출액은 중간 소비로 처리하도록 권고했다. 반면, 2008년 국민계정체계에서는 미사일, 로켓, 폭탄 등과 같은 일회성 무기에 대해 미사용분은 재고로 처리하고 이를 사용한 경우 중간 소비로 처리하도록 했다. 또한 군함, 잠수함, 전투기, 탱크, 미사일 운반기 및 발사기 등의 군사용 장비는 고정자산으로 처리하도록 권고했다. 이와 같은 2008년 국민계정체계 개정을 통해, 1년 이상 사용하는 동일한 품목이라도 용도에 따라 처리 방법이 달랐던 기존의 문제를 해결하려 했다. 박성빈 외, "국민계정 작성 기준의 변경과 그 영향: 2008 국민계정체계 자산 범위 확장 결과를 중심으로", 『Issue Paper Series』 No. 2013-17. 2013년 12월 23일. 한국은행 홈페이지(www.bok.or.kr) 참조.

장 큰 시장 가운데 하나임을 감안할 때, 이런 알아채기 어려운 통계적 '조정'이 그 나라들의 총GDP 규모에 적잖은 영향을 끼쳤으리라는 점은 두말할 필요도 없다. 스웨덴의 스톡홀름 국제평화문제연구소Stockholm International Peace Research Institute, SIPRI에 따르면, 1990년대 이래 전 세계적으로 정부의 군비 지출은 체계적으로 증가해 2011년에는 1조7,380억 달러에 이르렀다.[75] 군비 지출이 경제에서 차지하는 커다란 비중은 군수 기업들의 끊임없는 이윤을 수반해 왔고, 이런 회사들은 미국과 서유럽에 집중되어 있다. SIPRI에 따르면, 상위 100대 군수 기업들은 2010년에 4,110억 달러 이상의 이윤을 얻었고, 이 가운데 미국에 기반을 둔 회사들이 전체 판매의 60퍼센트 이상을 차지하고 있다. 중국, 인도, 러시아 등의 신흥 강대국들은 그들의 GDP 성장과 동시에 미국 버금가는 군비 투자자가 되었고, 이들이 전 세계 군비 지출의 대략 15퍼센트를 차지한다.

독이 든 맥주

대안적 지표들은 GDP에 대한 비판을 유지하고 강화하는 데 중요한 역할을 했다. 많은 경우에 그와 같은 지표들은 GDP 성장을 현대사회의 지도원칙으로 사고하는 것을 재고하는 지적·정치적 투쟁의 골격에 절실히 필요했던 살점을 제공했다. 그렇다고 모든 대안적 지표들이 동일한 목적을 지향했다고 주장한다면 그것은 잘못일 것이다. 대부분의 시도들, 특히 공적 기구들에 의해 수행된 것들은 GDP 성장이라는 기본 교의에 의문을 제기하지 않았다. 캐나다안녕지수의 수석 고문 알렉스 미칼로스Alex Michalos가 말했듯이, 실제 변화를 만들어 가는 데 가장 큰 장애물은 세계 도처의 통계 기관들이 경제학자들과 통계학자들에 의해 운영된다는 점이었다. "그리고 그들은 인류의 안위를 신경 쓰는 이들이 아니다."[76]

예컨대, 대부분의 서구 정부들에게 안녕(또는 요즘에 더 선호되는 말이 된 행복)을 측정하는 일은, 이를 실제 정책에 반영할 수 있는 장악력 없이, 장님이 코끼리 더듬듯이 그저 통계 계정을 '인간화'해 보려는 시도로 보인다. 예를 들어, 2011년에 영국 총리 데이비드 캐머런이 주도해 널리 알려진 행복 계측은 — 아직까지는 — 기존의 가구 조사에 "최근 당신의 삶에 얼마나 만족하십니까?" "당신 삶의 일들이 얼마나 가치 있다고 느끼십니까?" "어제는 얼마나 행복/불안하다고 느꼈습니까?" 같은 아주 일반적인 질문들을 포함시키는 것으로 국한되었다.[77] 그러나 신경제재단과 영국 안녕센터Center for Well Being가 주장했듯이, 안녕이란 이보다 훨씬 복합적이며, 따라서 이에 기반하는 정책도 좀 더 미묘한 차이를 인식하는 방식으로 강구될 필요가 있다.[78]

여러 면에서, 안녕에 대한 새로운 강조는 여전히 피상적이며, GDP 성장을 성공의 핵심 변수로 삼는 관행에 대한 깊이 있는 재성찰로 귀결되지도 않았다. 데이비드 캐머런이 2010년 11월 그의 유명한 '행복 연설'에서 인정했듯이,

성장은 우리 모두가 염원하는 것들의 본질적 기반입니다. …… 우리는 우리나라에서 새로운 경제 동력을 창출하기 위해 가능한 모든 것을 다하고 있습니다. 우리는 사람들이 자신의 사업을 좀 더 쉽게 시작할 수 있도록 노력하고 있고, 법인세를

인하하고, 기업가 정신을 고취하고 있습니다. …… (그리고) 우리가 언제나 해왔던 것처럼 앞으로도 GDP를 계측할 것입니다.[79]

영국 보수당이 착수한 기획, 그리고 몇몇 서구 정부들이 지금 진행하고 있는 거의 모든 유사한 기획들은 여전히 부탄의 사례와는 상당히 거리가 먼 것들이다. 추가적 지표들을 도입함으로써 그들은 GDP를 주로 '보완'하고자 했으며, 경제성장이 좀 더 지속 가능하게 '보이도록' 만들기 위해 노력했다. 이런 시도들 대부분에 딸린 가정은 GDP 성장과 부정적 외부성은 어떤 식으로든 '탈동조화'decoupled될 수 있다는 것이었다. 즉, 만약 GDP가 좀 더 정화된다면, 경제는 환경이나 사회에 큰 영향을 주지 않고도 '현 추세대로'business as usual 계속 작동할 수 있으리라는 것이다. 허먼 데일리의 말을 달리 표현하자면 'GDP의 천사화'로 정의될 만한 이 과정은, 종종 '녹색' 성장이라 회자되는 아이디어에 대해 다수의 지식인들이 지지하는 것을 보더라도 의외로 널리 퍼져 있음을 알 수 있다.[80] 영국에서는 자유민주당의 지도자 닉 클레그Nick Clegg가 국가의 부에 생태계의 가치를 포함하기 위해 이른바 'GDP＋'를 2020년까지 도입하겠다는 아이디어를 만지작거리고 있었다.[81] 2010년부터 UN은 인간·사회·자연 자산의 경제적 가치를 파악하고 이를 생산 자본에 더해 하나의 숫자로 종합하려는 목적으로 설계된 '포괄적 부'inclusive wealth에 대한 연구를 진행했다. 2012년의 리우+20 정상회담에서 20개 국가를 대상으로 발표된 이 새로운 지표[포괄적 부 지수inclusive wealth index]는 GDP에 의해 특징지어진 역사적 양식을 조금 변화시켰을 뿐이었는데, 전반적인 성장률은 — 비생산 자산이 고려되었을 때 — 신흥 경제들을 포함해 대부분의 나라들에서 낮아지는 추세를 보였다.[82]

경제와 사회생활의 몇 가지 측면(예를 들어 환경, 여행, 부불 가사 노동 등)에서 데이터를 수집하는, 다양한 형태의 '녹색' 계정과 위성 계정의 창출은 좀 더 포괄적인 국가 통계 체계를 향한 중요한 한 걸음을 의미했다. 많은 경우 그것들은 경제성장의 모순들을 여론이 인식하는 데 일조했고, 환경 그룹들이 자신들의 목표를 추진할 수 있는 추가적인 데이터를 제공했다. 그렇지만 이와 동시에, 위성 체계들은 국민소득을 측정하는 데 이용되는 핵심 계정들과는 근본적으로 구분되는 위치에 머물러 있다. 기껏해야 그것들은 '밑반찬거리' 정도였던 반면, 배고픈 미디어가 써내는 기사에서 주요리는 여전히 GDP였다.

더욱이 이런 '새로운' 계측들 대부분은, 복잡한 요소를 더하기는 했지만, GDP가 이용한 것과 똑같이 자산의 고유한 가치를 화폐화하는 방식에 의존하고 말았다. 사회 및 환경 자원들의 시장가격은 현실의 삶에서는 얻을 수 없는 것이었고, 그래서 '발명'되어야 했다. 결과적으로, 시장 지향적 사고방식이 영향을 미칠 수 있는 범위가 확장되었다. 그 가치 평가 과정은 전통적인 재화들뿐만 아니라, 사회와 자연 자본을 구성하는 무형의 방대한 영토까지 지배하게 된 것이다. 그리고 최근에는 경제학자와 통계학자들이 가상적인 무엇에 대한 화폐화에 비용-효용 분석과 기회비용을 적용하면서 '가격 붙이기' 열풍이 일었다. 소위 환경 비용이 보정된 국내순생산과 생태계 서비스의 가치를 평가하는 방법들이 각종 국제회의들과 개발 정상회담들에서 연이어 발표되고 있다. 2010년에 세계은행은 "부의 계산과 생태계 서비스 가치 평가"라는 이름의 국제 협력 사업을 통해 자연 자원의 경제적 가치를 평가하는 공통의 방법을 모색하기 위한 작업을 진척시키고자 했다.[83] 이 와중에, 기후변화 완화 영역에서 급성장하고 있는 상쇄offset 산업들*처럼, 자연 자본의 계산은 많은 자문 회사들, 사기업들, 투자 그룹 등에게 새로운 사업 영역으로 떠오르고 있다.

이런 기획들 대부분이, 자신들이 설정한 최종 목표에 대해, 어느 정도 진정성을 가지고 있음은 인정되어야만 한다. 그들은 사회와 환경의 질을 보전하기 위해 경제적 추론 방식을 활용하고자 정직하게 노력하고 있다. 그들이 보기에, 가격 책정은 사람들에게 특정한 유형의 발전 경로가 초래하는 '이익과 손해'를 분석해 '합리적으로 판단하게 해 줄 틀거리를 강제하게 될 것이다.[84] 이런 '사고틀'은 사회와 자연 자원의 가격이 언제나 측정될 수 있다고 암묵적으로 가정한다. 일반적으로 이용되는 방법론은 이른바 '지불 의사'willing to pay 원칙에 입각한다. 즉, (시장에서는 구입될 수 없는) 생태계의 가격은 그것을 보전하기 위해 비용을 지불하거나, 대용물을 교환 또는 희생할 의사가 있는 사람들의 숫자에 상응하는 것으로 사고된다. 그러나 소비의 광란을 특징으로 하는, 그리고 사회와 자연 자산의 가치를 평가절하하도록 설계된 사회에서, [생태계 보전] 비용을 지불하고자 하는 의사는 얼마나 신뢰할 만한 변수일 수 있을까? 더욱이, 어느 것도 '무한한 가치'를 가질 수는 없는 까닭에 가격은 사람들로 하여금 상품들끼리 교환 가능하다고 생각하게 만들 수밖에 없다. 그렇다면 자연 자원의 소모는, 예

● 기후변화 대응 정책은 온실가스 배출을 완화하는 정책과, 이미 발생한 기후변화에 적응하는 정책으로 구성된다. 이중 완화에는 다른 나라나 다른 기업에서의 온실가스 배출 감축분을 자신의 감축으로 인정받거나, 탄소 흡수원인 숲의 보존 사업을 감축으로 인정하는 일련의 '상쇄' 제도가 포함된다. 본문에서는 배출권 거래제, 재생에너지, 원시림 개발 등에서 만들어지는 산업과 사업들이 실제 기후변화를 막기보다는 기업에게 새로운 이윤을 만드는 기회가 되고 있음을 의미한다.

를 들어, 그에 상응하는 만큼 다른 영역에 투자함으로써 상쇄될 수 있다. 유치원을 짓기 위해 공원을 없애는 것은 대차대조표상으로 아무런 문제가 없음을 뜻하며, 지속 가능한 발전에 대해 아무런 부정적 영향도 미치지 않거나, 경제적 측면에서만 본다면 미래 세대가 추가로 갖게 될 부담이 사실상 없다고 보게 만들 것이다. 이런 유형의 계산 속에서, 우리가 자연으로부터 취하는 것은 우리가 인간 발전에 투자하는 것에 의해 균형을 이루게 된다. 가격은 자연 재화와 서비스가 전통적인 생산요소들처럼 시장에서 교환될 수 있다는 환상을 만든다. '강한 지속 가능성' ─ 어떤 자원들은 희소하고 교체될 수 없는 탓에 인간의 활동은 지구 용량의 한계에 종속되어야만 한다는 생각 ─ 이라는 자연과학의 개념은, 생산에 투입되는 자연 자본은 어떤 유형의 자본[예컨대, 인간 자본]에 의해 완전히 대체 가능하다고 생각하는 '약한 지속 가능성'이라는 경제적 원칙으로 점차 대체되었다.[85]

2012년 6월의 리우+20 정상회담에서 다수의 금융 기구들(세계적으로 가장 강력한 몇몇 투자은행들을 포함해)은 "자연자본선언"Natural Capital Declaration에 서명하면서, 그들의 금융 운용에 환경 계정을 포함시킬 것을 약속했다. 그들의 말에 따르면, "모든 경제활동은 자연 자본에 영향을 끼칠 수 있다. …… 이런 영향들은 현실에서 금융 위기를 초래할 수도 있지만, 적절한 사업 기회를 만들 수도 있다."[86] 생태계 서비스의 화폐화에 대한 점증하는 환호에 맞서서, 환경보호 단체 그린피스는 숫자로 된 가치를 "상호 연관성이 높은 자연계에 부여하는 것은 본성적으로 사변적이며 언제나 합리적인 것은 아니다"라고 지적했다.[87] 합계로 나타나게 되는 지표들은 "자연계의 상호 연관성" 및 "티핑 포인트와 돌연한 변화의 가능성" 등을 간과함에 따라 현 상황을 오도할 위험이 있다는 것이다. 더욱이, 이것들은 인류가 자연을 '자산'으로서 통제할 수 있으며, 그래서 지구 시스템이 붕괴할 위험한 상황에 처하면, 언제든 '구제'할 수 있다는 인상을 심어 준다. 그러나 지구는 금융시장이 아니며 우리가 지구의 한계를 무시한다면 "구제는 너무 늦은 일이 될 것이고, 세계에 아무리 돈이 많이 남아 있더라도 그것이 우리를 구원하지는 못하게 될 것이다." 무엇이 측정될 수 있고 어떤 목적인지에 대해서, 그리고 무엇이 통제될 수 있고 통제될 수 없는지에 대해 매우 조심스러워 해야 하는 이유가 여기에 있다. 게다가 "우리가 가치를 따질 수 없는 것을 계산에서 제외할 때, 이는 그것을 무시한다는 것이 아니라, 특별한 관심을 부여한다는 것을 의미한다." 생태계에 가격을 매기는 것은 자연이 경제적으로 기여하는 바를 우리가 인식하도록 만들어 줄 수 있다. 하지만 가격을 가진 모든 것은 사고팔 수 있음을 감안한다면, 이는 자연자원의 시장화가 수반하는 커다란 위험의 가능성 역시 열어젖힐 수 있다.

1970년대에 E. F. 슈마허가 이미 지적했듯이, "측정할 수 없는 것을 측정하는 것은 불합리하며 지나간 결론의 아집으로부터 빠져나오는 교묘한 방법에 불과하다."

그런데 가장 큰 오류는 논리적 불합리성이 아니다. 더 나쁜 것, 그리고 문명 말살적인 것은, 모든 것이 가격을 갖는다는, 또는 돈이 가장 높은 가치를 지닌다는 기만이다.[88]

결국, 엄청난 대안적 숫자들에도 불구하고, GDP는 여전히 튼튼히 살아 있다. 더욱 고약하게도, 그 사고방식은 다른 영역들로 그리고 대안적 측정을 추구하려는 가장 선한 의도를 가진 시도들 사이로 스며들었다. 독이 든 맥주를 떠나보내는 것이 생각보다 어려운 일임은 분명하다.

4장. 아래로부터의 변화

나는 사회의 해결책들이 좌파나 우파 또는 북반구나 남반구에서 나올 것이라고 생각하지 않습니다. …… 변화가 일어나게 되는 방식이 그렇습니다. 당신은 그 차이를 인지하지 못할 겁니다. 누가 누구한테 이기는 게 아니지요. 그냥 퍼져 나가는 겁니다. …… 그렇게 자연스러운 거죠. 명민한 사람들이 하는 그런 방식일 것입니다.

__칼-헨릭 로버트, 더 내추럴 스텝The Natural Step의 창립자

시스템이 붕괴한 것은 2001년 말이었다. 당시 아르헨티나 정부는 경제를 일으켜 보려는 노력의 일환으로 투자자들의 신뢰를 다시 얻기 위해 가능한 모든 수단을 다하고 있었다. 금융시장의 강력한 압력 앞에 고개를 숙였고, IMF의 지시 사항을 충실히 이행했다. 전례 없는 일련의 긴축 조치가 이루어졌고 공공 지출은 삭감되었다. 퇴직연금이 대폭 줄어든 반면, 노동 시간은 늘어났다. 그럼에도 실업률은 20퍼센트로 올라갔고 사회 불만이 끓어올랐다. 약탈자들의 침입으로 수백 개의 슈퍼마켓이 문을 닫았고 진열장은 텅텅 비었다. 성난 시민들이 은행, 기업가, 다국적기업들에 맞서 나섰다. 무장한 경찰과의 충돌이 일상이 되었는데, 특히 아르헨티나 민중들이

카세롤라스(스튜 냄비)를 두드리며 부에노스아이레스의 거리로 몰려나와 자신들의 요구에 관심을 갖도록 한 카세롤라소cacerolazo 운동[냄비 시위]을 벌인 이후 그러했다.

신용 등급 기관인 스탠다드앤푸어스는 아르헨티나를 신용등급 감시 대상으로 평가했다. 집단히스테리의 물결 속에서, 수백만 명의 시민들이 예금 인출을 시작했고, 모든 저축을 국외로 보냈다. 이에 대응해 아르헨티나 정부는 은행 계좌를 동결했고 예치자가 인출할 수 있는 현금 양을 제한했다. 몇 주가 지나자, 통화 체계가 붕괴되었고, 뒤이어 정부는 채권에 대한 채무불이행을 선언할 수밖에 없었다. 이내 시장에는 현금이 남아나지 않게 되었다.

물물교환이 지역공동체들에서, 특히 부에노스아이레스 외곽과 농촌 지역들에서 자발적으로 일어나기 시작했다.[1] 이는 다수의 아르헨티나인들에게 완전히 새로운 경험이었다. 1980년대 초반에 작은 농민 그룹이 물물교환 네트워크red de trueque를 만든 적이 있긴 했지만, 물물교환 시장에 대한 사전 지식이 있는 사람은 드물었고, 처음에는 학교, 공원, 교회 등과 같은 공공 공간에서 일군의 시민들이 단순하게 시작한 것이었다.[2] 그들은 중고 의류, 집에서 만든 식품 등의 물품을 가지고 나와 서로 교환했다. 식량과 의복처럼 부가가치를 갖는 품목들의 지역 내 생산 비중이 높은 지역공동체들이 소매 서비스와 수입품에 전통적으로 의존해 온 지역들에 비해 큰 이점을 갖는다는 것이 곧 분명해졌다.[3] 기존 경제의 붕괴는 도시와 농촌 지역 사이의 확연한 차이도 드러내 주었다. 도시에서는 의복이나 가구와 같은 중고 및 재활용품들뿐만 아니라 의료와 같은 서비스 부문에서도 물물교환이 이루어졌다. 간호사와 의사들조차, 처음에는 내키지 않아 했지만, 다양한 실물 재화와 교환하기 위해 그들의 서비스를 제공하기로 했다.[4] 그럼에도 불구하고, 도시 인구 가운데 다수는 내놓을 것이 거의 없었고 쓰레기와 폐품을 뒤지고 살아야 했다. 대조적으로, 대부분의 농촌 지역들은 다양한 종류의 내구재는 물론, 특히 식량을 생산하는 새롭고 더 좋은 방법들을 발견하며 활력을 키우기 시작했다. 농민들이 직접 자신들의 생산물을 내다 팔 수 있는 지역 시장이 전국적으로 우후죽순 등장했고, 여러 곳에서 공식 폐소화를 대체하는 지역공동체 운영 지역 화폐가 도입되어 거래를 도왔는데, 이런 지역 화폐는 가장 광범위하게 활용되는 신용 증서credito가 되었다.[5]

도시에서는 강요된 사회규범의 붕괴가 종종 혼란으로 이어졌지만, 교외의 여러 지역에서는 문화적 르네상스를 일으키는 데 도움을 주었다. 새로운 형태의 생산과 소비 양식이 자리 잡으면서, 지역공동체들은 경제 과정을 아래로부터 재조직하기 시작했다. 해고된 노동자들이 문을 닫은 공장들을 다시 점거하고 공장을 협동조합으로 운영하기 시작했다. 공장 회생 운동이 그 좋은 사례다.[6] 직접 참여 역시 새롭게 강조되었다. 공장에서든 지역 시장에서든 집단적 결정은 대체로 합의제에 기반을 두고 이루어졌다. 투표는 최후의 수단으로 간주되었고, 만장일치가 불가능할 때에만 사용되었다. 불가피한 복잡성과 잠재된 긴장에도 불구하고, 이런 기획들은 모든 개인의 기본적 필요를 보장한다는 관점에서, 모든 사회계층의 참여를 고양하고, 가장 중요하게는, 사회적·정치적 배제를 방지하기 위한 것이었다. 응집력의 유지가 의사 결정의 효율성보다 중요한 것으로 간주되었고, 긴 회합과 활발한 숙의가 일상적인 모습이 되었다.[7]

노동 집약적 서비스들에 대한 수요가 매우 컸지만, 지적이고 예술적인 작업 역시 소홀히 대하지는 않았다. 실제로 시장이나 다른 지역공동체 행사들은 정보와 문화가 교류될 수 있는 다양한 기회를 제공했다. 음악 공연, 거리 극장을 비롯해, 다양한 장르의 예술이 여흥으로서뿐만 아니라 대중적 저항과 투쟁을 분출시키는 창구 역할을 했다. 공공건물과 고속도로 위의 벽화들은 정치 엘리트와 대기업에 맞서는 지역공동체의 투쟁들을 반영하곤 했다.

물론, 대량 소비경제에서 지역화된 자족적 생산 체제로의 전환에 아무런 문제가 없었던 것은 아니었다. 예를 들어, 지역 화폐의 유행은 생산 감소와 결합되어 인플레이션을 일으켰다. 이는 지역 내에서 생산되지 않는 물품을 조달해야 할 때 특히 두드러졌다. 결과적으로, 자족적 물품 교환경제는, 지역 협동조합에 의해 운영되고, 구성원들이 자신들의 경제활동과 지역공동체의 필요 사이의 균형을 유지하는 데 강력한 이해관계를 가진 지역에서 가장 잘 작동했다. 소유권과 관련한 규제가 느슨해짐에 따라, 무단 점거촌이 여러 주요 도시의 주변부에서 생겨났고, 이는 종종 불만과 다툼을 일으켰다.

마침내, 기존 경제가 다시 일어섰다. 정치 계급이 재편되고 새로운 지도자들이 부상했다. 대안적 경제계획에 관한 고상한 수사에도 불구하고, GDP 성장이 국가 거시 경제의 주요 목표로 재천명되었다. 몇몇 물물교환 시장은 정부 당국에 의해 그 기반이 허물어졌고, 기업의 이해관계에 의해 파괴되었다.[8] 아르헨티나의 많은 지역, 특히 주요 도시들에서, 체계는 원래 상태로business as usual 돌아갔다. 그래서 끝이란 말인가? 아니었다. 저항의 거점들이 이 나라 곳곳에 활발히 살아남았다. 실로 위기는 어떤 근본적인 기회의 개방을 불러왔던 것이다. 이는 대안적 경제체제가 가능하며, 시민들이 경제 — 그리고 결국은 민주주의 — 를 아래로부터 재구성하는 데 주도권을 가질 수 있음을 보여 주었다.

2000년대 중반 이래, 특히 대침체의 발발과 더불어 세계 도처에서 이와 유사한 경험들이 펼쳐졌다. 유럽이 대표적이었다. 기후변화와 금융 위기로 말미암아 수십만 명의 사람들이 전통적인 경제에 대해 의문을 제기했다. 환경 파괴와 금융 불안정이 초래하는 명백한 위협들에도 불구하고 거시 경제정책은 바뀌지 않았다. 이에 시민들은 스스로 문제를 해결해 보기로 결정했고, 수많은 풀뿌리 기획들을 시작했다. 이들 가운데 대부분은 결코 어떤 임계점에 도달하지 못하고 특정 영역 안으로 국한되었다. 또 다른 것들은 좀 더 전통적인 비영리 활동과 제3섹터 활동으로 흡수되었고, 따라서 자신들의 혁신적 성격을 잃고 더 전통적인 사회경제의 일부가 되었다. 그럼에도 불구하고, 몇몇 사례들에서는, GDP의 정치에 도전하려는 체계적인 노력을 통해, 국가와 대륙을 가로지르는 성숙한 운동으로 발전했다. 이 장에서는 어떻게 시민사회가 주류 경제학의 근간, 즉 우리가 어떻게 만들고 어떻게 소비하는지, 그리고 돈의 역할은 무엇인지를 재고하게 되었는지에 관한 몇몇 흥미로운 사례들을 살펴본다.

'탈성장' 사회로의 이행 속에서

롭 홉킨스는 2000년대 초반 아일랜드의 웨스트 코크에 위치한 킨세일이라는 마을(7천 명 정도가 사는)의 직업학교 교수였다. 홉킨스는 퍼머컬쳐perma-culture에 주목했는데, 이는 생태적 디자인과 농업 시스템에 대한 자연 생태계 중심의 접근법을 의미한다.[9] 그의 강의는 이 새로운 개념과 이론을 완전히 적용한 최초의 교과과정이었을 뿐만 아니라, 실천적 지식을 만들어 내는 데도 깊은 관심을 두었다. 다시 말해, 그 강의는 "학생들에게 그들의 가정, 그들의 지역공동체, 그들의 세계가 보다 풍요롭고 지속 가능해지도록 만들기 위해 그들의 생활 속에서 이용할 수 있는 도구 상자를 제공"하는 데 주안점을 두었다.[10] 시간이 흐르면서, 학생들은 짚단으로 만든 가옥을 짓고, 비닐하우스를 세우며, 숲 정원을 가꾸고, 연못을 파고 돌담을 쌓으면서 퍼머컬쳐의 원리와 적용 방법을 배웠다. 2005년이 되자 그들의 창의성이 발휘되기 시작했다. 그들은 자신들의 이론적이고 실천적인 경험들을 활용해 마을의 '에너지 소비 저감' 행동 계획을 작성했고, 이를 통해 에너지 저소비 미래를 향한 이행을 촉진할 수 있는 세밀한 로드맵을 제시했다.[11]

얼마 지나지 않아, 홉킨스는 영국 남서부의 작은 마을인 토트네스Totnes로 옮겨 가서 다른 활동가들과 함께 세계 최초의 전환 계획을 수립한다.[12] 토트네스 전환 마을Transition Town Totness, TTT 프로젝트는 자신의 가외 시간을 퍼머컬쳐의 실천에 쏟는 소수의 헌신적 자원 활동가들로부터 시작되었다. 자원 활동의 일환으로, 홉킨스와 동료들은 이 지역에서 인식 고양 사업을 진행했는데, 이를 통해 토트네스 주민들은 경제 불균형, 환경 파괴, 자연 자원 고갈에 대해 비슷한 관심을 갖고 있는 다른 지역공동체들에 대해 알게 되었다. 2006년 말 브리스톨에서 열린 영국 전환 운동가들의 초창기 회합에서 활동가들은 운 좋게도 튜더 트러스트Tudor Trust 재단을 만나 다른 조직들과의 파트너십을 통해 네트워크를 출범시킬 수 있는 초기 단계의 재정을 확보했다. 그들은 사무실을 열고, 핵심 간사팀을 고용했으며, '위키' 웹사이트를 채우고 그들 작업에 관한 유인물을 펴내고, 이를 『전환 운동 입문』*Transition Initiative Primer* 초판에 담았다. 2007년 말에 전환 네트워크Transition Network는 18명의 활동가들을 대상으로 첫 번째 교육 훈련 활동을 시작했다. 그러는 사이 홉킨스가 짬을 내어 집필한 『전환 핸드북』*Transition Handbook*이 마침내 2008년 책으로 출간되었다(이 책은 이후 2만5천부 이상 팔려 나갔다).[13]

이런 초기 시절을 지나 프로젝트는 괄목할 만큼 성장했다. 그들의 훈련 프로그램은 세계로 뻗어 갔고, 수많은 나라와 지역에서 복제되었다. 지금은 수백 명의 사람들이 TTT 및 여러 곳에서 진행 중인 30개 이상의 프로젝트에서 일정한 역할을 담당하고 있으며, 일부 프로젝트는 지자체와의 협력 속에서 이루어지고 있다. 본질적으로 이제 TTT는 교육 프로그램부터 재생에너지 프로젝트까지, 또한 건강과 안녕부터 건물과 주택에 이르기까지, 다양한 범위의 활동들에 초점을 두는 여러 그룹과 클러스터로 이루어진 하나의 우산 조직이 되었다.[14] 지속 가능한 인프라 건설을 감독하고, 지역공동체가 생산하는 재생에너지 프로젝트를 확산시키기 위해 토트네스 지속가능건축회사와 토트네스 재생에너지 주식회사 같은 회사들이 만들어졌다. 버려진 산업 부지를 생태 친화적 산업의 사무실과 공공 공간으로 바꾸기 위한 지역공동체 프로젝트들이 제안되었고, 다양한 재생에너지 설비가 설치되었다.[15] TTT가 영국의 에너지 및 기후변화부UK Department of Energy and Climate Change의 재정 지원을 받는 프로젝트로 선정됨에 따라, 이 지원금으로 토트네스 마을 전체에 태양광 패널을 설치할 수 있게 되었다. 이 프로젝트는 "전환 거리"Transition Streets로 명명되었고, 저탄소 지역공동체 도전Low Carbon Communities Challenge으로 알려진 정부 기획의 일환으로 50만 파운드가 넘는 금액이 지원되었다.

이 전환 '철학'은 피크 오일peak oil* 시나리오가 사회 전체에 미치게 될 결과들에 대한 관심으로부터 전반적인 영향을 받았다. 셸 석유 회사의 연구자 매리언 킹 허버트가 1950년대에 '피크 이론'을 발전시킨 이래, 대부분의 전문가들이 세계 어느 지역에서든 지표 아래 매장된 석유의 총량은 시간이 흐름에 따라 줄어들게 될 것이라는 점에 동의했다.[16] 새로운 유전 탐사로 원유 발견율이 증가하지만, 이는 결국 종 모양의 곡선을 따라 떨어질 수밖에 없게 된다. 미국 에너지관리청US Energy Information Administration에 따르면, 미국 내 원유 생산량은 1970년대를 기점으로 정점을 지났으며, 그 이후 점차 하락했다.[17] 세계 수준에서 보면, 애초 국제에너지기구는 원유 생산의 일관된 상승을 전망했지만, 자신의 "2010년 세계에너지전망"2010 World Energy Outlook에서 그와 같은 낙관적 예측을 수정해야만 했다. 정치적 요인들과 투자 병목현상을 고려해, 국제에너지기구는 2006년에 이미 세계는 그 '정점'에 도달했다고 결론을 내리고, 앞으로의 수십 년 동안 하강 곡선을 그릴 것으로 전망했다.[18]

'전환'이라는 기획은 "우리가 실제로 풀어야 할 문제는 석유 없는 미래를 상상만 할 게 아니라, 그와 같은 사회에 도달하는 실천적인 방법을 모색하는 것"이라는 인식에서 나왔다.[19] 이런 관점에서 보면, 실제로 중요한 것은 그 과정, 다시 말해 사회가 좀 더 지속 가능한 미래 사회로 전환할 수 있도록 해주는 하나하나의 중요한 발걸음들이다. 게다가 전환이라는 개념은 "우리가 뒷걸음질 치지 않고 있다"는 느낌을 주며, "우리 모두가 함께하

● 세계 전체의 석유 채굴 속도가 최대에 이르러 그 이후부터는 생산 속도가 줄어들기 시작하는 시점을 말하며, 새로 발견되는 유전보다 폐쇄되는 유전이 많아지는 것을 기준으로 파악할 수 있다.

는 노력 속에서 기회를 발견하게 해준다." 모든 전환 기획들(그 사이에 조그만 '마을'뿐만 아니라 더 큰 촌락과 주요 도시, 지구의 근린 지역까지 퍼져 나간)은 환경 파괴를 줄이고, 기후변화를 완화하는 노력의 일환으로 화석연료에 대한 의존도를 급격히 줄여 나갈 것을 강조한다. 동시에, 저탄소 경제가 필요로 하는 변화에 대해 지역공동체가 보다 회복력 있고resilient 적응력을 갖도록 하고자 할 뿐 아니라, 시민의 참여와 연대 그리고 사회적 결속력을 강화하고자 한다. GDP 발전 모델이 우리의 생태계와 환경에 치유할 수 없는 피해를 일으킬 수밖에 없기 때문에 인간적으로 그리고 생태적으로 지속 가능하지 않다는 자각에서 출발해, 전환 기획들은 대안적 경제사상과 실천의 실험실들이 되었다. 이런 과정 속에서 새로운 형태의 민주주의 실험 또한 진행되고 있다. 이런 실험들은 전적으로 상향식 자기-조직화의 원칙 위에서 이루어지고, 공공재에 대한 집합적 의사 결정을 고무하며, 따라서 GDP 패러다임 아래서 승승장구하고 있는 기술 관료들의 권력에 도전한다. 이런 실험들은 자주 관리를 장려하고, 숙의 민주주의의 여러 교의들을 옹호하며, 구성원인 주민들은 공통 자원의 경영에 영향을 끼치는 집단적 의사 결정 과정에 참여하도록 격려 받는다.

식량과 에너지 같은 공공재의 의미는 특히 강조된다. 이런 기획들은 풀뿌리 지혜와 지식을 우선시하며, 가격을 올리고 환경에 피해를 입히는 식량 이동 거리를 줄일 수 있도록 지역적으로 식량을 생산하는 것과 같은 좀 더 새로운 방법을 모색하기 위해 노력한다. 이 모든 프로젝트의 근본 목표는 긴 공급 사슬을 피하고, 지역적 소유를 고취하며, 재이용과 재활용을 장려하는 것이다. GDP를 떠받치는 '새 것 사기' 철학 때문에 사라질 위험에 처한, 구두 수선공, 칼 가는 사람 같은 직업들뿐만 아니라, 사람들이 집에서 만든 갖가지 물건들을 팔 수 있는 지방 장터들이 지역공동체들 사이에서 다시 출현했다. 동일한 원리가 에너지 생산에도 적용되었다. 실제로, 전환 기획들은 재생 가능한 에너지원의 이용을 화석연료의 대체와 공유의 장려라는 두 가지 목적하에 근본적으로 재해석했다. 고도로 중앙 집중화되고 대규모로만 생산 가능한 화석연료 에너지와는 달리, 재생 가능 에너지들은 작은 규모 및 지역적으로 소유되는 프로젝트들에 적합하며, 지역공동체들의 자율성과 회복력을 강화한다. 게다가 이들은 공공재를 경쟁보다는 협동에 기반을 두고 이해할 수 있도록 장려한다. 그 결과, 에너지는 그저 지역적으로만 생산되는 것이 아니라, 독특한 협력 체계를 통해 '공동 생산'되는데, 이때 지역공동체 성원들은 태양광 패널과 풍력 터빈을 공동으로 설치하고, 여기서 생산된 에너지를 공유하면서 협동(그리고 투자)하게 된다.[20] 이런 인프라 대부분은 재생에너지 회사로부터 구매하기보다는 자체적으로 건설되며, 따라서 지역공동체들의 자율성, 노하우, 회복력을 더욱 강화한다. 자기생산과 자기 소비, 공유, 재활용과 재사용에 대한 강조는 물질이 점점 더 빠른 속도로 구매되고, 태워 없어지며, 교체되고, 버려질 것을 요구하는 GDP의 소비 모델과는 완전히 다른 것으로 보인다. GDP의 주문呪文이 사회적 '비만증'을 장려한다면, 전환 운동은 건강한 식생활 문화를 고취한다. 더욱이 (재화뿐만 아니라 지역공동체 인프라의) 회복력과 지속성에 대한 강조는, 끊임없는 교체가 소비주의의 궁극적 무기인 탓에, [일정한 사용 연한을 지나면 저절로] 고장 나도록 과학적으로 '설계'되곤 하는 시장 생산품들의 내재적 진부화 경향에 도전한다.[21]

2012년 들어 전환 네트워크의 명부에는 1천 개가 넘는 단체들이 이름을 올릴 정도가 되었고, 30개국 이상에서 전환 운동들이 전개되었다. 대부분은 유럽과 남아메리카에서 진행되고 있지만 점차 북아메리카, 아프리카, 오세아니아 및 아시아에서도 늘어나고 있다. 네트워크의 웹사이트에 따르면, 이런 운동들은 "지역공동체들을 더욱 행복하고 공정하며 탄탄하게 하고, 그 안에 살고 있는 사람들을 위한 공간들을 협동을 통해 능동적으로 만들어 내고 있으며, 이는 경제 위기와 에너지 위기가 제기하는 도전들이 수반하게 될 충격들에 훨씬 더 잘 대처할 수 있게 해준다." 전환 철학이 세계 도처로 퍼져 나가는 속도를 잘 알고 있는 그들은, 스스로를 "대규모의 사회적 실험"으로 간주한다.[22] 2012년 6월 리우＋20 정상회담이 열린 날, 전환 네트워크와 그 협력 단체들은 세계 여러 나라 사람들을 초청해 GDP 체제에 도전하는 '전환의 축제'를 조직했다. 이들이 제시했던 전환 방법은 간단한 것들이었다. 가족 및 친구들과 시간 보내기, 걸어 다니기, 지역공동체의 이웃과 어울리기, 그리고 무엇보다도 기후변화를 멈추기 위해 시민들을 조직하는 것이 얼마나 쉬운 일인지에 대해 이야기하기 같은 '비경제적' 활동들을 하는 것이었다.

　미국 정부의 소극적인 리더십(아마도 텃밭 가꾸기 및 비만과의 전쟁을 대중화하려는 퍼스트레이디의 노력을 제외한다면)에도 불구하고, 전환 철학은 미국에서도 지방 수준에서 사회적이고 문화적인 변화들이 가능함을 보여 주며 대중의 마음을 사로잡고 있다.[23] 예를 들어, 2008년의 금융 멜트다운 이래로 풀뿌리 식품 협동조합들이 확대되어 연방 정부 복지 수급자들의 생계를 도왔다. 게다가 지역공동체 텃밭들이 수많은 도시에서 생겨났고, 소규모 공동체들이 재생에너지 프로젝트들을 전개했으며, 저탄소 사회로의 전환을 모색하는 접근법이 생활양식과 집합행동에 영향을 끼쳤다. 전환 미국Transition US에 따르면, 전환 운동의 관점을 다양한 방식으로 추구하는 기획들이 미국을 통틀어 100개 이상 존재한다. 2011년에는 미국 전역에서 가정과 지역공동체에 텃밭 설치를 지원하는 기획이 시작되었는데, 이는 제2차 세계대전 당시 식품 공급의 정부 부담을 줄이고 지역의 회복력을 북돋기 위해 널리 퍼졌던 '빅토리 가든'victory gardens●의 경험을 모델로 한 것이었다. 2011년 5월의 한 주말 동안, 200개 이상 도시에서 1,500개가 넘는 크고 작은 기획들이 공식적으로 전개되었고, 수백여 개에 이르는 가족과 지역공동체들이 개인 소유의 마당을 이용하거나 버려진 공동 텃밭을 재전유해 채소를 기르고 나무를 심고 생태 건축물을 지었다.

나아가, 열악한 영양 상태와 경제적 상황에 처해 있는 사람들은, 다양한 지역 협동조합 및 농장들은 물론이고 지역공동체와 함께하는 농장들●●을 통해, 현지에서 생산되는 건강한 식품을 이용할 수 있게 되었다. 이는 다수의 시민이 먹을 수 있는 양질의 식품이 부족한 상황에 대응하기 위한 노력의 일환이었다. 실제로, 대규모 주택 프로젝트를 통해 GDP 성장을 뒷받침하도록 설계된 토지 이용 정책은, 기본적인 서비스조차 구하기 어렵고 안전한 먹거리가 커다란 문제가 되는, 격리된 지역[예컨대, 빈민가]의

● 사유지나 공원에 채소, 과일, 허브 등을 심어 식량을 생산하고 국민 사기를 진작하도록 한 텃밭을 말한다. 제1차 세계대전과 제2차 세계대전 중에 미국, 영국, 캐나다, 오스트레일리아, 독일 등에서 광범하게 생겨났다.

●● 지역공동체와 함께하는 농업(Community Supported Agriculture, CSA)에 기반을 둔 농장들을 가리킨다. 미국에서 시작된 이 운동은, 계약 재배를 기반으로 생산자와 소비자 사이의 직거래 형태를 띠고 있다. CSA 운동에 참여한 농가는 수확기에 유기 농산물의 일부를 구매하기로 계약한 회원들을 위해 농산물을 재배한다. 매주 신선한 농산물을 소비자에게 공급하는 계약을 맺기도 한다. 중간 유통이 배제되기에, 농민에게는 정당한 대가가 보장되고, 소비자는 저렴한 가격에 신선한 생산물을 구매할 수 있다.

출현을 촉진했다. 이런 지역들에는, 낮은 수익성 때문에 식료품점들이 입점하려 들지 않았는데(식료품점이 아예 없는 지역들도 있었다), 이는 지역 주민들이 건강에 좋고 영양가가 높은 식품에 지출할 돈이 없기 때문이었다. 그리고 이는 다시 열악한 영양 섭취가 이루어질 수밖에 없는 조건의 '식품 사막'food desert●이 확산되는 상황으로 이어졌다.

이 운동이 여전히 씨름하고 있는 중요한 문제 가운데 하나는 어떻게 풀뿌리 행동주의를 정치적 지지 활동advocacy activities과 연결시킬 것인가 하는 것이다. 다양한 캠페인들이 여러 혁신 프로젝트들에 우호적인 방향으로 전개되었지만, 정부나 기업의 구체적인 이해관계를 거스르는 경우는 드물었다. [예컨대, 롭 홉킨스는 다음과 같이 이야기한다.] "전환은 아무것도 지시해 주지 않아요. 우리는 산업계로부터 정치 지도자들에 이르기까지 누구와든 대화하려 하지요."[24] 그들은 캠페인을 진행할 때 의견 차이가 다툼 없이 쉽게 해결될 수 있는 지역 차원에 집중한다. "우리는 새로운 체인점의 입점에 맞서 지역공동체를 움직이게 하는 경우는 있어도, 기존의 지역 산업에 맞서는 캠페인을 벌이려 하지는 않습니다. 우리는 전투를 아주 조심스레 선택하죠." 이제까지 전환 기획들은 정치 영역에 엮이는 것을 꺼려

● 식품 사막은 대개 쇠락한 도심지에서 식료품, 일용품 상점이 철수해, 도보로 400, 500미터 내에 슈퍼마켓이 없고 주민 대다수가 자동차를 갖고 있지 않으며 소득도 낮은 탓에 통조림 따위로 연명해야 하는 현상이 일어나는 지역을 말한다. 이런 지역에 그나마 남아 있는 상점을 이용한다 해도, 가난한 지역에 사는 사람들은 대형 마트보다 더 비싼 가격에 상품을 구매해야 한다. 이와 관련해, 브루킹스연구소는 가난한 사람들 혹은 가난한 지역에 사는 사람들이 부유한 지역에 사는 사람들보다 더 많이 지불해야 하는 비용을 빈곤세(ghetto tax)라 불렀다. 이에 대해서는, 바버라 에런라이크의 『오! 당신들의 나라』(전미영 옮김, 부키, 2011) 참조.

왔는데, 그 주된 이유는 그들이 다양한 유형의 사람들 사이에서 누리고 있는 광범한 지지를 잃지 않을까 하는 우려 때문이었다. 그들은 어떤 명시적인 정치 '선언문'을 채택하게 되면 지지자들을 밀어내고, 서로 다른 가치와 문화 사이에 다리를 놓을 수 있는 운동의 역량이 훼손될 것이라고 느낀다. 그들의 실용적이고 비이데올로기적 입장은 분명한 지지 활동에 개입하는 것을 꺼리는 태도와 결부되어, 몇몇 전환 기획들의 경우 사회정의를 옹호하고 자본주의적 이해에 맞서는 분명한 태도를 취하기를 기대하는 좀 더 급진적인 환경 운동 진영으로부터 미지근한 반응을 유발하기도 했다. 일부 좌파의 비판자들은 2008년에 『진정한 전환으로 가는 험난한 길』The Rocky Road to a Real Transition이라는 제목의 팸플릿에서 전환 문화의 몰정치적 성격을 다음과 같이 공격했다. "우리가 기후변화와 피크 오일에 대해 이야기하면서, 어떻게 정치를 다루지 않거나 화석연료 인프라의 확장에 맞서는 지역공동체 투쟁을 지지하지 않을 수 있겠는가?"[25] 그 이래로, 전환 운동 내부에서는 정치와 지지 그리고 지역공동체 활동 사이의 적절한 균형점을 둘러싼 논쟁이 진행되고 있다.[26] 여러 측면에서, 전환 기획은 환경 운동의 좀 더 전투적인 문화의 "곁에 자리를 함께하며 보완하는" 것이다. 이 운동의 창건자들은 전환 철학이 그토록 빨리 성장할 수 있었던 배경에 대해 다음과 같이 말한다. "사람들을 양극으로 분열시키지 않으면서, 원료 가격 상승과 기후변화와 같이 그들이 실질적으로 우려하고 있는 문제들을 다루고 이에 대응한다는 이유 때문입니다."[27]

관습적인 경제 패러다임을 재고하고자 하는 그들의 포부에 비추어 볼 때, 전환 기획들은 '탈성장', 다시 말해 "인간의 안녕을 증진하고, 지구의 생태적 조건과 가치를 향상시킬 수 있도록 생산과 소비 규모를 축소"하려는 실천적 사례로 간주될 수 있다.[28] 탈성장 교의 가운데 일부는 대부분의 문화와 철학적 전통 속에서 발견될 수 있지만(이 개념이 중용이나 절약 같은 가치들과 긴밀히 연결되는 만큼), 이 주제에 관한 최초의 과학적 작업들은 1970년대에 『성장의 한계』 출간의 여파 속에서 이루어졌을 뿐이다(2장을 보라). 이런 접근이 가장 비옥한 토양을 발견한 나라는 프랑스였는데, 생태 경제학의 지적 선조 가운데 한 사람인 루마니아 출신 미국 경제학자 니콜라스 조제스쿠-뢰겐Nicholas Georgescu-Roegen의 후계자들에 의해 데크루아상스décroissance*라는 말이 도입되었다. 1970년대에 조제스쿠는 열역학 제2법칙**을 적용해 경제적 과정이 물리적 과정과 동일한 엔트로피 법칙을 따른다는 가정하에, 인간의 경제활동도 자원·재화·서비스의 가공과 교환을

● 탈성장론을 제시한 프랑스 경제학자 세르주 라투슈에 따르면, 데크루아상스는 라틴계 언어에서 동일한 어원과 의미를 지닌다. 여기에는 성장형 경제를 '줄이려면'(decroitre) 경제성장이라는 가치관을 '믿지 않는'(decroire) 것이 필요하다는 의미가 함축되어 있다. 믿음(croyance)과 성장(croissance)이라는 말 역시 라틴계 언어에서는 유사성을 보인다. 하지만 게르만계 언어로 번역하는 데는 어려움이 따르며 이는 경제주의의 정신적 지배를 보여 준다고 라투슈는 지적한다. 일본에서는 '탈성장'이나 '지속 가능한 성장' 등의 표현이 '경제성장'을 내포하고 있다는 점에서 '데크레센도'라는 번역어를 사용하기도 한다. 라투슈는 이와 같이 데크루아상스의 완벽한 번역은 불가능하며 탈개발 패러다임이 본래 다원적인 것과 마찬가지로 완벽한 번역 역시 반드시 바람직한 것만은 아니라고 지적한다. 세르주 라투슈, 『탈성장 사회』(양상모 옮김, 오래된 생각, 2014), 80-85쪽 참조.

●● 열역학 제1법칙이 에너지 보존에 관한 것이라면, 열역학 제2법칙은 에너지의 이동 방향에 대한 설명이다. 말하자면, 열은 한쪽 방향으로만, 즉 높은 온도에서 낮은 온도로만 이동한다는 것이다. 이는 시간을 거꾸로 돌릴 수 없고, 이미 깨져 버린 그릇을 다시 붙일 수 없는 것과 같다. 생태 경제는 엔트로피 증가의 법칙을 경제학에 반영함으로써 인간의 경제활동 역시 자연법칙을 거스를 수 없다는 점을 강조한다. 니콜라스 조제스쿠-뢰겐은 이 같은 열역학 제2법칙을 토대로 기존 경제학의 기계적이고 무시간적인 한계를 비판하며, 불가역적인 시간의 흐름 속에서 경제활동을 파악해야 한다고 역설했다.

통해 에너지를 공짜로 소비함으로써 생태계를 훼손시켜 가면서 번영한다고 결론 내렸다.[29] 결국 유한한 세계에서 무한한 성장은 불가능하다. 경제학을 생물계의 한계와 연결시키려는 시각을 통해 그는 전통적인 경제학을 자신의 '바이오경제학'bioeconomics으로 대체할 것을 주장했다.

그렇지만 데크루아상스 개념이 여론 주도층 사이에서 대중성을 얻기 시작한 것은 2002년에 이르러서였다. 생태주의 잡지 『사일런스』Silence가 특별호 전체를 이 주제에 할애했고, 파리에 위치한 유네스코 본부가 "발전을 멈추고, 세계를 다시 만들자"라는 제목의 국제회의를 개최한 것이 중요한 계기가 되었다. 이탈리아에서는 데크레시타decresita를 고취하기 위한 시민사회 동맹이 2004년에 만들어졌고, 이후 수년간 더 많은 기획들이 뒤를 이었다. 스페인에서는 데크레시미엔토decrecimiento(카탈루냐어로는 데크레이그세멘decreixement)라는 말이 2006년경 점차 인기를 얻게 되었다. 이들의 영어 표현인 '탈성장'degrowth은 2008년 파리에서 열린 이 운동의 첫 공식 회의에서 채택되었는데, 이는 국제적 시민사회 그룹들에 의한 지지 캠페인뿐만 아니라 체계적인 학술 연구의 시작을 의미하기도 했다. 이후 이 운동의 격년제 회의가 바르셀로나(2010년)와 베니스(2012년)에서 열렸다.

전환 운동과 달리, 대부분의 탈성장 기획들은 명백히 정치적인 그리고 지지 운동의 취지에 공감하는 일군의 지식인들이 주도하고 있다. 탈성장 옹호자들은 사회가 생태적 한계 내에서 유지되며 열려 있으면서도 지역화된 경제를 갖는, 그리고 새로운 형태의 민주적 제도를 통해 자원이 좀 더 공평하게 분배되는 미래를 요청한다. 그들이 단지 음(−)의 GDP 성장률을 옹호하는 것은 아니다. 순전한, 관리되지 않는 탈성장(경제 침체 시기에 경험되었던 바와 같은)은 사회에 부정적인 영향을 미치면서도 환경 개선에는 아무런 역할도 하지 못한다고 생각하기 때문이다. 요크 대학의 경제학자 피터 빅터Peter Victor에 따르면, 생태적 한계로 인해 세계경제는 일정 정도의 제약을 가질 수밖에 없다. 하지만 이를 해결할 수 있는 방법에는 최소한 두 가지가 있다. 하나는 되풀이되는 위기에서처럼 '재난'(그것이 공급과 수요의 불균형에 의해서 일어나는 것이든 자원 결핍으로 초래되는 것이든)에 의해서이며, 다른 하나는 집약도 낮은 경제로 공평하게 전환하기 위해서 장기적인 관점으로 마련되는 특수한 정책 '설계'에 의해서이다.[30] 지구적 경제 위기에 의해 촉발된 대침체는 금융 시스템의 붕괴가 사회에 부과한 것이었던 만큼, '재난'에 의한 외인적 저성장의 한 사례다. 대조적으로, 탈성장 옹호자들은 거시 및 미시 수준에서 일련의 잘 조정된 자발적 정책을 통해, 다시 말해, '설계'에 의해 내생적 제한이 가능하다고 믿는다. 그들은 자신들의 정치 의제의 일부로서, 생태계의 한계에 완전히 조응하는 생산과 소비의 대안적 패턴에 초점을 두는 사회를 위해서는 GDP가 '정책의 최상위 목표'가 되어서는 안 된다고 한다고 주장한다. GDP 성장에 대한 집착을 '인류의 암'으로 간주하는 그들은, 현대사회의 궁극적 가치와 목표를 재고하기 위한 포괄적인 문화 혁명이 뒷받침되지 않는다면, 정치적 차원에서 이루어지는 개혁들만으로는 충분치 못할 수 있다는 것을 잘 알고 있다.[31]

탈성장은 정책 전문가들과 주류 정당들로부터 시시때때로 비판받는다. 우파 측의 비판자들은 그것이 세계를 혼돈의 구렁텅이로 던져 넣을 것이라 주장하고, 좌파 측의 비판자들은 이를 부유한 부르주아나 할 수 있는 사치라고 본다. 이와 대조적으로, 탈성장 옹호자들은 탈성장이 단지 환경적 지속 가능성을 위한 프로젝트가 아니라 사회정의를 위한 행동 계획이기도 하다는 점을 공들여 설명한다. 그들이 보기에 탈성장은 비참한 지난날의 궁핍과 불평등에 대해 찬미하는 것도 아니고 석기시대로의 복귀를 낭만화하는 것도 아니다. 이와는 정반대로, 그들은 탈성장을 미래를 위한 청사진으로 보는데, 현재의 사회 내에서 GDP 성장이라는 강력한 주문이 만연해 있는 상황을 감안한다면, 전환은 상당한 정도로 "상상력의 탈식민화"가 이루어질 때만 가능할 것이다.[32] 결국, 탈성장은 진보라는 말을 재정의하는 새로운 언어의 발전을 목표로 한다.

이 운동에서 아마도 가장 저명한 지식인인 세르주 라투슈Serge Latouche의 말을 빌자면, 탈성장 사회는 다음과 같은, 여덟 개의 'R' 자로 대표되는 '선순환'의 실현을 통해서 건설될 수 있다. 즉, 경쟁에 대비해 협동을, 이기주의에 대비해 이타주의를, 일중독에 대비해 여가의 즐거움을 중시하도록 우리 사회의 가치를 재평가re-evaluate하기, 자연 자원의 사유화와 시장화로 귀결되는 관행적인 경제학 범주들의 족쇄에서 벗어나 빈곤과 부뿐만 아니라 결핍과 풍요와 같은 개념들을 재정의redefine하기, 패러다임 전환에 걸맞게 생산 기구를 재구조화restructure하기, 한 나라 안에서 그리고 국가 사이에서 평등의 기준선으로 생태발자국을 이용함으로써 자원을 재분배redistribute하기, 강력하고 참여적인 지역공동체 건설을 위해 생산 체제와 의사 결정 단위를 재지역화relocalize하기, 소비와 생산이 생태계에 미치는 영향을 줄이기reduce, 직접 재이용reuse하거나 아니면 재활용recycling함으로써 관행적 시장 생산의 내재적 진부화 경향과 싸우기.[33]

전환 기획들과 유사하게, 탈성장 사회는 혁신의 허브로 그려지는데, 이 사회의 목표는 인간의 창의성을 통해 사람들이 공생적으로 검약하며 살 수 있는 새로운 사회적이고 기술적인 체계를 탐색하는 것이다. GDP 경제의 축소는 인간의 협동과 생태 친화적 실천이 꽃필 수 있는 공간을 좀 더 확보하기 위한 필수적인 발걸음으로 인식된다. 경제성장이 촉발시킨 도시화 과정에 의해 대체로 주변화되었던 지역적(그리고 농촌적) 삶의 차원이 이런 새로운 사회를 발견하는 데 필요한 기둥으로 재해석된다. 그들의 새로운 언어에 따르면, 탈성장 옹호자들은 '풀뿌리 포스트모더니즘', '경제지방자치주의'economunicipalism, 자기 조직화된 '생물권역'bioregions과 '에코폴리스'ecopolis를 이야기한다.[34] 그들은 도시보다는 마을들의 네트워크를 상상하는데, 이곳은 새로운 형태의 지역 '생태 민주주의'가 실천되는 장소다. 그들이 시민 참여를 특히 강조했던, 중세 이탈리아 코뮌들의 역사와 공화주의의 교훈으로부터 영향을 받았음은 의심할 여지가 없다. 그들은 한나 아렌트의 활동적 삶vita activa의 원리를 인용하고, 어니스트 칼렌바크Ernest Callenbach의 베스트셀러 소설 『에코토피아』Ecotopia의 윌리엄 웨스턴의 이야기*를 상기시키며 거버넌스 개혁을 제안한다.

이 두 가지 접근 방식 사이에는 특히 개념적 수준에서도 중요한 차이가 있다. 탈성장이 GDP 성장은 지속 가능하지 않을 뿐만 아니라 본질적으로 비윤리적이라고 주장하는 데 비해, 전환 철학은 주로 에너지와 기후 위기를 배경으로 이에 대응할 '필요에 의해' 포스트-성장 사회를 건설하고자 한다.[35] 전자에는 이 같은 접근 방식을 밑받침하는 강력한 가치판단이

● 칼렌바크의 소설 『에코토피아』(김석희 옮김, 정신세계사, 1991)의 무대인 에코토피아는 1980년, 미국 서북부의 주들이 미연방에서 독립해 세운 가상의 국가 이름이다. 에코토피아는 미연방과 적대적 관계로 지내며 고립 정책을 고수해 오다가 20년 만인 1999년, 뉴욕의 신문기자인 윌리엄 웨스턴을 최초의 손님으로 받아들이며 취재를 허락한다. 웨스턴은 고용주와 노동자가 따로 없는 농장과 기업, 주당 20시간 근무제, 여성이 지배하는 정부, 자연 속에서 살아남는 기술을 교육하는 학교 등이 존재하는 에코토피아를 보고 결국 에코토피아인이 되기로 결심한다.

있으며, 후자의 경우 그들의 대응은 전적으로 현 상태의 지속 불가능성에 대한 현실적 인식에 기반을 둔 것이다.

지난 수년간, 탈성장의 아이디어는 다양한 수준에서 활동하는 여러 그룹과 네트워크들에 영향을 끼쳤다. 상당수 유럽 국가들에서, '탈성장 그룹'은 노동조합이나 정당 같은 큰 사회조직들 내에서 쉽게 발견된다. 그렇지만 탈성장 아이디어에 통상 좌파만이 공감하는 것은 아니다. 다수의 NGO와 조직들도 이 개념의 대중화에 기여했으며, 명시적으로는 아니더라도 그들 다수가 탈성장을 활동의 지평으로 삼는다. 여기에는 농업생태학, 환경 정의, 영토 수호, 소비 비판, 연대의 경제, 에코 빌리지, 대안 교통(자전거 등), 도시 텃밭 등 다양한 분야에서 활동하는 조직들이 포함된다. 탈성장 네트워크는 전환 기획, 퍼머컬처 등을 비롯해 광범위한 환경 조직들과 파트너십을 형성했을 뿐만 아니라, 금융거래과세시민행동연합ATTAC과 비아 캄페시나Via Campesina* 같은 남반구 농민운동의 대의를 적극 지지해 왔다. 대침체가 발발한 이래, 이 운동은 스페인의 분노한 사람들indignados과 월가 점령 운동 네트워크의 여러 국제적 분파들이 개진한 사회정의 원칙들 역시 옹호했다. 2008년에는 다양한 탈성장 조직들의 대표자들과 이에 공감하는 다수의 지식인들이 탈성장당Parti Pour La Décroissance을 창당했고,

---

● 비아 캄페시나는 '농민의 길'이란 뜻으로, 소농, 중농, 무토지 농민, 농촌 여성, 원주민, 농업 노동자 등이 참여하는 국제 농민운동 단체이다. 1993년 벨기에의 몽스에서 북미, 남미, 중미, 서유럽 등지에서 참여한 46명의 농민 단체 대표들이 모여 가족농업에 기초한 지속 가능한 농업 체계를 새로운 대안으로 제시하는 초국적 네트워크 조직으로 결성되었다. 초국적 기업에 맞서고자 자신의 농토에서 식량을 생산할 수 있는 권리를 의미하는 식량 주권(food sovereignty) 개념을 처음으로 제안했으며, 시장 주도형 농지개혁을 반대하는 초국적 농지개혁 캠페인을 시작했다.

2011년 프랑스 지방선거에 참여하기도 했다.

2009년에는 영국의 지속가능발전위원회UK Sustainable Development Commission
가 수행한 연구의 출간으로 탈성장의 과학적 교의와 그 정책적 타당성이
강화되었다. 이 보고서는 생활양식, 가치 및 환경에 대해 서레이 대학이
주관한 5년 이상의 연구에 바탕을 둔 것으로, 『성장 없는 번영: 유한한 지
구를 위한 경제학』Prosperity without Growth: Economics for a Finite Planet이라는 제목
을 달고 나와 베스트셀러가 되었다. 이는 경제성장이 초래하는 사회적이
고 환경적인 불균형에 대한 포괄적 비판이자, GDP에 집착하고 있는 정치
지도자들(침체된 북반구의 경제와 빠르게 성장하고 있는 남반구의 신흥 시장 모두
에 걸쳐)에 대한 매서운 비판이기도 하다. 이 보고서의 결론부는 탈성장의
지지자들이 전개한 비판 및 대안적 의제들과 공명하고 있다.

효율을 향한 자본주의의 경향성이 기후를 안정화하고 자원 고갈 문제를 해결할 것
이라는 단순하기 짝이 없는 추측은 이제 말 그대로 거의 파산했다. …… 신상품과
사회적 지위를 끊임없이 찾아 헤매는 우리 스스로의 자세 역시 우리를 소비주의의
철창 안에 가둔다. …… 우리는 끊임없는 성장만을 이야기하는 장님의 경제학을
바로잡아야 할 중요한 과제가 있으며, 소비주의가 가진 파괴적 사회 논리를 변화
시켜야만 한다. 우리는 잘못된 경제학이 왜곡된 사회 논리를 부추기고 다시 그것
에 영향을 받는 현실을 살펴보았다. 그러나 우리는 다른 종류의 경제학이 가능하
다는 사실 역시 보았다. …… 여기서는 생태적 한계도 인간의 본성도 그 가능성을
가로막지 못한다. 변화에 대한 믿음과 변화를 위한 노력이 남아 있을 뿐이다.[36]

화폐를 다시 생각하기

전환 운동 및 탈성장 운동과 긴밀히 협력하는 싱크탱크인 신경제재단에 따르면, 담대한 변화를 위한 시간이 다가왔다. 신경제재단은 『거대한 전환』The Great Transition이라는 제목의 보고서에서 "빚더미 위에서 이루어지는 과소비, 가속화하는 기후 불안정 그리고 세계 석유 생산이 정점에 도달하면서 잦아지는 변덕스러운 에너지 가격 문제를 해결하기 위해 우리의 경제를 재구성해야만 한다"라고 주장했다. "이는 우리가 어떻게 거래하는지, 에너지를 어떻게 만드는지, 어떻게 여행하는지, 우리가 의존하는 식량을 어떻게 재배하는지를 다시 사고함을 의미한다. 이는 수많은 조직과 사람들이 함께 노력해야 할 거대한 과업이다."[37]

식량과 에너지 생산(또는 공동-생산)은 세계의 전환 기획과 탈성장 운동들이 지지하는 새로운 패러다임의 핵심 측면들이었다. 지속 가능성과 회복력을 건설하려는 노력의 일환으로, 이런 조직과 그룹들은 모두 다양한 형태의 경제적 재지역화를 옹호해 왔다. 생산과 소비 패턴을 재설계하는 것과 더불어, 이들 운동은 화폐의 개념과 목적을 재해석할 필요성에 관한 논쟁이 늘어나는 데도 기여했다. GDP는 화폐에 기반을 두고 있다. 화폐화되지 않는 것(또 가계 서비스, 자원 활동 그리고 자기 생산·자기 소비의 경우에서처럼 직접적으로 화폐화가 가능한 것들 역시)은 그것이 경제적 진보와 사회적 안녕을 위해 매우 중요한 것이라 하더라도, 국민소득계정에 반영되지 않는다. 결국, GDP 발전 모델을 떠받치는 기둥인 화폐 역시 재고의 대상이 되었다. 여기에 지역적 수준의 관심이 결부되는 것은 당연했다.

2007년에 홉킨스와 그의 TTT 동료들은 영국 파운드화로 뒷받침되는 물리적 지역 통화인 토트네스 파운드를 창설했고, 지금은 이 마을의 십여 개 사업체에서 사용되고 있다. 그 시작은 지역의 한 복사 가게와 계약해서 1만 토트네스 파운드를 인쇄한 것이었다. 복사 가게는 영국 파운드화를 받는 대신 그들이 당장 발행한 수표 1천 장을 받는 것으로 만족해했다.[38] 이 기획의 목적은 부가 이 지역공동체 내에서 머물러 있으면서, 보다 낮은 생태적 영향과 보다 높은 회복력을 갖는 방식으로 더 양심적으로 쓰일 수 있음을 보여 주려는 것이었다. TTT 사람들이 말하듯이, "토트네스 파운드는 지구화, 성장 기반 경제, 부채 기반 화폐 시스템에 대한 깊은 이해와 비판 위에 자리하고 있다."[39]

[롭 홉킨스에 따르면] 지역 경제는 '밑 빠진 독'과 비슷한 것이다. "우리의 연금, 수당, 월급 등이 독 안으로 들어가죠. 그런데 바로 그때 슈퍼마켓, 체인점, 에너지 요금 고지서가 그 안에 구멍을 뚫으니, 지역 경제는 쪽박 신세가 되는 겁니다."[40] 이와 반대로, 지역 화폐는 "우리의 지역 경제에 대해서 생각하고 우리의 돈이 어디로 가는지 질문하도록 해줍니다."[41] 나아가 그는 만약 돈이 우리 가정과 더 가까운 곳에서 이루어지는 생산과 소비에 쓰인다면, "우리는 이런 제품들이 어떻게 만들어지는지, 그리고 거기서 나오는 폐기물이 어디로 가는지에 대해 좀 더 관심을 기울이게 되겠죠"라고 말한다. 토트네스의 사례를 뒤따라서, 다른 전환 기획들 역시 지역 통화를 도입했고, 새로운 기술도 실험했다. 예를 들어, 브리스톨과 브릭스톤에서 쓰이는 '파운드'는 종이로도 지불할 수 있고 SMS를 통해 전자화폐로도 지불할 수 있다.[42] 탈성장 운동에 참여하고 있는 조직들 대부분 역시 주류 경제정책으로부터의 자율성을 확보하기 위한 실천적 방책 가운데 하나로 지역 통화 또는 대안 통화를 지지해 왔다.

지역 통화(보완 통화 또는 지역공동체 통화로도 일컬어지는)는 사실 최근의 발명품이 아니다. 이런 기획들 가운데 일부는 이미 수세기 전부터 알려져 있었으며, 1930년대의 대공황 시기에도 이미 많은 실험들이 행해졌다. 하지만 지난 수년 동안 많은 시민사회 그룹들의 지지 활동 덕분에, 때로는 이에 동조적인 지방정부들과의 협력에 힘입어, 기하급수적으로 증가했다. 지역 통화는 잠재적으로 매우 현대적이며, 그리고 본질적으로, 위로부터 부과되는 경제성장 정책에 대한 반작용으로 간주할 수 있다. 지방정부에 부과되는 경제정책은 공통 자원이 무엇을 위해 그리고 어떻게 할당되어야 하는지에 대해 지방정부가 개입할 여지를 거의 주지 않았다. 지역 기반 형태의 화폐는 자본도피를 줄이고, 지구적 경제 순환에 대한 보호막을 형성하며, 상업적 은행 권력에 고삐를 채우고 지역 경제활동을 지원하도록 약속한다. 한마디로 이것들은 경제를 민주화하는 방식이다.[43] 대부분의 실험들은 상호 신용 체계의 최초 형태 가운데 하나인 지역 통화제local exchange trading system, LETS에 기반을 두고 있는데, 회원들은 서비스나 재화를 제공함으로써 신용 증서를 얻고, 이를 다시 다른 회원들이 제공하는 서비스나 재화를 구매하는 데 사용할 수 있다.

유럽연합 평등기획European Union's Equal Initiative의 지원을 받아 2007년에 프랑스에서 개시된 대안적 통화 실험인 연대 기반 전자화폐solidarity-based electronic money, SOL는 다양한 유형의 윤리적 소비를 지지한다. 이 화폐는 두 개의 큰 상호보험사, 협동조합 은행, 쿠폰vouchers 발행 사업 전담 협동조합 회사, 그리고 세 개의 광역 지방정부(일드프랑스, 노르파드칼레, 브르타뉴)의 지원을 받는다. 현재 SOL은 프랑스의 아홉 개 지역에서 채택하고 있으며, 다음과 같은 세 가지 유형의 통화로 구성된다. ① 사회적 경제 내에서 화폐의 유통을 촉진하는 '협동'cooperation, ② 자원 활동을 가시적이고 책임성 있도록 만들며 시간으로 계산되는 '봉사'commitment, ③ 특정한 대상 집단이 기본 재화와 서비스를 구입할 수 있도록 주어지는 쿠폰인 '지급'dedicated. 사회적 경제와 자원 활동에 초점을 맞춤으로써 SOL은 이용자들이 화폐를 비영리 부문 등과 같이 GDP 계정이 대체로 소홀히 하는 영역들에 투자하도록 고무한다. 특히, SOL은 화폐가 그 자체로 목적이 아니라 수단이라는 역할을 재확인함으로써, 경제를 윤리, 민주주의 그리고 환경과 화해시키고자 한다.[44]

이런 실험들 대부분은 물물교환 시장과 '시간 은행'time bank●으로부터 비롯했으며, 따라서 개인적 시간의 거래가 지금의 화폐 환경에 걸맞도록 전통적인 형태로부터 진화했음을 의미한다. 대안 통화들이 대체로 종이보다는 전자적 형태를 띰에 따라 새로운 기술들이 중요한 요소가 되었다. 더욱이, 정보 통신 시스템의 발전은 시민들이 수평적이고 자율적으로 스스로를 조직할 수 있는 새로운 기회들을 제공했다. 예를 들어, 유로화 위기로 큰 타격을 받은 그리스에서는, 경제에 대한 민주적 통제력을 회복하기 위한 수단으로, [몇몇 지역을 중심으로] 대안 통화가 도입되기도 했다. 가상 통화 오볼로스ovolos(고대 그리스의 화폐 명칭을 딴)는 그 주창자들이 재화와 서비스의 물물교환을 위한 새로운 통로를 가시적으로 발전시켜서 국가 부도 사태에서 유용하게 이용될 수 있음을 증명했다는 점에서 흥미로운 사

───────

● 일반적으로는 시간의 이용을 화폐 단위로 삼는 호혜적 자원 활동 체계를 가리키며, 1988년부터 시작된 영국의 대안 지역 화폐 이름이기도 하다.

레다. 그리스가 처한 경제 상황 및 높은 실업률에 맞서, 이 프로젝트는 전통적인 시장으로부터 배제된 시민들에게 경제적·사회적 교환으로부터 이득을 얻을 수 있는 기회를 제공하는 목적도 가졌다.

오볼로스는 가상 통화로 — 또는 '사회적 통화'라는 브랜드로 — 인식된다. 이 이용자 네트워크는 현재 5천 명 이상의 회원을 보유하고 있다. 각 회원은 네트워크 웹사이트에 온라인 계정을 가지며 회원들은 각자 자신이 이용할 수 있는 재화와 서비스의 판매와 구매를 통해 오블로스를 획득할 수 있다. 따라서 이용자 네트워크의 크기가 클수록 다양한 재화와 서비스를 구하기가 더욱 쉬워진다. 오볼로스의 가치가 안정적으로 유지되는 것은 네트워크 내에서 획득 가능한 재화와 서비스에 의해 뒷받침되고, 언제든 유로화로 교환할 수 있기 때문이다.[45] 경제 위기가 발발한 이래로, 그리스에서는 십여 개의 지역 통화가 생겨났다. 이들 가운데 일부는 이용자가 수백 명에 불과하고, 주로 작은 마을에 국한되어 사용되고 있지만, 관찰자들은 이 현상이 계속될 것이라고 믿고 있다. 크레타 대학의 정치경제학 교수이자 부총장인 게오르게 스타타키스George Stathakis에 따르면, "새로운 종류의 네트워크들로 채워져야 할 간극이 많아진 만큼, 그리스 도처에서 그와 같은 네트워크들이 번성하고 있다."[46]

대안 통화들은 지역 생산을 자극하기도 하는데, 이에 따라 지역 발전을 뒷받침하고, 이동 거리를 줄이며, 간접적으로는 생태적 파괴와 기후변화를 완화한다. 독일은 세계에서 가장 많은 수의 대안 통화들을 가지고 있다. 특히 레기오겔트Regiogeld는 독일의 제도화된 지역 화폐 가운데 가장 큰 네트워크를 가지고 있다. 이는 2003년에 창립되었고 등록 우산 조직인 레기오겔트 등록협회Regiogelt eV를 통해 2006년에 공식적으로 출범했다. 현재 독일에는 70개 이상의 레기오겔트 프로젝트가 존재하며, 이 가운데 가장 유명한 것은 아마도 바이에른 주에 있는 킴가우Chiemgau의 작은 마을에서 시작된 킴가우어Chiemgauer다. 레기오겔트는 2008년까지 급속히 퍼져 나갔고, 이후 여러 기획들이 다양하게 전개됨에 따라, 킴가우어 같은 지역 통화들은 자기 생산에 기반을 둔 대안적 지역 협동조합 네트워크들이 활용할 수 있는 몇 가지 중요한 도구 중 하나로 발전했다. 예를 들어, 바이에른의 슈테른탈러는 현재 소매점, 퍼머컬처 텃밭, 민간 LETS, 상업적 물물교환 체계 및 교화 매체로서의 레기오겔트 통화를 포괄하는 하나의 협동조합 형태로 조직되어 있다. 2012년에 킴가우어 역시 마이크로 크레딧* 기획을 개시했다.[47]

사람들이 여기에 참여하는 이유는 다양하다. 어떤 이들에게 지역 통화는 지역 수준에서 지속 가능성을 증진하고 지역공동체에 지속적 번영을 가져다주는 수단이다. 또 어떤 이들에게 이런 기획들은 금융시장의 투기적 경향에 맞서 지역 경제를 방어한다. 또 다른 이들에게, 대안적 형태의 통화는 유로존이 붕괴할 경우를 대비하는 귀중한 낙하산이다.[48] 이런 통화들은, 그 법적 지위가 불분명하고 당국이 거래 현황을 모니터링하고 있기는 하지만, 엄격히 말해 불법은 아니며, 정부는 이들을 항공사의 마일리지 프로그램과 같은 방식으로 다룬다. 모든 관련 사업체들은 거래마다 약간의 손실(약 5퍼센트)을 기꺼이 감수한다는 공식 계약을 맺으며, 이 손실 차액만큼 공제되는 부분은 지역 자선단체, 유치원, 기타 사회적 사업에 활

• 제도권 금융기관과 거래가 어려운 빈민과 사회적 취약 계층에게 무담보 소액 대출을 해줌으로써 자활을 돕는 제도를 말한다. 방글라데시에서 무함마드 유누스 교수가 소액 대출 전담 은행인 그라민 은행을 설립하면서 시작되었고, 이 공로로 유누스 교수는 2006년, 노벨평화상을 수상했다.

용된다. 유럽에서 가장 강력한 중앙은행인 분데스방크는 2006년에 독일의 최소한 16개 지방에서 유통되는 지역 통화의 가치가 대략 25만 달러라고 추산했다. 현재 이 가치는 60만 달러 이상일 것으로 추정된다.

이 네트워크의 창시자 가운데 한 사람의 전언에 따르면, "대안 통화 운동의 참여자들은 화폐 시스템의 변화를 원한다."[49] 실제로 독일의 지역 통화들은 화폐 이론가이자 사업가이며 무정부주의자인 실비오 게젤Silvio Gesell의 작업에서 영감을 얻었다. 그는 아르헨티나에서 발생한 1890년 공황을 목격한 뒤, 이자 없는 통화라는 생각을 최초로 발전시켰다. 대부분의 레기오겔트 통화는 체선료demurrage*의 원칙을 채택하고 있는데, 이는 시간이 흐름에 따라 통화의 가치가 떨어지도록 함으로써 사람들로 하여금 이자 수익을 바라고 은행에 적립해 두기보다는 곧바로 재화 및 서비스와 교환하도록 하는 유인을 만들게 된다. 이렇게 됨으로써 화폐는 '목적'이 아닌 '수단'이라는 애초의 역할로 돌아가며, 따라서 금융 투기의 여지를 줄이고 지역 기업들에 대한 투자를 촉진한다.

제한된 양의 화폐 순환이 인플레이션을 완화한다는 점에서, 이자 없는 통화는 재화와 서비스의 가격을 상대적으로 일정하게 유지시키는 이점도 있다. 그런 시스템은 부채가 초래하는 위험을 제한하기 때문에, 경제 상태가 좀 더 안정적으로 유지될 수 있는 비옥한 토양을 제공한다. 이와 반대로, 전통적인 화폐 시스템은 아무런 물질적 기반 없이 허공에서 인쇄되어 나오

● 화물선이 계약된 기간 내에 화물을 선적하거나 하역하지 못해 발생하는 손해에 대해 책정하는 배상금.

는 화폐에 따라 붙는 이자에 의존하게 하며, 따라서 전체 경제를 부채의 악순환에 빠트린다. 레기오겔트의 주창자들이 주장하듯, "대부분의 사람들은 화폐를 사용하는 동안, 자신들이 '부채의 덫'이라는 근본적으로 비민주적인 소비와 과소비의 체제를 지탱해 주고 있다는 사실을 알지 못한다."[50] 그들은 유럽 경제에서 대안 통화를 활성화함으로써 화폐가 무엇을 위한 것인지에 대해 유럽연합 차원에서 개방적이고 민주적인 논의 공간이 생기기를 희망한다. 탈성장 지지자들의 뜻에 공명하면서, 그들은 이제 민중들이 거시 경제정책의 궁극적 가치와 목표에 대해 말할 수 있는 시간이 왔다고 믿는다. 그렇게 되기 위해서는, 민중들에게 화폐를 통제할 수 있는 권력이 주어져야만 한다. 민중들이 화폐의 지배를 받는 것이 아니라 말이다.

샌드위치 모델

저명한 환경주의자 폴 호켄Paul Hawken에 따르면, 변화는 정치인들과 미디어가 대체로 무시하곤 하는 조용한 다수에 의해 추동되며, 그와 같은 변화가 인간 사회를, 그들의 생활환경 및 생태계와 관련해, 지속 가능성의 궤도 위로 되돌려 놓고 있다. 그의 견해에 따르면, 전환 기획과 탈성장 연합들 역시 좀 더 거대한 사회운동, 좀 더 거대한 역사의 몇몇 사례들일 뿐이다. 즉, 그것은 "자연의 섭리처럼, 아래로부터, 모든 도시와 마을 그리고 문화로부터 조직되고 있다."[51] 통일적인 이데올로기나 카리스마 있는 지도자가 부재하다는 점을 인정하면서도, 호켄은 이런 운동이 역사적인 사회운동들과 동일한 원리에 의해 움직이며 인류의 가장 훌륭한 일을 "매 순간 기적을 창조하는 살아 있는 지성을" 가지고 수행하고 있다고 확신한다.

이것이 지나치게 낙관적인 평가일 수 있겠지만, 이런 조직 중 일부가 GDP 성장으로 표상되는 지배적인 경제 모델과 그 '철창'의 재구성에서 주도적 역할을 해오고 있음은 의심의 여지가 없다. 공동 생산이라는 대안적인 방식과 새로운 소비 패턴에 대한 실험을 통해, 이들 그룹 가운데 일부는, 현대 환경주의의 선조 E. F. 슈마허의 말을 빌려 표현하자면, "영속성을 위해 설계된 생활양식"을 발전시키고 있다.[52]

동시에, 시민사회가 주도하는 대부분의 활동들과 마찬가지로, 이런 경험들은 거시 수준에서의 변화를 자극하기 위해 계속 분투하면서 규모의 문제 역시 고민하고 있다. 전환 기획들이 일부 국가들에서, 특히 유럽의 작은 지자체들에서 '실천적' 혁명을 매우 성공적으로 개시하기는 했지만, 지지 활동에 좀 더 깊숙이 결합하는 것을 꺼리는 태도는 결국 거시 경제개혁을 촉진하는 자신의 운동 역량을 제한할지도 모른다. 게다가 이들의 숫자와 자원이 커짐에 따라, 그들 프로젝트의 일부는 1900년대 협동조합 운동과 유사하게, 전통적인 경제 사업으로 변질되고 말 수도 있다. 탈성장 네트워크는 실질적인 정치적 관심을 이끌어 내야 함은 물론, 세계적으로도 의미 있는 존재로 인정받는 수준에 근접해야만 한다. 네트워크가 정치적 선언을 시작하고 (지방)선거에 참여했을 때, 2011년 프랑스에서처럼, 당선자를 배출하지 못했음을 감안하면 말이다.

마찬가지로, 모든 대안 통화들이 화폐 시스템의 재고를 목표로 하는 것은 아니다. 이 가운데 일부는 단지 경제 침체 시기의 생존 전략일 뿐인 경우도 있다. 이미 과거에도 그랬듯이, 이런 지역 통화 가운데 일부는 일단 국가가(그리고 그 지역공동체들이) 평상시의 경제 상태로 돌아가면, 곧 사라지게 될 것이다. 더욱이, 도덕적 해이의 위험은 대안 화폐에서도 예외가 아니다. 예를 들어, 미국에서 만들어져 15만 명 이상의 이용자들 사이에서 유통된 민간 통화 리버티 달러Liberty dollar는 사기와 위조 문제로 2011년에 사라지게 되었다. 그런 만큼, 지역 통화가 (특히 위기에 처한 유럽에서) 현재 인기를 구가하고 있지만, 그들의 미래 역할과 확산력은 여전히 불투명하다.

물론, 이 모든 기획들은 실천적인 차원에서 중요한 공헌을 했다. 즉, 이들은 대안적 생활양식이 가능할 뿐만 아니라, 바람직함을 보여 줌으로써 선입견과 관행적 지식에 도전했다. 사상과 이론은 그 자체로 움직일 수 없다. 걸어 다닐 다리를 필요로 한다. 풀뿌리 운동들은 그와 같은 변화가 처음에는 지역적으로 성취되고, 그다음에는 위쪽으로 옮겨 가는 '상향'trickle-up 과정을 위한 매우 비옥한 토양을 제공하고 있다.

이것이 워싱턴의 지구정책연구소Earth Policy Institute 소장 레스터 브라운이 '샌드위치 모델'*이라 부른 것이다. 급속한 그리고 역사적인 진보를 위한 이런 이상적 상황은 대개 "변화를 바라는 풀뿌리 압력의 상승이 같은 변화를 추구하는 국가적 지도력과 합쳐질 때" 생겨난다.[53] 대개의 사회 개혁들은 사회가 티핑 포인트에 도달하거나 중요한 분기점을 넘어갈 때 가능해지며, 변화는 일단 시작되면 속도를 더하게 되고 종종 예측 불가능하

• 레스터 브라운은 『우리는 미래를 훔쳐 쓰고 있다』(이종욱 옮김, 도요새, 2011)에서 사회가 변화하는 방식을 파국적 사건으로 인해 사고방식과 행동 양식이 바뀌는 진주만 모델, 장기적인 점진적 변화를 통해 티핑 포인트에 이르는 베를린장벽 모델, 풀뿌리 운동과 정치 지도자의 지지가 결합되는 샌드위치 모델로 구분한 바 있다.

게 되기도 한다.

아르헨티나 사례가 보여 주듯, 위기들은 기회의 새로운 창문을 열어 줄 수 있다. 위기를 거치면서 시민들과 정책가들은(또는 최소한의 인지 능력과 누구나 가질 법한 궁금증을 갖고 있는 이들이라면) 전통적 사고가 세워 놓은 현실 안주의 베일을 꿰뚫어 볼 수 있게 된다. 그다음의 의미 있는 변화를 촉발하는 데 필수적인 대중적 지지를 만들어 내는 것은 베일 너머를 보게 된 사람들의 몫이다. 우리 사회들은 경제 위기뿐만 아니라 기후변화와 사회불안에 이르기까지 여러 겹의 위기가 세계를 황폐하게 하고 있는, 유사 이래 가장 확연한 티핑 포인트에 도달했다. 이는 다수의 진보적 지식인들과 시민사회 활동가들이 기다려 온 순간일지도 모른다.

결론. 패권과 저항

유한한 세계에서 기하급수적 성장이 영원히 이루어질 것이라고 믿는 사람이 있다면
그는 미친 사람이거나 경제학자다.
___케네스 볼딩

일말의 진실이 커다란 거짓말보다 낫다.
___레오나르도 다 빈치

1966년, '성장하는 경제에서 환경의 질'Environmental Quality in a Growing Economy
에 관한 포럼에서, 미국의 경제학자 케네스 볼딩Kenneth Boulding은 GDP 경
제를 카우보이 경제에 비유하는 논문을 발표했다. 여기서 카우보이는, 일
반적으로 '분별없고 착취적이며 낭만주의적이자 폭력적인 행위'를 수반하
는 '무한한 평원'의 상징이다.[1] 카우보이 경제에서 생산과 소비는 최고의
가치로 간주된다. 경제의 성공은 총처리량으로 측정되는데, 이 가운데 일
부는 "원재료 및 비경제적 대상들로부터 추출"되며 또 일부는 "오염의 저
수지로 흘러들어 가는 산출물"이다. 이와 반대로, 그는 우리가 필요로 하

는 것은 "우주인"의 경제인데, 여기서 지구는 "추출을 위해 쓰이든 오염을 위해 쓰이든 그런 무한한 저수지 따위는 없는, 하나의 우주선"으로 가정된다. 이 시나리오에서 인류는 "물질적 형태의 끊임없는 재생산이 가능한 순환적 생태계 속에서" 살아야 한다. 우주인 경제에서 처리량은 결코 바람직한 것이 아니며 "최대화가 아니라 최소화되어야 할 것"으로 간주되어야 한다. 본질적으로 경제의 성과는 생산과 소비의 양이 아니라, 인간과 자연자원의 성격, 수준, 질 그리고 복잡성으로 측정될 것이다. "우주인 경제에서, 우리의 주된 관심사는 재고량의 유지이며, 줄어든 처리량으로(즉, 더 적은 생산과 소비로) 주어진 총재고를 유지할 수 있는 기술적 변화가 확실히 이로운 것이 된다."

2012년에, IMF의 전직 수석 경제학자이자 2011년의 금융경제학 부문 도이체방크상을 받은 경제학자 케네스 로고프Kenneth Rogoff는 "성장의 정언 명령을 재고한다"Rethinking the Growth Imperative라는 제목의 칼럼에서 현대 거시 경제학이 빠르고 끊임없는 GDP 성장을 '정책의 모든 것이자 궁극의 것'으로 오래도록 간주해 왔음을 개탄했다.[2] 지금의 금융 및 경제 위기의 근원을 돌아보면서, 그는 "그 근원에는 어떤 부조리가 존재하고 있다. 장기적인 평균 소득 성장을 영속적으로 극대화하는 것에 집착하며, 여타의 위험 요소나 고려 사항들을 간과하는 것이다"라고 결론 내렸다.

최근 GDP '회의론자'들의 수가 증가했다고는 하지만, 여론 주도층과 영향력 있는 경제학자들 다수는 여전히 경제성장의 경이를 칭송하고 있다. 무척 흥미로운 점은, 오늘날 GDP를 비판하는 이들 가운데 일부는 몇 년 전까지만 해도 GDP를 가장 열렬히 숭배하던 이들이었다는 것이다. 사회심리학자들이라면 GDP의 역사적 성공의 이유를 아마도 '집단 사고'라는 용어로 설명하려 할 것 같다. 이 용어는 [주변 동료들의] 과도한 압력으로 말미암아 정신적 효율성, 현실 검증 그리고 도덕적 판단이 흐려질 때, 집단에서 이루어지는 잘못된 의사 결정을 의미한다.[3] 실제로, 특히 폐쇄된 서클 내에서 발생하는 집단 사고의 동학을 살펴보면, 사람들은 그 서클에서 일반적인 합의라고 간주되는 것으로부터 벗어나는 것에 대한 두려움 탓에 자기 검열을 하게 된다. 그리고 이는, 여러 논리적 문제가 있음에도 불구하고, 관습적인 지식을 강화하고 수용된 규범에 대한 믿음을 강화한다. 이런 현상은 자신들의 지적 '우위'를 옹호하면서, 동료 집단 이외에는 그 어떤 압력도 받지 않는 전문가들 사이에서 특히 많이 발생한다. 동료들로부터 인정받고 싶어 하는 이 같은 항상적 욕구는 의문을 제기하고 대안적 가능성을 제시할 능력을 제한하곤 하는데, 혹여 그랬다가는 동료들로부터 조롱을 당하거나 따돌림을 당할지도 모르기 때문이다. 전능함과 만장일치의 신화, 자기가 속한 집단의 내재적 도덕성에 대한 믿음, 외집단에 대한 편견 어린 시각과 반대파에 대한 조롱 등에서 집단 사고의 징후들을 발견할 수 있다.[4] 역사학자 토니 주트가 언급했듯이, 사회는 그런 현실 안주 때문에 막대한 비용을 치르게 된다. 실제로, 불만이나 반대가 결코 허용되지 않는 폐쇄된 의견 집단은 "새로운 도전에 열정적으로 그리고 창의적으로 대답할 수 있는 역량을 상실한다."[5]

영국 여왕이 2009년에 런던정경대학을 방문한 자리에서 그녀는 왜 어느 경제학자도 2008년의 금융 위기를 예측하지 못했는지 물었다. 사실 리먼브러더스가 파산하기 오래전부터, 부채 누적과 금융 시스템의 불안정성에 대해 경고해 왔던 경제학자들, 시민사회 활동가들, 대중적 지식인들이 있었다. 심지어 이미 2006년 초에는, 위기가 임박했음을 고발하는 몇몇 다큐멘터리 영화까지 상영되었다.[6] 하지만 경제학계와 그 수장들은 이 같은 경고를 들으려 하지 않았다. 질문에 대한 답변으로, 여왕은 일군의 저명한 경제학자들이 서명한 편지 한 통을 받았다. 편지는 경제학계가 "부인否認의 심리학"에 의해 이끌리고 있었으며, 이 같은 부인의 심리학이 금융 세계에 만연해 있는 "자만심과 결합된 소망적 사고wishful thinking"에 둘러싸여 있는 경제학자들의 분석 능력을 옥죄고 있음을 인정했다. 그리고 이렇게 마무리 지었다. "폐하, 위기의 시점과 범위 그리고 심각성을 예측하고 차단하지 못한 데에는 많은 이유가 있겠으나, 주되게는 영국뿐만 아니라 전 세계적으로 다수의 명석한 사람들의 집단적 상상력이 체제 전체의 위험성을 이해하는 데 실패했기 때문입니다."[7]

노벨상 수상자 폴 크루그먼 역시 경제학 서클을 지배하는 집단 사고의 동학을 알아차렸다. 『뉴욕타임스 매거진』에 실은 장문의 사설에서 그는 합리적 행위라는 가정에 도전하고, 금융시장을 신뢰할 수 있다는 믿음에 도전하며, 경제에 파괴적 결과를 미쳤던 금융 위기의 오랜 역사를 지적한 몇몇 경제학자들이 있었다고 인정했다. "하지만 그들은 시류를 거스르는 셈이었고, 지금 돌이켜 보면, 당시에 만연했던 아둔한 현실 안주에 맞서기에는 역부족이었다."[8] 집단 사고의 방향타는 카리스마적 지도자들이 쥐며, 이 분야의 '집단 초병'mindguards*으로 행세하는 권위자들은 이를 승인한다.[9] 이런 집단 초병들은 정보 필터의 역할을 하면서 소속 집단에 제한된

---

* 집단 사고의 다양한 증상 가운데 하나로, 집단 초병은 한 집단 구성원들이 자체적인 방어기제의 일환으로 외부의 반대 정보 등을 적극적으로 차단하는 것을 말한다. 이는 구성원들이 스스로를 집단의 이익을 옹호하는 초병으로 생각하는 경우에 발생한다.

정보를 제공하고, 의식적으로 또 무의식적으로, 어느 정도 정교한 전략을 다양하게 활용해 반대파를 제어하며, 의사 결정이 특정한 그리고 제한된 범위의 가능성 내에서 이루어지도록 유도한다. 그 결과 완전히 잘못된 시각이, 이를 받아들이는 사람들이 비록 유명한 학문적 조류를 이어받고 좋은 경력을 가진 이들임에도 불구하고(또는 오히려 그 때문에), 무조건적으로 받아들여지는 것이다. 이런 집단 패거리 정서에 영향을 받아 전문가들은 비판적이거나 경고를 보내는 목소리들을 의식적으로 무시하게 된다. 이는 때로 자신들의 지위와 분과 학문을 방어하기 위한 목적으로도 일어난다. 요컨대, 그들은 권력의 장악력을 강화하기 위해 골몰하며, 많은 경우에 성공한다. 경제 위기를 해결하는 임무를 맡은 오바마 행정부의 주요 인사들만 보아도 그렇다. 십여 년간 부인의 문화를 이끌고 거기서 이익을 누린 바로 그 '전문가들'이 다시 한 번 권력을 쥐고 있는 것이다.

GDP의 발명이 경제학자들에게 사회와 정치에서 주된 역할을 부여했음은 의심할 여지가 없다. 이 책에서 소개한 몇몇 비판적 목소리들에도 불구하고, 주류 경제학자들 사이에서는 동조 현상이 만연했다. 그리고 이런 전략적 만장일치의 태도는 다른 사회과학들과 대비되는 분과 학문으로서 경제학의 입지를 강화하는 데 도움을 주었다. 정치와 사회 분석에서 진보를 어떻게 규정하고 측정할 것인가에 관한 합의가 부재함을 개탄하면서 내 동료 가운데 한 명은 이렇게 말했다. "적어도 경제학자들은 모두 GDP의 극대화를 경제 발전의 궁극적 목표로 삼는 데 동의하거든. 다른 사회과학자들은 동의하는 게 뭐가 있지?"

1941년에 쿠즈네츠는 국민소득의 계측은 항상 "암묵적인 또는 명시적인 가치판단에 의해 영향을 받기" 때문에, 도덕적으로 중립적인 과정으로 간주되어서는 안 된다고 인정했다. 그는 자신의 피조물이 경제학자와 통계학자들에 의해 환영받는 열광적인 분위기를 목도하면서 이렇게 생각했다.

> 국민소득에 대한 경험적 저술들이 만들어 낸 만장일치에 가까운 분위기는, 대체로 계측자들이 특정한 사회철학은 무의식적으로 받아들이고 있음과 동시에, 계측들이 실은 논쟁적인 범주들에 의해 영향 받는다는 것을 드러내는 중요한 문제들을 그들이 태생적으로 회피하려 하기 때문이다.[10]

하지만 논란의 여지없이 확고한 진실을 필사적으로 추구하는 이 세계에서, 국민소득 통계의 발전은 경제학을 인간 사회에 대한 철학적 성찰(대체로 일화적 증거와 근사치에 근거하곤 하는)에서, 불변의 법칙과 완벽한 모델을 특징으로 하는 하나의 '경성' 과학hard science으로 바꾸어 놓았다. 1600년대 후반 윌리엄 페티의 계산이 정치경제학을 수학과 같은 완벽한 과학으로 바꾸는 것이 목표였다면, GDP를 경제적 진보의 표준 잣대로 체계적으로 채택하는 일은 이를 넘어서는 것이었다. 즉, 경제학을 모든 분과 학문 가운데 가장 강력한 학문으로 만든 것이다. 경제학자들은 자신들의 독립적인 인식론적 지위를 주장했고, 경제학이 전례 없는 대중성을 획득하며 사회 전체로 퍼져 나가면서 새로운 강좌들이 만들어졌다. 학생들은 경영대학원으로 모여들었고, 이것이 '중요한' 그리고 엄청난 보수를 받는 일자리를 얻는 최선의 길로 간주되는 관행이 생겨났다.

이때부터 경제학자들은 여론 주도층, 정부의 자문역 그리고 인기 있는 상담자가 되었다. 통계 기관이 GDP의 추계와 전망을 공식 발표하는 매 분기마다, 일군의 자칭 경제 '전문가들'이 미디어 이곳저곳에서 튀어나와

뉴스와 토크쇼를 주름잡는다. 그들은 지속적인 경제성장이 일자리 창출에 핵심적이라고 말하며 경제 성과를 향상시킬 수많은 요리법을 제시한다. GDP가 올라가면 그들은 환호한다. GDP가 내려가면 그들은 비통해 하며 정치 지도자들에게 경제를 일으키는 데 별다른 역할을 못했다며 비난을 퍼붓는다.

GDP 시대에는 이해 상충conflicts of interest*이 빈발했다. 경제학계의 많은 연구자들이 자신의 자리를 떠나 워싱턴, 런던, 프랑크푸르트로 날아갔다. 좀 더 최근에는, 베이징과 싱가포르에 다시 자리를 잡았다. 그들은 공기업, 사기업 그리고 이른바 공익 재단의 이사로 정기적으로 임명된다. 각국 정부는 그들을 고용해 거시 경제정책과 성장 전략에 대해 자문하도록 한다. 다국적기업들은 그들에게 상당한 비용을 지불하며 자신의 시장 장악력을 키우고 경쟁 우위를 확보하고자 한다. 그들은 IMF와 세계은행을 비롯해 빈국의 개발을 지원하는 수많은 지역 기구들에 이르기까지, 국제 기구들의 자리를 꿰찼다. 한마디로 말해, 그들은 역사를 통틀어 가장 강력한 패러다임을 건설하는 데 성공했다. GDP 성장이 만병통치약이라는, 대량생산과 대량 소비가 발전의 동의어라는, 그리고 그것이 모든 나라가 추구해야 할 목표라는 것 말이다.

탈성장 이데올로그 세르주 라투슈에 따르면, 오늘날 새로운 영웅들은

● 개인의 사적인 이해관계가 자신이 맡고 있는 업무 또는 공공이나 타인의 이익과 서로 상충되는 상황을 말한다. 예컨대, 공직에 취임한 CEO의 경우, 자신이 몸담고 있는(혹은 몸담았던) 기업의 이익과 공공의 이익을 우선해야 하는 공직자로서의 의무가 서로 충돌한다. 미국에서는 일정한 지위 이상의 공직에 취임하는 사람들의 경우, 이해 상충이 발생하는 상황을 방지하기 위해 자산을 '블라인드 트러스트'에 신탁하도록 되어 있다.

대부분 "경영대학원, 좀 더 정확히 기술하자면 '경제 사관학교'의 산물"이다.

이 전략가들은 비용을 외주화하기 위해 그들이 할 수 있는 모든 것을 다할 용의가 있으니, 그 부담은 그들의 피고용인, 그들의 하청업자, 남반구 국가들, 그들의 고객들, 국가와 공공서비스, 미래 세대, 그리고 무엇보다도 자원의 공급원이자 쓰레기통이 되어 버린 자연이 짊어지게 된다.[11]

흔히 미국의 통계학자 W. E. 데밍이 측정하는 것to measure은 관리하는 것to manage이라고 말했다고 (그러나 아마도 부정확하게) 전해진다.* 데이터의 급증으로 숫자를 생산하는 이들에게 의사 결정을 근본적으로 의존하게 되었듯이, 이는 많은 부분에서 진실이다. 하지만 GDP는 그저 하나의 숫자가 아니다. 이는 **절대숫자**the number다. GDP 통계의 경우, 측정하는 것to measure이 **지배하는 것**to rule인 이유가 바로 이것이다. 아주 그럴싸하게 말하자면, 이 영어 단어는 측정과 권력 사이의 이런 긴밀한 연관을 뒷받침한다. 'ruler'는 실제로 정부의 수반(군주, 독재자 또는 민주적으로 선출된 대통령)일 수도 있고, 선을 긋고 길이를 잴 때 쓰는 겉보기엔 무해한 직선자일 수도 있다.

GDP의 발명은 경제학(그리고 경제학자)이 사회의 가장 강력한 힘이 된 시기를 나타내기만 하는 게 아니었다. 그것은 시장 지상주의의 새 시대가

---

* 흔히, 사람들은 데밍이 이와 같이(즉, 측정할 수 없으면 관리할 수 없다고) 말했다고 인용을 하며, 관리·경영을 위해서는 모든 것을 측정하고 수치화해야 한다고 말하곤 한다. 하지만 데밍은 가시적인 숫자에만 근거해 회사를 운영하는 것을 서구 경영학의 일곱 가지 치명적 질병 가운데 하나로 꼽았다. 그러면서 그는 수많은 중요한 요소들은 "알려져 있지 않고 알 수 없다", 특히 "가장 중요한 것들은 측정할 수 없다"라고 지적한다.

열렸음을 의미했다. 경제성장이 정치의 가장 중요한 목표가 되면서, 성장의 '생산자들'은 마침내 그들이 무소불위의 지도력을 발휘하는 시대에 접어들었음을 알게 되었다. 국민소득 통계에 따라, 각 산업은 국가의 부에 대한 자신의 기여분을 자랑할 수 있었고, 그 기여만큼의 몫이 대중적으로 인정될 것을 요구했다. 더욱이, GDP가 산업 생산의 부정적 외재성을 가려 줌으로써, 모든 산업들(특히 대량 오염 유발자)은 일종의 주름 제거 수술 같은 화장으로 비난을 피할 수 있게 되었다. 이 통계적 자동 세탁기 덕분에 그들의 '나쁜 점'은 마술처럼 사라졌고, 사회는 '만들어지는' 돈만 볼 수 있게 되었다.

GDP는 모든 정책가들이 골몰해 온 문제인 고용정책도 근본적으로 재설계하도록 했다. 경제성장이 좀 더 많은 고용 기회를 의미한다고 관행적으로 전제됨에 따라, 정치인들은 기업의 마술적 힘에 굴복했다. "경제에 돈을 퍼부으면 성장이 일자리를 창출할 것이다"라는 말이 전 세계적으로 정부 지도자들의 격언이 되었다. 발전 국가(중앙정부가 거시 경제계획을 통괄하는)와 자유 시장(기업이 선도하고 정부의 활동은 대체로 몇몇 형태의 규제에 국한되는) 사이의 개념적 경계는 점점 더 희미해졌다. 한편으로, 강력한 기업 부문이 경제성장을 지탱하는 데 핵심적인 역할을 수행함에 따라, 중앙 정치 엘리트들은 권력과 권한을 기업에 양도하지 않을 수 없었다. 비록 정부가 이를 대가로 기업들에 대해 일정한 유형의 형식적이거나 실질적인 감독을 행하더라도 말이다. 다른 한편, 더욱 높아진 성장 목표를 달성하는 과제는 기업들에게 경제에 대한 더욱 강력한 공적 투자를 요구할 수 있는 기회를 제공했고, 이는 이른바 자유 시장 사회에서, 엄청난 규모의 정부 지출 프로그램과 막대한 규모의 기업 보조금을 낳았다. 원리는 간단하다.

만약 GDP 성장이 사회가 원하는 것이고 기업이 이를 달성하는 수단이라면, 기업은 그들이 행하는 가장 중요한 사회적 역할에 대해 마땅히 보상을 받아야 한다는 것이다.

노동조합 역시, GDP의 덫에 빠져들었다. 일자리를 지키기 위해 그들은 기업과 정부 모두에게 역사적 양보를 했다. 서구에서 이는 더 많은 규제 완화와 기업에 대한 느슨한 법 적용을 의미했다. 동구에서 이는 국가가 통제하던 산업들에게 자유재량권을 쥐어 주게 했다. 여러 수준에서, GDP 성장 주도의 고용정책에 대한 묻지 마식 집착은 노동조합들을 '사회적 보수파'의 주체로 바꿔 놓았고, 이들을 시민사회 내의 좀 더 진보적인 그룹들과 분리시켰다. 특히 생태 운동과의 사이에 쐐기로 작용해 서로 거리가 멀어지게 만들었는데, 이는 더 엄격한 환경 규제가 일부 산업 부문에서 성장을 멈추게 하거나 둔화시킨다는 이유에서 노동조합들이 환경 규제를 노동력에 대한 위협으로 해석한 탓이었다.

말할 것도 없이, 기업들은 이와 같은 유형의 불신을 사회 각 부문에 퍼트렸고, 그러면서 지구화된 노동시장이 제공하는 이점을 최대한 활용하기 위해 온갖 일들을 자행했다. 거의 언제나, 그들은 엄격한 환경 법제에 반대하고, 노동자 조직들에 고삐를 채우기 위해, 규제가 느슨한 국가로 사업을 이전하겠다고 위협하는 전략을 활용했다. 아마도 은밀히, 이들은 자신들의 경영전략에 이와 같은 협박을 제도화해 왔을 것이며, 이는 사회 전반에도 내재화된 현실이었다. 결과적으로, 대부분의 노동조합들과 수백만 명의 노동자들이 GDP 성장을 막무가내로 옹호하게 되었다. 예일대 명예교수 찰스 린드블럼이 1982년에 썼듯이, 경제성장은 시장을 '감옥'으로 만들었다. 기업의 지배력을 제한함으로써 성장의 정언명령을 재고하려는 모든 시도에는 "즉시 — 신속히 — 실업이라는 징벌이 뒤따른다." 이런 형식의 징벌은 그저 사후 대응적인reactive 것이 아니라고 린드블럼은 주장했다. 이는 일종의 "전망적 징벌"로, 정책 결정에 대한 적극적 개입이 된다. 즉, 일정한 유형의 변화가 일어날 것이라고 넌지시 제시하는 것만으로도, "자동적 징벌 발생"이라는 즉각적 공격의 효과를 거두게 되는 것이다.[12]

GDP는 그저 통계적 계량법이 아니다. 그것은 사회를 조직하는 방식을 대표한다. GDP는 하나의 중립적 숫자라기보다는, 하나의 강력한 정치적 도구다. 그 기원과 발전은 지난 세기의 가장 중요한 정치투쟁들과 긴밀히 얽혀 있다. GDP는 제2차 세계대전 시기 '전쟁 기계'로 처음 도입되어, 미국이 내부 소비를 줄이지 않고도 국내 경제와 국외의 전장이라는 두 개의 전선에서 전쟁을 수행할 수 있는 역량을 갖추고 있는지 파악하게 해주었다. 그다음엔 자본주의와 소비에트 제국 사이의 냉전 시기 동안 선전 도구로 활용되었다. 당시에 지속적 경제성장률의 달성은 단지 산업 생산의 증진 정도가 아니라 더 나은 생활양식의 성취라는 의미로 선전되었다. 한편으로, 소비에트연방은 GDP 계량법을 거부하고 대체로 마르크스주의 경제학 이론에서 도출한 다른 경제 계정 모델을 채택했다. 또한 소비에트연방은 경제성장을 자극하는 적극적 정책을 통해 서구 나라들에 도전했고, 세계에서 가장 높은 발전 수준을 달성했다고 주장했다. 다른 한편, 미국은 소비에트의 통계를 신뢰하지 않았고 소비에트연방의 자칭 경제 기적의 배후에는 정치적 조작이 있음을 증명하기 위해 갖은 노력을 다했다. 통계 계정에서 이런 차이는 정보기관과 경제 전문가들이 참여하는 가상 전쟁을 촉발했고, 이것이 소비에트연방의 몰락으로 끝을 맺게 되자 GDP는 마침내 승리를 거두고 경제 성과를 측정하는 유일한 국제적 표준으로 등극했다.

GDP의 역사는 권력 추구의 역사로, 오늘날 우리의 정치 생활에까지 여전히 영향을 미치고 있다. 하버드 대학의 역사학자 폴 케네디는 그의 영향력 있는 1989년 저서 『강대국의 흥망』The Rise and Fall of the Great Powers에서 한 나라의 부와 생산력(어쨌든 그것의 현재적 형태와 내용)은 그 나라가 전 세계에서 차지하는 지위를 결정하는 핵심 요소 가운데 하나라고 결론지었다.[13] 이는 지난 수십 년간 지구적 거버넌스가 어떻게 형성되었는지를 살펴본다면, 동의하지 않을 도리가 없는 결론이다. 세계는 GDP 성적을 기반으로 선별된 국가 위계에 의해 지배되어 왔으며, 이는 전통적으로 미국이 주도했다. 지지부진한 유럽 경제들처럼 영광의 자리에서 떨어진 이들은 점점 더 버림받은 신세로 취급받는다. 이른바 '개발도상' 국가들처럼 괄목할 만한 성과를 내지 못하는 이들은 결코 무도회장에 초대받지 못한다. 지금은 모든 시선이 소위 신흥 권력들에 쏠려 있다. 왜인가? 그들이 굳건한 GDP 성장률을 통해 세계경제를 지탱하고 있기 때문이다. 물론, 이 같은 지위 달성에 내재된 생태 파괴나 사회의 궁핍화 같은 측면의 비용은 신경 쓰지 말아야 한다. 볼딩의 말을 빌자면, 세계는 여전히 카우보이가 이끌고 있고, 평원은 끝이 없어 보이며, 황금광의 열정은 인간의 탐욕을 부채질하고 있다.

하지만 상황은 바뀌어 가고 있는 것 같다. 대침체의 발발은 이중의, 잠재적으로 모순적인 영향을 끼쳤다. 한편으로, 일부 진보적인 세계 지도자들과 여론 주도층들이 GDP의 '어두운 면'을 응시하도록 했다. 이는 경제적 성과와 사회적 안녕의 측정에 대해 여러 위원회의 열정적 작업과 연구 및 보고서 발간을 촉발했으며, 이 가운데 일부는 2008년의 금융 붕괴를 사실상 예측했다. 다른 한편으로, 광범한 실업과 사회적 불만은 GDP 성장을 현재의 경제 침체에서 벗어나는 유일한 길로 바라보는 보수 세력을 재무장시켰다. 그들이 보기에, 지금은 GDP 패러다임(세계가 필요로 하는 것은 더 많은 그리고 더 빠른 성장이라는)에 도전할 때가 아니다. 이런 소비 옹호자들이 보기에 정부는 사람들이 쇼핑 경쟁으로 돌아가도록 만들 (어떻게든 가능한) 방법을 찾아내야만 한다. 침체에 빠진 몇몇 유럽 정부들이 공휴일을 줄이려는 발상을 만지작거리고 있는 것은, 바로 이 같은 생산성 진작 요청 때문이다.

일부의 경우 유력한 기구들이 이런 두 가지 시각을 결합해 보려 했지만, 결과는 신통치 않았다. 예를 들어, 유럽연합의 유럽 2020 전략(유럽연합이 2010년에 발표한 향후 10년간의 성장 전략은 [3대 정책 방향으로] "현명하고smart, 지속 가능하며sustainable, 포괄적인inclusive 성장"을 자랑스레 내걸었다.[14] 그러나 저탄소 경제(다수의 회원국은 여전히 이 목표에 미달하고 있다) 건설에 전념한다는 선언에도 불구하고, 이 같은 매우 전향적인 목표는 그동안의 관행적 지식을 진지하게 재검토한 것이라기보다는 정치적 편의의 결과물이다. 이들은 대개 모호하게 정의된 안녕의 지표들을 거시 경제계획에 통합시킬 것을 요청하지만, 여전히 정책 결정의 기준점은 전적으로 GDP에 의존하고 있다. 더욱이, 이들은 개선된 GDP를 통해 불균형과 부정의를 초래하지 않고도 경제 발전이 이루어질 수 있다고 주장함으로써, 성장과 부정적 외부성을 탈동조화할 수 있다는, 논란의 여지가 많은 주장에 머물고 있다.

이런 두 가지 대조적 시각 가운데 결국 어떤 것이 승리할 것인지를 예측하기는 어렵다. GDP 통계를 수정하려는 관심이 여전히 일부 존재하긴 하지만, 위기가 심화되면서 (특히 미국과 유럽에서) 이런 문제의식이 여론에서 밀려날 위험에 처해 있다. 세계의 관심이 점점 더 신용 등급에 쏠리고 국가 부도 사태에 처한 나라들이 늘어남에 따라, 어떤 변화든 간에 기껏해야 겉치레에 불과할 것으로 보인다. 예컨대, 영국에서는 안녕을 측정하는 정부 계획에 대한 관심이 급증함에 따라, 국가 통계학자들은 네 가지 포괄적 질문을 통해 "당신은 어떻게 느끼는가"를 묻는 조사를 수행했다. 2008년에 프랑스 대통령이 설치한 고위급 위원회는 많은 전문가들에게 중요한 참조점을 제공했지만, 분명한 개혁을 (아직까지) 이뤄 내지 못했고, 이 웹사이트에는 2009년에 발표한 보고서 이후 추가적 자료가 올라오지 않고 있다. 게다가 2012년 대통령 선거에서는 대안적 접근 방식에 대한 언급 없이, 오직 GDP 성장을 둘러싸고만 논쟁이 전개되었다.

이런 기술적 시도들 대부분은 GDP의 근본적으로 정치적인 본성을 간과하고 있다. 순진함 때문이든 정치적 편견을 배제해야 한다는 의식 때문이든, 이런 시도들은 수학적 중립성이라는 외양 배후에 권력투쟁과 이해 다툼의 세계가 도사리고 있으며, 실질적 변화가 발생하기 위해서는 이런 사실이 파악되고 드러나야 함을 깨닫지 못한다. GDP는 그 대중화된 용법 속에서 사회적 구성물이자 헤게모니적인 정치 담론이 되었다. 오랜 시간 동안, GDP는 수많은 도전들을 견뎌 냈다. 지난 수십 년 동안 수많은 보고서가 쓰였고, 수많은 대안적 지표들 역시 생산되었다. 그러나 그 어느 것도, 적어도 아직까지는, 이 마술적 숫자의 권좌를 흔들 수 없었다.

GDP는 커다란 거짓말 위에 세워진다. 이 거짓말은 시장이 부의 유일한 생산자라고 말한다. 가격이 매겨지지 않는 것, 화폐에 기반을 둔 정형화된 금융 거래에 포함되지 않는 것은 그것이 우리 사회와 경제의 안녕에 얼마나 중요하든 간에 계산되지 않는다. 가격표는 GDP의 궁극적 상징이다.

끊임없는 생산과 끝없는 소비가 여기에 내재한 가치다. 내구성, 재활용성과 자가 생산은 최악의 적이다. 오래가는 것들은 GDP에 해롭다. GDP는 한 번 매겨진 가격으로만 계산될 뿐이기 때문이다. 이런 패러다임 속에서 가계는 소비자의 철창으로 환원된다. 만약 가족들이 두세 대의 텔레비전, 두 대 이상의 자동차, 값비싼 주방 기기와 끊임없이 교체되어야 하는 용품 일체를 갖고 있지 않다면, 그들은 공공연하게 조롱받는다. 그들이 쇼핑에 중독되어 있지 않다면, 그들은 국가 안보의 위협으로 간주된다.

모든 부의 궁극적 제공자인 자연은 노예의 지위로 평가절하된다. GDP는 인류에게 성장이 생산과 관련된 것이라는 환상을 가져다주었지만, 생산은 실제로는 하나의 이전으로 간주되어야 한다. 인류는 아무것도 생산하지 않는다. 단지 자연의 부를 화폐로 바꿀 뿐이다. 그것은 자연을 시장에 내다 파는 것인데, 이는 가장 타락한 시스템, 다시 말해 역사상 가장 재앙적인 폰지 사기Ponzi scheme[15]처럼 보인다. E. F. 슈마허에 따르면, GDP 패러다임은 "자신이 딛고 서 있는 바로 그 토대를 소비한다." 그리고 "즐겁게 써도 좋은 소득이라 생각하지만 실은 대체 불가능한 자본을 먹고산다."[16] 이런 환상이 창조된 과정은 2008년 금융 재앙을 초래한 서브프라임 모기지의 증권화와 비교될 수 있다. 바로 이 사례에서처럼, 우리는 상환 불가능한 대출을 (자연으로부터) 얻어 쓰고 있다. 얼마간은 자연을 끝없이 이어지는 일련의 소액 대출들로 잘게 자른 뒤(우리는 이를 생산이라 부른다), 이를 시장에 내다 팔아 화폐를 받는다(우리는 이 과정을 소비라 부른다). 이런 소액 대출들은 정부에 의해 패키지화되어, 다시 모든 이들에게 판매되는데, 그 비용은 오염과 환경 파괴이다. 우리가 자연에 지고 있는 부채의 대부분을 짊어져야 하는 것은 바로 가장 가난한 나라들이다. 특히 가뭄, 홍수 등 기후변화

관련 재앙들이 발생할 경우 그렇다. 하지만 궁극적인 채무자는 미래 세대가 될 게 분명하다. 그들은 사상 최고의 이자율을 부담하게 될 것이며, 그 채무는 본질적으로 갚을 수 없는 것이 될 것이다. 산업혁명이 시작된 이래 영국의 경제가 두 배로 성장하는 데 대략 60년이 걸린 것으로 추산된다. 20세기 시작 무렵 미국 경제가 두 배로 성장하는 데는 50년 정도가 걸렸다. 오늘날 몇몇 동남아시아 나라들은 10년마다 두 배씩 경제가 커지고 있다.[17] 수십 년 전만 해도 '미래 세대'라는 개념은 먼 것으로 느껴졌지만, 오늘날 우리들은 미래가 점점 더 빨리 다가오고 있음을 — 이런 성장률로 — 더욱 절실히 깨닫고 있다. 이는 바로 우리의 자녀 세대가, 자연이라는 채권자를 만나게 될 수 있음을 의미한다.

각종 매체들이 대침체가 초래한 금융·사회적 결과들에 전전긍긍하며 요란을 떨고 있지만, 현재의 경제적 혼란은 무한한 GDP 성장의 도그마가 초래하는 더욱 심대하고 광범한 체제 위기의 빙산 가운데 일각에 불과하다. 에너지자원은 돌이킬 수 없이 고갈되고 있다. 얼마 남지 않은 미개발 유정을 향한 국가 간 경쟁은 연료를 둘러싼 전례 없는 지구적 쟁탈전처럼 보인다. 기후변화로 만년설이 녹아내리자, 각국 정부와 석유 회사들은 북극해에서 유전을 개발하는 정신 나간 사업에 뛰어들고 있다. 반면에 귀중한 광물을 부여받은 국가들은 전쟁, 쿠데타, 부패와 테러리즘으로 황폐해져 가고 있다. 이런 나라들에서는, 지역공동체가 어찌 되든 이윤을 위해 무슨 짓이든 가리지 않는 채굴 산업들 탓에, 자원이 풍부한 땅은 오히려 저주가 되었다. 역설적이게도, 자연 자본이 풍부한 대부분의 사회들이 GDP 세계에서 가장 빈곤해졌다.

정의상, 유한한 자원을 지닌 행성에서 이루어지는 무한 성장은 지구적 정의와 양립할 수 없다. 적어도 그것이 위험천만한 제로섬 게임을 촉발하는 한 말이다. 마하트마 간디가 언젠가 말했듯이, 지구는 "모든 사람들의 필요"를 충족시킬 만큼 충분한 것을 제공하지만 "모든 사람들의 탐욕"에 대해서는 아니다. 기후변화는 이를 자명하고 단순한(그러나 대체로 기각되는) 진실로 만들고 말았다. 지구가 늘어나는 온실가스의 양을 더 이상 흡수하지 못하게 됨에 따라, 한 지역에서 이루어지는 성장은 다른 지역에서 이루어지는 동일한 양의 성장과 양립할 수 없게 되었다. 지구 마을은 지구 쓰레기장이 되었다. 지난 수년 동안, 임시방편으로 카펫 아래로 쓰레기를 쓸어 넣은 결과, 더 이상 카펫 아래 공간이 남아 있지 않게 된 형국이다. 우리가 계속해서 쓰레기를 파묻으려 한다면, 다른 곳에서 쓰레기가 터져 나올 수밖에 없다. 대부분의 선진국에서 성장의 필요성을 재삼 환기하는 것은 경제적으로 덜 발전한 사회들을 영속적 빈곤의 늪에 빠뜨리는 행위에 다름 아니다.

정치적 수준에서, GDP의 도그마는 민주주의도 피폐하게 만들었다. GDP는 기술 관료의 역할을 칭송했고, 정치를 전문가의 일로 만들었다. 늘어 가는 군비 지출에서 보듯, GDP는 폭력의 문화를 영속화했다. 또한 오염 산업의 오명을 씻어 주었다. 이들은, 국민 다수의 복지를 망가트렸다고 벌을 받기는커녕, 국민소득에 기여했다고 외려 큰소리를 치고 있다. 지구적 수준에서는, 참여의 공간을 줄이는 데 기여했으며, 거대 권력을 지닌 엘리트만이 에너지자원을 통제하고 지구적 거버넌스를 주무를 수 있는 시스템을 불가피하게 만들었다.

GDP는 우리 사회들에도 심대한 영향을 행사했다. 여가에 쓰이는 시간을 줄였고, 노동 부담을 증폭시켰다. 기술혁신이 반드시 더 나은 삶의 질을 의미하지는 않았다. 반대로, 그것이 삶의 복잡성을 더욱 증가시키기도 했다. 오늘날의 노동자들은 과거보다 한 시간에 더 많은 일을 해내지만, 그만큼 그들의 목표량 역시 상향되었다. 그들을 돕는 더 많은 기술과 더불어, 실제로 그들은 더욱 높은 생산성을 유지할 것으로 기대된다. 이는 증가하는 압력과 끊임없는 번아웃 상태라는 악순환을 만들어 냈다. 우리의 노동과 생활의 균형도 역시 돌이킬 수 없는 영향을 받았다. 더욱 많은 것을 직장 생활에 쏟아야 되면서 여성과 남성이 아이를 갖기 어렵게 만든다. 아이들은 바쁜 부모들과 함께하는 것보다 텔레비전 시청이나 비디오게임에 더 많은 시간을 보내곤 한다. 여가 시간의 활용 역시 오락 산업이 패키지로 만들어 낸 것에서 벗어나지 못한다. 무료로 이용할 수 있는 공공 공간이 줄어들면서, 여가를 활용할 여러 수단들이 감당 못할 정도로 비싼 것이 되어 버렸다. 쇼핑몰이 만남의 장소였던 공공 광장을 대체했다. 풍요 사회는 스포츠센터, 체육관, 풀장 등 다양한 사적 클럽들로 넘쳐 난다. 이제는 거대 메가스토어에서 구할 수 있는 일련의 '필수 불가결한' 도구들(값비싼 유니폼, 셔츠, 모자, 장갑, 선글라스 등) 없이는 야외 활동을 하는 게 사실상 불가능해졌다. 가장 간단하고 가벼운 육체 활동인 조깅조차 자원 집약적인 경험이 되었고, 마라톤은 수천 명이 자기 도시에 비닐봉지와 빈병, 유인물 등의 쓰레기를 버리는 집단히스테리 현상으로 바뀌었다.

GDP는 전쟁 도구로 고안되었다. 이 전쟁은 1945년에 끝난 것이 아니라 여전히 이어지고 있다. 이는 사회적 균형성, 자연환경 그리고 재생 불가능한 자원들에 대한 끊임없는 전쟁으로 변했다. 여기서 소비자들은 새로운 보병이 되었고, 이 전쟁은 궁극적으로 이 행성에서 우리 미래에 관한 전쟁이다. 린드블럼의 말을 빌면, GDP는 "정치와 경제에 대한 우리의 사고를 감옥에 가두었을" 뿐만 아니라,[18] 우리의 사회 환경을 재발명할 수 있는 우리의 능력도 포획했다. 그러나 "감옥이 있는 곳에는 탈옥수도 존재한다."[19] 이 해방의 과정 속에서 통계 체계의 개혁이 중요하긴 하지만 그것으로 충분할 리 없다. GDP 패러다임에 대한 믿을 만한 도전은 시민사회 그룹, 정당, 미디어, 부문 조직, 종교 집단, 그리고 그 외 모든 이들이 참여하는 사회의 열린 토론을 통해서만 가능하다. 이상적으로, 이 과정은 가장 산업화된 나라들의 시민들뿐만 아니라 덜 풍요로운 나라들, 특히 오늘날 세계 경제성장의 횃불이 된 새로운 신흥국가들의 시민들까지 포함해야 할 것이다. 단지 계측법뿐만 아니라 GDP에 내재하는 정치학도 근본적인 도전을 받아야 한다. 이를 위해 우선, 인문학으로서 경제학의 원칙과 역할을, 그리고 매우 중요하게는, 사회에서 경제학자들의 역할을 재고할 필요가 있다. 하지만 더욱 중요한 것이 있으니, 이는 우리의 정치 공간에 대한 근본적인 재전유를 의미할 것이라는 점이다. GDP에 대한 도전을 통해, 우리는 정치·사회·경제 제도들에 대한 통제력을 다시 획득할 수 있는 기회를 얻을 수 있다. 성장이라는 허구보다 삶의 창조성이 우위에 있다는 점을 재확인함으로써, 우리는 인류의 생존을 위해 싸우고 있다. 이는 우리 시대의 가장 중요한 투쟁이다.

옮긴이 후기

지난 해 연말 파리에서 열린 제21차 UN 기후변화당사국총회가 각국 대표들의 말잔치를 뒤로 하고 끝이 났다. 하지만 그 합의문이 실제로 기후변화를 막을 수 있을 것이라고 진심으로 믿는 이들은 많지 않은 것 같다. 산업혁명 이후 2도 이하, 가급적 1.5도 이하로 기온 상승을 막는다는 약속에도 불구하고 아무런 구속력 있는 이행 수단도 갖추지 않은 채 온실가스 배출 감축을 각국의 선의에 맡겨 놓은 것이 이번 협상의 실상이었다.

이런 느슨한 합의 결과는 진즉에 예상되었던 것이다. 협상의 전후 과정 자체가 선진국이든 후진국이든 각국의 경제성장 요구를 건드리지 않으면서 온실가스 감축을 달성한다는 기묘한 줄타기이기도 했거니와, 온실가스 누적과 환경 파괴가 배출권 거래나 다른 상쇄 수단으로 벌충 가능하다는 계산이 합의문 이면에 깔려 있었기 때문이다. 결국 인류의 생존을 둘러싼 거창한 국제 회의였음에도 더 많은 생산과 더 많은 소비를 하지 않으면 안 되는 경제 모델, 또는 더 단순히 말해서 '성장'의 정언명령은 공식 회의장에서 결코 심각하게 논의되지 않았다. 자연을 상품화하고 자연을 거래함으로써 자연을 지킨다는 역설적 논리, 기후변화를 또 다른 시장 기회로 삼기 위한 갖가지 사업 기획들이 그 자리를 대신했다. 파리 당사국총회의

난맥상은 기후 과학의 복잡성 때문이라기보다는, 기후변화의 원인이 된 바로 그 경제성장이라는 틀을 통해 세계를 이해하고 시장가격의 틀 속에서 인류의 위기에 대한 해법을 찾는 사고방식에서 기인한 것이었다.

로렌조 피오라몬티는 이런 성장의 정언명령의 핵심에 시장에서 거래되는 생산물 가격의 총합, 즉 GDP라는 개념이 작동하고 있다고 본다. GDP의 맹아는 상업 자본주의 시기 국가의 자산 측정으로까지 거슬러 올라가지만, 세계대전 중에 '전쟁 기계'로 발전해 서방 자본주의 체제에 승리를 안겨다 주며 가장 중요한 정책 지표로서 본격적인 체계를 갖추게 되었다. 나아가 제2차 세계대전 이후의 활황과 함께 GDP는 현대의 경제학을 만들고 정상적인 경제와 사회의 이미지까지 규정하게 만들었다. GDP는 경제생활의 한 측면을 드러내는 통계 숫자를 넘어 과학성, 객관성, 보편성, 나아가 현대성을 상징하는 지위를 차지하게 된 것이다.

피오라몬티가 생생한 사례들을 통해 보여 주듯 GDP는 거의 모든 나라에서 가장 중요한 가치 판단의 기준이 되었다. GDP가 향상되면 좋은 나라와 좋은 정부이고, GDP가 하락하면 나쁜 나라와 나쁜 정부가 되었다. GDP가 올라가야 개인도, 가족도, 복지도, 민주주의도, 생태계도 존속할 수 있다는 믿음이 우리의 머리와 가슴에 굳건히 자리 잡았다. GDP에 대한 몰입은 우파 정치인과 좌파 정치인, 경제계 인사와 노동조합 활동가, 북반구와 남반구가 다르지 않았다. GDP가 구체적으로 자신의 삶과 우리의 미래에 어떤 의미를 갖는지를 따져 보기도 전에, 어느덧 우리 모두에게 GDP는 영화 〈반지의 제왕〉에서 골룸이 "마이 프레셔스"My precious라 애타게 부르는 절대반지와도 같은 숫자가 된 것이다. 그리고 이 무소불위의 절대숫자가 좌우하는 현재의 사회를 이해하는 한 방법, 그것이 피오라몬티가 이 책에서 파헤친 'GDP의 정치학'이다.

이 책은 피오라몬티가 『숫자는 어떻게 세상을 지배하는가』How Numbers Rule the World(2014)보다 한 해 전에 쓴 *Gross Domestic Problem: The Politics Behind the World's Most Powerful Number*(2013)를 번역한 것이다. 2014년작이 모든 것을 비용과 편익으로 환원하는 현대의 통계학이 어떻게 경제뿐만 아니라 정치와 거버넌스를 지배하고 있는지를 폭넓게 살폈다면, 이 책은 GDP의 역사와 정치학 자체에 초점을 맞춘 덕에 두 책을 비교해 읽으면 좋을 것 같다. GDP의 '생산'Product을 '문제'Problem로 비틀어 붙인 원제의 느낌을 살리지 못해 아쉬움이 있지만, 책 전체의 취지를 감안해 한국어 제목을 붙였다.

특히나 이 책은 중국발 저성장 국면과 국제 유가 하락에 따른 경제 침체가 시작되고 있는 지금 시기에 곱씹어 볼 대목이 더욱 많으리라 생각한다. 피오라몬티가 살펴보고 있는 것처럼, GDP 개념의 한계와 문제점이 많은 사람들에 의해 지적되었고, 그 부분적인 개선이나 대안적 지표들의 개발도 이어지고 있지만, 우리 삶을 지배하는 절대적 논리로서의 GDP의 지위는 여전히 막강하다. 박근혜 정부가 주창한 '창조 경제'든 야당과 진보 정치 세력들이 주로 이야기하는 '소득 주도 성장'이든, 이전의 성장 추세를 정상적인 상태로 보고 어떻게든 저성장 국면을 탈출할 방법을 강구하려 한다는 점에서 비록 접근 방법과 각론은 다르다 하더라도 GDP 성장론의 자기장을 벗어나지 않는다.

하지만 지금 경험하고 있는 저성장 국면은 그것이 그런 성장 위주의 접근 방법들로 극복될 수 있는지, 설령 그렇더라도 그 성장이 바람직하거나 지속될 수 있는 것일지를 따져 볼 수 있는 절호의 기회이기도 하다. 예컨대 세계경제의 구조적 동학과 자원 및 환경의 제약 때문에 저성장이 불가피하다는 것을 받아들이고 사회적 연대와 취약 집단 보호를 통해 이에 적응하는 길이 더 현실적일 수 있다. 나아가 저성장이 비정상적이고 부정적인 것이 아니라고 보고 이를 적극적으로 소화하도록 개인이든 사회든 스스로를 변화시키고자 하는 입장을 취할 수도 있다. 피오라몬티가 결론에서 소개하는 다양한 '탈성장'degrowth 담론과 기획들이 바로 여기에 해당할 것이다.

파리 당사국총회의 다른 한 켠에서도 이런 흐름들이 힘을 얻고 있었다. 기후변화를 몇 가지 수치로 환원하고 이를 해결하기 위해 다시 몇 가지 수치를 합의하는 데 매달릴 것이 아니라, 현재의 전반적인 위기를 불러온 성장 강박과 GDP 이데올로기에서 탈출하지 않으면 안 된다는 인식과 대안적인 실천의 실험들이 기후정의 운동 진영에 광범하게 퍼져 가고 있는 것이다. 이런 흐름은 피오라몬티가 보여 주듯, 지역 통화, 협동조합, 퍼머컬쳐 등 이미 다양한 영역에서 싹을 틔워 가고 있다. 피오라몬티가 지침이 될 어떤 뚜렷한 결론을 제시하고 있지는 않아 아쉬울 수도 있겠지만, GDP라는 절대숫자를 의심하고 다르게 살기 위한 궁리를 서로 나누기 시작할 때 이미 GDP의 모래성은 무너지고 있는 것일지 모른다. 이 책과 더불어 GDP와 우리의 삶, 성장과 탈성장에 관한 더 많은 이야기가 터져 나오기를 기대한다.

2016년 1월

김현우

미주

서론. 세계에서 가장 강력한 숫자

1 IPCC, *Emissions Scenarios*(Cambridge: Cambridge University Press, 2000).

2 www.economist.com/debate/days/view/503#mod_module의 *The Economist Debates* 를 보라.

3 2007년 OECD 웹사이트의 첫 구절이 이것이었다. OECD, *Statistics, Policy and Know-ledge 2007: Measuring and Fostering the Progress of Societies*(Paris: OECD, 2008)도 참조. 인용구는 이 책의 뒷표지에서 따온 것이다.

4 A. Smith, *The Wealth of Nations*(London: Methuen 1904 [1776]), book II, ch. III, sect. II. 3. 1[『국부론』 상, 김수행 옮김, 비봉출판사, 2007, 405쪽].

5 Ibid. II. 3. 4[『국부론』 상, 김수행 옮김, 비봉출판사, 2007, 406쪽].

6 K. Marx, *Capital: A Critique of Political Economy*, Vol. II: *The Process of Circulation of Capital*(Chicago: C.H. Kerr, 1909 [1885]), III. XIX. 39[『자본 2』, 강신준 옮김, 길, 2010, 462쪽].

7 S. Kuznets, (1934) 'National Income, 1929~1932', 미 의회 73차 회의에 제출된 보고서, 상원 문서 124호, p. 7. 'National Income, 1929~1932', *NBER Bulletin* 49(1934/ 06/07), p. 1으로 재인쇄됨.

8 S. Kuznets, *National Income and Capital Formation, 1919~1935*(New York: National Bureau of Economic Research, 1937), p. 4.

9 Bureau of Economic Analysis, *Measuring the Economy: A Primer on GDP and the National Income and Product Accounts*(Washington DC: Department of Commerce, 2007)을 보라.

10 이 외에도 중요한 지표가 두 가지 더 있는데, 국민총소득(GNI)과 국내총소득(GDI) 이 그것이다. GNI는 GDP에서 생산과 수입에 대한 순과세와 국내에 거주하는 외국

인이 벌어들인 소득을 제외하고, 국외에 거주하는 자국민이 벌어들인 소득을 더한
것이다. GDI는 국내 생산을 통해 만들어지는 총소득의 구매력을 측정한다. 이는 종
종 정부와 중앙은행이 소득에 기반을 둔 경제활동을 측정하는 데 이용되며, 소득 접
근법을 통해 계산된 GDP에 해당한다.

11 T. Foertsch, 'A Victory for Taxpayers and the Economy', *Heritage Foundation*, 2006,
WebMemo#1082.

12 조지 W. 부시가 2001년 9월 27일 시카고 오헤어 공항 직원들에게 행한 연설, http://
georgewbush-whitehousearchives.gov/news/releases/2001/09/20010927-1.html
(검색일 2012/07/15); 'Britain needs you to Shop, says Blair', *Telegraph*(2001/09/28).

13 'Shopping is Patriotic, Leaders Say', *National Post*(2001/09/28).

14 'America's New War: Giuliani on Local Radio Show'(2001/09/21), 녹취는 NCC.
com에서 제공, http://transcripts.cnn.com/transcripts/0109/21/se.20.html(검색일
2012/07/15).

15 'Shopping is Patriotic, Leaders Say'.

16 F. Schneider and D. Enste, 'Hiding in the Shadows: The Growth of the Under ground
Economy', *Economic Issues* 30(Brussels: International Monetary Fund, 2002).

17 이 저자들의 말은 모두 A. O. Hirschman, 'Rival Interpretations of the Market Society',
Journal of Economic Literature 20(December 1982), pp. 1464-5에서 인용한 것이다.

18 A. Toynbee, *Lectures on the Industrial Revolution of the Eighteenth Century in England*
(London: Rivingstons, 1884), p. 84.

19 T. Carlyle, 'The Present Time', *Latter Day Pamphlets*, Issue 1, February 1850.

20 European Commission, *GDP and Beyond: Measuring Progress in a Changing
World*, 2009, COM/2009/0433 final.

21 J. E. Stiglitz, A. Sen and J.-P. Fitoussi, *Report by the Commission on the Measure-
ment of Economic Performance and Progress*, 2009 www.stiglitz-se-fitoussi.fr, p.
13[『GDP는 틀렸다: '국민총행복'을 높이는 새로운 지수를 찾아서』, 박형준 옮김, 동녘,
2011, 76쪽].

1장. GDP의 역사: 위기에서 위기로

1 N. Canny, *From Reformation to Resistance: Ireland, 1534~1660*(Dublin: Helicon, 1987).

2 A. Roncaglia, *Petty: The Origins of Political Economy*(Armonk, NY: M.E. Sharpe, 1985), p. 5.

3 M. Poovey, *A History of the Modern Fact*(Chicago and London: University of Chicago Press, 1998).

4 Ibid., p. 124.

5 W. Petty, *The Economic Writings of Sir William Petty*(Fairfield, NJ: Augustus M. Kelley, 1986), p. 53[『페티의 경제학』, 윤기중 옮김, 법문사, 2005, 55쪽].

6 Poovey, *A History of the Modern Fact*, p. 127.

7 Ibid., p. 127.

8 Petty, *The Economic Writings of Sir William Petty*, p. 454.

9 Ibid., p. 267[『페티의 경제학』, 윤기중 옮김, 법문사, 2005, 182쪽].

10 Poovey, *A History of the Modern Fact*.

11 Roncaglia, *Petty*.

12 V. Kapuria-Foreman and M. Perlman, 'An Economic Historian's Economist: Remembering Simon Kuznets', *Economic Journal* 105(433)(1995): 1524-47.

13 US Department of Commerce, 'GDP: One of the Great Inventions of the 20th Century', *Survey of Current Business*, January 2000, p. 6에서 인용.

14 C. S. Carson, 'The History of the United States National Income and Product Accounts: The Development of an Analytical Tool', *Review of Income and Wealth*, 21(2)(1975): 153-81.

15 Ibid.

16 Kapuria-Foreman and Perlman, 'An Economic Historian's Economist', p. 1530.

17 Ibid., p. 1531; Carson 'The History of the United States National Income and Product Accounts'.

18 C. S. Carson, 'The Conference on Research in Income and Wealth: The Early Years',

in Ernst R. Berndt and Jack E. Triplett(eds), *Fifty Years of Economic Measurement: The Jubilee of the Conference on Research in Income and Wealth*(Chicago: University of Chicago Press, 1991).

19 S. Kuznets, *National Income and Capital Formation, 1919~1935*(New York: National Bureau of Economic Research, 1937), p. 4.

20 NBER, *Studies in Income and Wealth*, Vol. III(New York: National Bureau of Economic Research, 1939).

21 Carson, 'The Conference on Research in Income and Wealth', p. 6에서 인용.

22 Ibid., p. 7.

23 Carson, 'The History of the United States National Income and Product Accounts'.

24 Kapuria-Foreman and Perlman, 'An Economic Historian's Economist'. R. Nathan, 'GNP and Military Mobilization', *Journal of Evolutionary Economics* 4(1)(1994): 1-16도 보라.

25 J. Lacey, *Keep from All Thoughtful Men: How US Economists Won World War Two* (Annapolis, MD: Naval Institute Press, 2011).

26 Carson, 'The History of the United States National Income and Product Accounts'.

27 Lacey, *Keep from All Thoughtful Men*, p. 88.

28 Ibid., p. 104에서 인용.

29 E. Lundberg, 'Simon Kuznets' Contribution to Economics', *Swedish Journal of Economics* 73(4)(1971): 444-59. Carson 'The History of the United States National Income and Product Accounts'도 보라.

30 US Department of Commerce, 'GDP', p. 8에서 인용.

31 C. Cobb, T. Halstead and K. Rowe, 'If the GDP is Up, Why is America Down?', *Atlantic Monthly*, October 1995, p. 6.

32 J. Rowe, 'Our Phony Economy', *Harper's*, June 2008.

33 J. K. Galbraith, 'The National Accounts: Arrival and Impact', in N.Cousins(ed.), *Reflections of America: Commemorating the Statistical Abstract Centennial* (Washington, DC: US Department of Commerce, Bureau of the Census, 1980), p. 80.

미주 **203**

34 NBER, *Studies in Income and Wealth*(New York: National Bureau of Economic Research, 1946)의 서문을 보라.

35 S. Kuznets, 'Government Product and National Income', in E. Lundberg(ed.), *Income and Wealth*(Cambridge: Cambridge University Press, 1951), pp. 184-5.

36 R. Higgs, 'Wartime Prosperity? A Reassessment of the US Economy in the 1940s', *Journal of Economic History* 52(1)(1992): 41-60.

37 Kapuria-Foreman and Perlman, 'An Economic Historian's Economist: Remembering Simon Kuznets'.

38 T. A. Khomenko, 'Estimation of Gross Social Product and Net Material Product in the USSR', Discussion Paper Series no. 172, Institute for Economic Research, Hitotsubashi University, Tokyo, July 2006.

39 E. P. Gorbunov, 'The Gross Social Product'(1970), in A. M. Prokhorov(ed.), *Great Soviet Encyclopaedia*(New York: Macmillan/ London: Collier Macmillan, 1974-83).

40 P. Studenski, 'Methods of Estimating National Income in Russia', in NBER, *Studies in Income and Wealth*, p. 199.

41 Khomenko, 'Estimation of Gross Social Product and Net Material Product in the USSR'.

42 Studenski, 'Methods of Estimating National Income in Russia'.

43 See Gorbunov, 'The Gross Social Product'.

44 Ibid.

45 소비에트 경제 연구자들에 따르면, 물리적 재화와 서비스 사이의 단순한 구별은 '경제적으로 중요한' 것이 아니었다. 유일하게 중요한 차이는 '사회의 지배 규칙하에서 조직되고 그 채널을 따라 흐르는 생산과 그렇지 않게 조직되고 수행되는 생산 사이의' 것이었다. 전자는 국민생산과 국민소득의 일부였지만, 후자는 아니었다. Studenski, 'Methods of Estimating National Income in Russia', p. 200을 보라.

46 J. H. Noren, 'CIA's Analysis of the Soviet Economy', in G.K. Haines and R.E. Leggett(eds), *Watching the Bear: Essays on CIA's Analysis of the Soviet Union* (Washington, DC: Central Intelligence Agency, 2003).

47 Ibid.

48 Ibid.

49 Ibid.

50 CIA의 소비에트분석국이 주관한 회의에서 나온 보고서인 B. Kostinsky and M. Belkindas, 'Official Soviet Gross National Product Accounting', in *Measuring Soviet GNP: Problems and Solutions*, 1990, pp. 183-92.

51 노렌이 'CIA's Analysis of the Soviet Economy'에서 언급한, Khrushchev's 'Theses on the Seven-Year Soviet Economic Plan, 1959~65'를 보라.

52 Noren, 'CIA's Analysis of the Soviet Economy'.

53 M. Boretsky, 'The Tenability of the CIA's Estimates of Soviet Economic Growth', *Journal of Comparative Economics* 11(1987): 517-42.

54 V. Treml, 'Perestroika and Soviet Statistics', in *The Impact of Gorbachev's Policies on Soviet Economic Statistics*, report from the conference sponsored by the CIA's Office of Soviet Analysis, 1988, pp. 51-68. 또한 F. Kushnirsky, 'New Challenges to Soviet Official Statistics: A Methodological Survey', in ibid., pp. 11-26도 보라.

55 R. E. Ericson, 'The Soviet Statistical Debate: Khanin vs. TsSU', paper presented at Hoover-Rand conference, Stanford University, March 1988.

56 Kostinsky and Belkindas, 'Official Soviet Gross National Product Accounting'.

57 A. Aganbegyan, *The Economic Challenge of Perestroika*(Bloomington: Indiana University Press, 1988), p. 2[『페레스트로이카의 경제적 도전』, 김태홍 옮김, 우아당, 1989, 10쪽].

58 Kostinsky and Belkindas, 'Official Soviet Gross National Product Accounting'.

59 CIA의 기밀 부서가 조직한 이 회의의 제목은 "소비에트 GNP 계측: 문제와 해결책" (Measuring Soviet GNP: Problems and Solutions)이었다.

60 Cobb, Halstead and Rowe, 'If the GDP is Up, Why is America Down?', p. 6.

61 D. Wilson and R. Purushuthaman, *Dreaming With BRICs: The Path to 2050*, Global Economics Paper no. 99(New York: Goldman Sachs, 2003).

62 'Greenspan Sees Eventual Close of Gap in Workers' Incomes', *Los Angeles Times* (1994/04/08).

63 P. Pierson and J. S. Hacker, *Winner-Take-All Politics: How Washington Made the*

Rich Richer and Turned Its Back on the Middle Class(New York: Simon & Schuster, 2010)[『부자들은 왜 우리를 힘들게 하는가』, 조자현 옮김, 21세기북스, 2012].

64 US Department of Commerce, 'GDP'.

65 William M. Daley, 'Press Conference Announcing the Department of Commerce's Achievement of the Century', 7 December 1999, in ibid., p. 10.

66 US Department of Commerce, 'GDP', p. 9.

67 Ibid.

68 'Corporate Conduct: The President; Bush Signs Bill Aimed at Fraud in Corporations', *New York Times*(2002/07/31).

69 'The GDP Debate: Did a Recession Start in 2007', *Wall Street Journal*(2008/07/31).

70 'How Did the Recent GDP Revisions Change the Picture of the 2007~2009 Recession and the Recovery?', Bureau of Economic Analysis, www.bea.gov/faq/index.cfm?faq_id=1004(검색일 2012/05).

71 J. Nalewayk, 'The Income and Expenditure-Side Estimates of U.S.Output Growth', *Brookings Papers on Economic Activity*, Spring 2010: 71-127.

72 www.bea.gov/newsreleases/national/gdp/gdpnewsrelease.htm(검색일 2012/07/15)를 보라.

73 J. E. Stiglitz, A. Sen and J.-P. Fitoussi(2009) *Report by the Commission on the Measurement of Economic Performance and Social Progress*, p. 8.

74 'Economists Look to Expand GDP to Count "Quality of Life"', *New York Times* (2008/09/01).

75 European Commission, *GDP and Beyond: Measuring Progress in a Changing World*, 2009, COM/2009/0433 final.

76 'David Cameron Aims to Make Happiness the New GDP', *Guardian*(2010/11/14).

77 'Feds Want to Measure Gross National Happiness. Honest', *Washington Post*(2012/03/31).

78 'What's Wrong with GDP? The Attack on Economic Growth', *Fiscal Times* (2012/04/05).

79 'Ban: New Economic Paradigm Needed, Including Social and Environmental

Progress', *UN News Centre*(2012/04/02).

80 US Department of Commerce, 'GDP', p. 9에서 인용.

81 Cobb, Halstead and Rowe, 'If the GDP is Up, Why is America Down?', p. 6.

82 Robert Higgs, 'The Cold War Economy: Opportunity Costs, Ideology, and the Politics of Crisis', Independent Institute(1994/07/01), www.independent.org/publications/article.asp?id=1297(검색일 2012/07/15).

2장. 프랑켄슈타인 신드롬

1 W.D. Nordhaus and J. Tobin, 'Is Growth Obsolete?', in M. Moss(ed.), *The Measure-ment of Economic and Social Performance*, special issue of *Studies in Income and Wealth*, vol. 38, 1973, p. 509.

2 Ibid.

3 이 표현은 Nordhaus and Tobin, 'Is Growth Obsolete?', p. 512에서 이용된 것이다.

4 A. B. Abel and B. S. Bernanke, *Macroeconomics*(New York: Pearson Addison Wesley, 2005).

5 E. Dickinson, 'GDP: A Brief History', *Foreign Policy*, January~February 2011.

6 Nordhaus and Tobin, 'Is Growth Obsolete?', p. 510.

7 W. J. Bennett, 'Quantifying America's Decline', *Wall Street Journal*(1993/03/15).

8 W. J. Bennett, 'America at Risk: Can We Survive without Moral Values?', *USA Today*, November 1994: 14-16에 인용됨.

9 S. Kuznets, 'Quantitative Aspects of Economic Growth of Nations', special issue of *Economic Development and Cultural Changes* 5(1)(1956): 1-594.

10 S. Kuznets, *Shares of Upper Income Groups in Income and Saving*(New York: NBER, 1953).

11 OECD, *Growing Unequal: Income Distribution and Poverty in OECD Countries* (Paris: OECD, 2008); OECD, *Divided We Stand: Why Inequality Keeps Rising*

(Paris: OECD, 2011).

12 E. Lundberg, 'Simon Kuznets' Contribution to Economics', *Swedish Journal of Economics* 73(4)(1971): 444-59.

13 S. Kuznets, 'How to Judge Quality', *New Republic*(1962/10/20), p. 29.

14 S. Kuznets, *National Income and Capital Formation, 1919~1935*(New York: NBER, 1937), p. 3.

15 Ibid.

16 Ibid.

17 Nordhaus and Tobin, 'Is Growth Obsolete?', p. 513.

18 'Special Report: U.S. Data Dogs on Quest for Sexier Statistics', *Reuters*(2010/07/06)에 인용.

19 S. Kuznets, *National Income: A Summary of Findings*(New York: National Bureau of Economic Research, 1946), p. 127.

20 Kuznets, *National Income and Capital Formation*, p. 6.

21 Ibid., p. 3.

22 Ibid., p. 5.

23 Ibid., p. 6.

24 Ibid.

25 Ibid., p. 5. S. Kuznets, 'National Income, 1919~1935', *NBER Bulletin* 66(1937/09/27): 1-16도 보라.

26 J. Rowe, 'Our Phony Economy', *Harper's*, June 2008에 인용.

27 Kuznets, *National Income and Capital Formation*, p. 6.

28 서론에서도 논의했듯이, GDP 계산에는 생산물(또는 산출) 접근, 수입 접근 그리고 지출 접근이 있다.

29 Kuznets, *National Income and Capital Formation*, p. 5.

30 Ibid.

31 Kuznets, *National Income: A Summary of Findings*, p. 127.

32 M. Abramovitz, 'The Welfare Interpretation of Secular Trends in National Income and Product', in M. Abramovitz et al.(eds), *The Allocation of Economic Resources: Essays in Honor of Bernard Francis Haley*(Oxford: Oxford University Press/Stanford, CA: Stanford University Press, 1959).

33 Ibid., p. 1.

34 Ibid., p. 5.

35 Nordhaus and Tobin, 'Is Growth Obsolete?', p. 515.

36 Ibid., p. 517.

37 C. Leipert, 'Social Costs of the Economic Process and National Accounts: The Example of Defensive Expenditures', *Journal of Interdisciplinary Economics* 3(2)(1989), p. 43. C. Leipert, 'National Income and Economic Growth: The Conceptual Side of Defensive Expenditures', *Journal of Economic Issues* 23(3)(1989): 851도 보라.

38 1937년에 쿠즈네츠는 이렇게 썼다. "게다가 경제활동의 결과는 현 시장가격으로 평가된다. 이런 평가들은 다른 요인들 중에서도 소득분배의 불평등, 생산자들의 경쟁적 지위에 따른 다양한 서비스 유형 사이의 차이들, 화폐의 효과적 공급 변화, 그리고 내구성 자본재의 소비 측정 방법의 시간과 공간마다의 차이들을 반영한다"(*National Income and Capital Formation*, pp. 6-7).

39 Abramovitz, 'The Welfare Interpretation of Secular Trends in National Income and Product', p. 11.

40 Ibid., p. 11.

41 Ibid., p. 12.

42 Ibid., p.12.

43 R. Higgs, 'The Cold War Economy: Opportunity Costs, Ideology, and the Politics of Crisis', *Explorations in Economic History* 31(3)(1994): 283-312.

44 W. J. Baumol and W.G. Bowen, *Performing Arts: The Economic Dilemma*(Cambridge, MA: MIT Press, 1968).

45 M. J. Boskin et al., *Toward a More Accurate Measure of the Cost of Living: Final Report to the Senate Finance Committee*(Washington, DC: US Government Printing Office, 1996).

46 Stiglitz et al., *Report by the Commission on the Measurement of Economic Performance and Social Progress*, p. 23[『GDP는 틀렸다: '국민총행복'을 높이는 새로운 지수를 찾아서』, 박형준 옮김, 동녘, 2011, 79쪽].

47 D. Wasshausen and B. R. Moulton, 'The Role of Hedonic Methods in Measuring Real GDP in the United States', paper presented at the 31st CEIES Seminar 'Are We Measuring Productivity Correctly?', organized by Eurostat, Rome(2006/10/12-13).

48 A. W. Wyckoff(1995) 'The Impact of Computer Prices on International Comparisons of Labour Productivity', *Economics of Innovation and New Technology* 3(3-4): 277-93. Eurostat Task Force, 'Volume Measures for Computers and Software', report of the Eurostat Task Force on Volume Measures for Computers and Software, June 1999도 보라.

49 Abramovitz, 'The Welfare Interpretation of Secular Trends in National Income and Product', p. 20.

50 Ibid., p. 14.

51 Ibid., p. 13.

52 Ibid., p. 15.

53 Ibid.

54 Ibid., p. 20.

55 A. J. Oswald, 'Happiness and Economic Performance', *Economic Journal* 107 (November 1997), p. 1827.

56 R. A. Easterlin, 'Does Economic Growth Improve the Human Lot? Some Empirical Evidence', in P.A. David and M.W. Reder(eds), *Nations and Households in Economic Growth: Essays in Honour of Moses Abramovitz*(New York and London: Academic Press, 1974), p. 121.

57 R. Easterlin, 'Will Raising the Income of All Increase the Happiness of All?', *Journal of Economic Behaviour and Organization* 27(1995), pp. 35-6.

58 A. Maddison, *Dynamic Forces in Capitalist Development*(Oxford: Oxford University Press, 1991).

59 OECD, *Historical Statistics 1960~1990*(Paris: OECD, 1992).

60 R. Summers and A. Heston, 'The Penn World Table(Mark 5): An Expanded Set of International Comparisons, 1950~1988', *Quarterly Journal of Economics* 106(2) (1991): 327-68.

61 Y. Yasuba, 'Japan's Post-war Growth in Historical Perspective', *Japan Forum* 3(April 1991): 57-70.

62 Easterlin, 'Will Raising the Income of All Increase the Happiness of All?'

63 Oswald, 'Happiness and Economic Performance', p. 1827.

64 Nordhaus and Tobin, 'Is Growth Obsolete?', p. 517.

65 K. A. Fox, 'Combining Economic and Non-economic Objectives in Development Planning: Problems of Concept and Measurement', US Agency for International Development, Occasional Paper 1, November 1973.

66 Nordhaus and Tobin, 'Is Growth Obsolete?', p. 520.

67 Kuznets, 'How to Judge Quality', p. 29.

68 Ibid.

69 Nordhaus and Tobin, 'Is Growth Obsolete?'를 보라.

70 Higgs, 'The Cold War Economy: Opportunity Costs, Ideology, and the Politics of Crisis'.

71 R. Higgs, 'Hard Coals Make Bad Law: Congressional Parochialism versus National Defense', *Cato Journal* 8(1988): 79-106 C. Twight, 'Department of Defense Attempts to Close Military Bases: The Political Economy of Congressional Resistance', in R. Higgs(ed.), *Arms, Politics and the Economy: Historical and Contemporary Perspectives*(New York: Holmes & Meyer, 1990), pp. 236-80.

72 'US Economic Growth Stronger in Q3', Reuters, 29 October 2005.

73 'Breakups Alter Makeup of Housing Market', *Chicago Tribune*, 26 March 1995.

74 A. O. Hirschman, 'Rival Interpretations of the Market Society', *Journal of Economic Literature* 20(December 1982), p. 1467.

75 A. O. Hirschmann, *The Strategy of Economic Development*(New Haven, CT: Yale University Press, 1968)도 보라.

76 F. Hirsh, *Social Limits to Growth*(Cambridge, MA: Harvard University Press, 1976)
[『성장의 사회적 한계』, 박영일 옮김, 문우사, 1979]

77 Ibid., p. 118.

78 K. Polanyi, *The Great Transformation: The Political and Economic Origins of Our Time*(Boston, MA: Beacon Press, 2001 [1944])[『거대한 전환: 우리 시대의 정치경제적 기원』, 홍기빈 옮김, 길, 2009].

79 A. M. Sievers, *The Mystical World of Indonesia: Culture and Economic Development in Conflict*(Baltimore, MD: Johns Hopkins University Press, 1974); N. Klein, *The Shock Doctrine: The Rise of Disaster Capitalism*(New York: Picador, 2008) [『쇼크 독트린』, 김소희 옮김, 살림Biz, 2008].

80 Hirsch, *Social Limits to Growth*. N. Shafik, 'Economic Development and Environmental Quality: An Econometric Analysis', *Oxford Economic Papers* 46(1994): 757-73도 보라.

81 A. Antoci and S. Bartolini, 'Negative Externalities as the Engine of Growth in an Evolutionary Context', Working Paper No. 83/99, Fondazione ENI Enrico Mattei. 1999. S. Bartolini and L. Bonatti, 'Environmental and Social Degradation as the Engine of Economic Growth', *Ecological Economics* 41(2002): 1-16도 보라.

82 Nordhaus and Tobin, 'Is Growth Obsolete?', p. 522.

83 Ibid.

84 R. Repetto et al., *Wasting Assets: Natural Resources in the National Income Accounts* (Washington, DC: World Resources Institute, 1989).

85 그들의 방법론은 복잡계의 움직임을 이해하기 위해 고안한 모델에 기반했다. 이 모델은 1950년대에 MIT의 컴퓨터공학자 제이 W. 포레스터가 발전시킨 '체계 동학'이라 불렸다.

86 D. Meadows et al., *The Limits to Growth*(New York: Universe Books, 1972)[『성장의 한계』, 김병순 옮김, 갈라파고스, 2012].

87 G. Nebbia, 'Bisogno di storia e di futuro', *Futuribili* 4(3)(1997): 149-82.

88 J. L Simon and H. Kahn(eds), *The Resourceful Earth: A Response to the Global 2000 Report*(New York: Basil Blackwell, 1984).

89 W. D. Nordhaus(1973) 'World Dynamics: Measurement without Data', *Economic*

Journal 83(332)(1973): 1156-83 G. Myrdal, *Against the Stream: Critical Essays on Economics*(Pantheon Books, New York, 1973).

90 M. Jahoda, K. L. R. Pavitt, H. S. D Cole and C. Freeman(eds), *Models of Doom: A Critique of the Limits to Growth*(New York: Universe Publishing, 1973).

91 J. L. Simon, *The Ultimate Resource*(Princeton, NJ: Princeton University Press, 1981).

92 R. Bailey, 'Dr. Doom', *Forbes*, 16 October 1989, p. 45.

93 R. Golub and J. Townsend, 'Malthus, Multinationals and the Club of Rome', *Social Studies of Science* 7(May 1977), p. 219.

94 U. Bardi, 'How "The Limits to Growth" Was Demonized', *The Oil Drum*(2008/03/09). U. Bardi, *The Limits to Growth Revisited*(New York and Heidelberg: Springer, 2011)도 보라.

95 W. D. Nordhaus, 'Lethal Model 2: The Limits to Growth Revisited', *Brookings Papers on Economic Activity* 23(2)(1992): 2.

96 Bardi, 'How "The Limits to Growth" Was Demonized'.

97 보수적 싱크탱크들이 『성장의 한계』 출간 이후부터 2005년까지 환경론자들과 어떻게 싸웠는지에 대한 전반적 분석으로는 다음을 보라. P. J. Jacques, R.E. Dunlap and M. Freeman, 'The Organisation of Denial: Conservative Think Tanks and Environmental Scepticism', *Environmental Politics* 17(3)(2008): 349-85.

98 Bureau of Economic Analysis, 'Integrated Economic and Environmental Satellite Accounts', *Survey of Current Business* 74(4)(1994): 33-49.

99 Easterlin, 'Does Economic Growth Improve the Human Lot?', p. 121에 인용.

100 J. B. Schor, *The Overworked American: The Unexpected Decline of Leisure*(New York: Basic Books, 1992), p. 1.

101 Nordhaus and Tobin, 'Is Growth Obsolete?', p. 512.

102 Kuznets, 'How to Judge Quality', p. 29.

103 Ibid., p. 31.

104 1968년 3월 18일, 캔자스 대학에서 있었던 로버트 F. 케네디의 연설. 연설문은 존 F. 케네디 도서박물관에서 구할 수 있다.

3장. GDP 퇴위를 위한 지구적 모색

1 NEF, *The Happy Planet Index 2.0: Why Good Lives Don't Have to Cost the Earth* (London: New Economics Foundation, 2009), p. 2.

2 World Commission on Environment and Development, *Our Common Future* (Oxford: Oxford University Press, 1987)[『우리 공동의 미래: 지구의 지속 가능한 발전을 향하여』, 조형준·홍성태 옮김, 새물결, 2005], ch. 2.

3 Nordhaus and Tobin, 'Is Growth Obsolete?', p. 513.

4 Ibid., p. 513.

5 Ibid., p. 515.

6 Ibid., p. 513.

7 Robert Eisner, *The Total Incomes System of Accounts*(Chicago: University of Chicago Press, 1989), p. 9.

8 R. England, 'Alternatives to Gross National Product: A Critical Survey', in F. Ackerman et al.(eds), *Human Well-being and Economic Goals*(Washington, DC: Island Press, 1998), pp. 373-402.

9 Eisner, *The Total Incomes System of Accounts*, p. 36.

10 'Mixed Signals: Weaker Growth, Higher Profits', National Public Radio(2012/04/27).

11 England, 'Alternatives to Gross National Product', p. 382.

12 R. Ruggles, 'Review of the Total Incomes System of Accounts by Robert Eisner', *Review of Income and Wealth* 37(4)(1991): 455-6.

13 H. Daly and J. Cobb, *For the Common Good: Redirecting the Economy toward Community, the Environment and a Sustainable Future*(Boston, MA: Beacon Press, 1994).

14 Ibid., p. 445.

15 England, 'Alternatives to Gross National Product', p. 393.

16 Daly and Cobb, *For the Common Good*, p. 482.

17 S. Dietz and E. Neumayer, 'Some Constructive Criticisms of the Index of Sustainable Economic Welfare', in P. Lawn(ed.), *Sustainable Development Indicators and Ecological Economics*(Chetltenham: Edward Elgar, 2006), p. 189.

18 E. Neumayer, 'The ISEW: Not an Index of Sustainable Economic Welfare', *Social Indicators Research* 48(1)(1999): 77-101.

19 Ibid., p. 93.

20 England, 'Alternatives to Gross National Product', p. 388.

21 www.socialwatch.org/node/11389를 보라(검색일 2012/07/15).

22 www.prosperity.com/summary.aspx를 보라(검색일 2012/07/15).

23 B . Ewing et al., *Ecological Footprint Atlas 2010*(Oakland, CA: Global Footprint Network, 2010).

24 NEF, *The Happy Planet Index 2.0*.

25 다른 어느 나라보다 잘하고 있음에도 불구하고, 코스타리카는 여전히 자연 자원의 이용에서 적정 몫을 초과하고 있다. 코스타리카는 [2005년 기준 인구 1인당] 2.1지 구헥타르라는 이론상의 최대 허용치에 비해 2.3지구헥타르를 소비한다.

26 www.grossnationalhappiness.com/articles에서 GNH Index를 보라(검색일 2012/07/15).

27 www.grossnationalhappiness.com를 보라(검색일 2012/07/15).

28 S. Alkire and J. Foster, 'Counting and Multidimensional Poverty Measurement', *Journal of Public Economics* 95(2011): 476-87.

29 Centre for Bhutan Studies, *Gross National Happiness Index Explained in Detail* (Thimpu: Centre for Bhutan Studies, 2011).

30 Ibid.

31 K. Ura, S. Alkire and T. Zangmo, *GNH and GNH Index*(Thimpu: Centre for Bhutan Studies, 2011).

32 수십 년간 네팔 출신의 부탄 시민들은 부탄 출신들에 비해 차별받았으며 대부분 네 팔로 망명했다. 부탄에서 가장 오래된 정치 운동인 부탄인민당은 1990년대에 불법 화되었고, 2008년에 부탄 최초로 실시된 선거에 참여하지 못했다. 왕정을 옹호하는 두 개의 정당만이 선거에 참여할 수 있었다.

33 Act 113(2012/05/08).

34 A. White, 'A Global Projection of Subjective Well-being: A Challenge to Positive Psychology?' *Psychtalk* 56(2007): 17-20.

35 'Happiness: Toward a Holistic Approach to Development', UN General Assembly Resolution, A/65/L86(2011/08/25).

36 World Bank, *World Development Report*(Washington, DC: World Bank, 1978), p. iii.

37 World Bank, *World Development Report*(Oxford: Oxford University Press, 1994), pp. 157, 230.

38 이 지표는 다음에 소개되어 있다. D. W. Pearce and G. D. Atkinson, 'Capital Theory and the Measurement of Weak Sustainable Development: An Indicator of Weak Sustainability', *Ecological Economics* 8(1993): 103-8.

39 World Bank, *Where is the Wealth of Nations? Measuring Capital for the 21st Century* (Washington, DC: World Bank, 2006), p. XVI.

40 UNDP, *Human Development Report 1990*(New York: Oxford University Press, 1990), p. 9.

41 UNDP, *Human Development Report 1994*(New York: Oxford University Press, 1994), p. 91.

42 J. Gertner, 'The Rise and Fall of the GDP', *New York Times* magazine(2010/ 05/13).

43 P. Dagupta and M. Weale, 'On Measuring the Quality of Life', *World Development* 20(1)(1992): 119-31.

44 B . Caplan, 'Against the Human Development Index', *Library of Economics and Liberty*, 22 May 2009, http://econlog.econlib.org/archives/2009/05/against_the_ hum.html(검색일 2012/07/15).

45 http://hdr.undp. org/en/statistics/ihdi에서 방법론에 대한 설명을 보라(검색일 2012/ 07/15).

46 'Going Beyond GDP: UNDP Proposes Human Development Measure of Sustain-ability', *PRWeb*(2012/06/20), www.prweb.com/releases/2012/6/prweb96 23323. htm(검색일 2012/07/15).

47 J. E. Stiglitz, A. Sen and J.-P. Fitoussi, *Report by the Commission on the Measurement of Economic Performance and Social Progress*(2009), www.stiglitz- se-fitoussi. fr, p. 15.

48 Ibid., p. 17.

49 Ibid.

50 OECD, *How's Life? Measuring Well-Being*(Paris: OECD, 2011).

51 http://oecdbetterlifeindex.org를 보라(검색일 2012/07/15).

52 Gertner, 'The Rise and Fall of the GDP'.

53 Ibid.

54 Ibid.

55 V. Miranda, 'Cooking, Caring and Volunteering: Unpaid Work around the World', *OECD Social, Employment and Migration Working Papers* No. 116(Paris: OECD, 2011).

56 'Green GDP System to Debut in 3-5 years in China', *People's Daily Online*(2004/ 03/12), http://english.people.com.cn/200403/11/eng20040311_137244.shtml(검색 일 2012/07/15).

57 'Green GDP Accounting Study Report 2004 Issues', www.gov.cn/english/2006-09/ 11/content_384596.htm(검색일 2012/07/15).

58 'Green GDP System to Debut in 3-5 Years in China'.

59 'China Issues First "Green GDP" Report', *China Dialogue*(2006/09/07).

60 'Green GDP in the Works', *China Daily*(2007/07/23).

61 'Green GDP Accounting Study Report 2004 Issues'.

62 'A Courageous Voice for a Greener China', *Bloomberg Businessweek*(2005/07/11).

63 M. Liu, 'Where Poor is a Poor Excuse', *Newsweek*(2008/06/28).

64 'The Man Making China Green', *New Statesman*, December 2006~January 2007, pp. 60-61.

65 J. Y. Kim et al., *Dying for Growth: Global Inequality and the Health of the Poor* (Monroe, ME: Common Courage Press, 2002), p. 7.

66 'Hats Off to Ngozi', *The Economist*, 31 March 2012.

67 'US World Bank Nominee Under Fire Over Book', *Financial Times*(2012/03/26).

68 'Obama Nominee for World Bank President Takes His Cue from Noam Chomsky', *The American*(2012/03/26).

69 J. Y. Kim, 'My Call for an Open, Inclusive World Bank', *Financial Times* (2012/03/28).

70 UN et al., *System of National Accounts 1993*(Brussels/Luxembourg, New York, Paris, Washington DC: UN, World Bank, International Monetary Fund, European Commission, OECD, 1993).

71 D. Blades, 'Revision of the System of National Accounts: A Note on Objectives and Key Issues', *OECD Economic Studies* 12(Paris: OECD, 1989), p. 214.

72 Ibid., p. 215.

73 UN et al., *System of National Accounts 2008*(Brussels/Luxembourg, New York, Paris, Washington DC: UN, World Bank, International Monetary Fund, European Commission, OECD, 2008), p. 7.

74 Ibid., p. 7.

75 SIPRI, *Background Paper on SIPRI Military Expenditure Data, 2011*(Stockholm: SIPRI, 2012).

76 Gertner, 'The Rise and Fall of the GDP'.

77 'What's Wrong with GDP? An Attack on Economic Growth', *The Fiscal Times* (2012/04/05).

78 www.nationalaccountsofwellbeing.org를 보라(검색일 2012/07/15).

79 캐머런의 연설 대본 'Speech on Wellbeing', (2010/11/25), www.number10.gov.uk/news/pm-speech-on-well-being(검색일 2012/07/15).

80 H. Daly, *The Steady State Economy*(London: W. H. Freeman, 1972), p. 119.

81 'UK to Press for Global Green Accounting System', *Independent*(2012/02/10). 'GDP Plus: Nick Clegg Announces UK Natural Capital Will Be Measured and Urges Others to Do the Same', *Information Daily*(2012/06/23), www.egovmonitor.com/node/51507도 보라(검색일 2012/07/15).

82 www.ihdp. unu. edu/article/iwr를 보라(검색일 2012/07/15).

83 더 자세한 내용은 www.wavespartnership. org를 보라(검색일 2012/07/15).

84 D. Pearce, A. Markandya and E. Barbier, *Blueprint for a Green Economy*(London: Earthscan, 1989), p. 81.

85 약한 지속 가능성 개념은 경제학에서는 하트윅의 법칙(Hartwick's rule)으로 알려진 것으로, 줄어든 비재생 자원의 양을 상쇄하는 데 필요한 생산자본의 투자 총량을 나타낸다. 이 접근법은 무엇보다 세계은행이 생산한 수많은 '실질 저축' 추계치들을 특징짓는다.

86 자연자본선언의 서명자에는 세계은행에 속하는 여러 기관들 외에, 차이나머천트뱅크와 유니크레딧 같은 민간 은행들도 포함된다. www.naturalcapitaldeclaration.org 를 참조(검색일 2012/07/15).

87 'Beyond GDP: Measuring What Really Matters to our Prosperity and Future', Greenpeace International, July 2012.

88 E. F. Schumacher, *Small is Beautiful: A Study of Economics As If People Mattered* (London: Vintage, 1973)[『작은 것이 아름답다 : 인간 중심의 경제를 위하여』, 이상호 옮김, 문예출판사, 2002], p. 31.

4장. 아래로부터의 변화

1 'Argentina: The Post-Money Economy', *Time*(2002/02/05).

2 현재 지구적 물물교환 네트워크(red global de trueque)는 아르헨티나에서 가장 광범한 물물교환 공동체이며 경제적 자족에 초점을 둔 온라인 잡지 『자급자족 경제』(*Autosuficiencia Economica*)(www.autosuficiencia.com.ar)를 펴내고 있다.

3 B. Rossmeissl, 'El trueque en Argentina: estrategia eficiente en tiempo de crisis', *Observatorio de La Economia Latinoamericana* 37(2005), www.eumed.net/cursecon/ecolat/ar/2005/br-trueque.htm(검색일 2012/07/15).

4 R. Pearson, 'Argentina's Barter Network: New Currency for New Times?', *Bulletin of Latin American Research* 22(2)(2003): 214-30.

5 P. Ould-Ahmed, 'Can a Community Currency Be Independent of the State Currency? A Case Study of the Credito in Argentina', *Environment and Planning* 42(2010): 1346-64.

6 2000년 8월 22일, GIP-메탈이 해고된 노동자들이 다시 점유한 최초의 공장이 되었다. 시간이 흐를수록 이런 사례들이 늘어났고, 노동자의 공장 재점유 국민운동(Movimiento Nacional de Fabricas Recuperadas por los Trabajadores)이라는 운동으로 날개를 달게 되었다.

7 A. L. Abramovich and G. Vazquez, 'La experiencia del trueque en la Argentina: otro mercado es possible', Central de Trabajadores Argentinos, Instituto de Estudios y Formacion, *Seminario de Economia Social*, 2003, pp. 23-61.

8 아르헨티나에서 공식 경제와 대안 경제 사이의 투쟁에 대한 자세한 설명으로는 2008년에 개봉한 다큐멘터리 〈물물교환〉(*Trueque*)을 보라.

9 퍼머컬처는 오스트레일리아의 빌 몰리슨과 데이비드 홈그렌이 1970년대에 처음 고안해 냈다. '퍼머컬처'라는 말은 원래 '영속적인 농업'(permanent agriculture)을 의미했지만, '문화'의 모든 형태들을 포함하도록 확장되었다. 이는 사회의 제 측면들이 진정으로 지속 가능한 시스템에 필수적이라는 점에서 그러하다.

10 R. Hopkins, *Kinsale 2021: An Energy Descendent Action Plan*(Kinsale: Kinsale Further Education College, 2005), p. 3.

11 Ibid.

12 이 부분은 내가 2012년 5월과 6월에 롭 홉킨스와 나눈 일련의 대담에 기반한다.

13 R. Hopkins, *The Transition Handbook: from Oil Dependency to Local Resilience* (Totnes: Green Books, 2008).

14 www.transitiontowntotnes.org를 보라(검색일 2012/07/15).

15 더 자세한 내용은 www.atmostotnes.org를 보라(검색일 2012/05/17).

16 M. K. Hubbert, 'Nuclear Energy and the Fossil Fuels', paper presented before the Spring Meeting of the Southern District, Division of Production, American Petroleum Institute, Publication 95(San Antonio, Texas: Shell Development, 1956).

17 www.eia.gov/dnav/pet/hist/LeafHandler.ashx?n=PET&s=MCRFPUS2&f=A를 보라(검색일 2012/07/15).

18 'Has the World Already Passed "Peak Oil"', *National Geographic*(2010/11/09). 'Is Peak Oil Behind Us?', *New York Times*(2010/11/14).

19 롭 홉킨스와의 대화(2012/06/14).

20 이들의 지역공동체 에너지 프로젝트에 대한 더 자세한 내용은 다음에서 볼 수 있다. www.bwce.coop, www.brixtonenergy.co.uk, www.tresoc.co.uk(검색일 2012/07/15).

21 V. Lebow, 'Price Competition in 1955', *Journal of Retailing* 31(1)(Spring 1955): 5-10.

22 www.transitionnetwork.org/support/what-transition-initiative를 보라(검색일 2012/07/15).

23 'The End is Near!(Yay!)', *New York Times*(2009/04/16).

24 롭 홉킨스와의 대화(2012/06/14).

25 P. Chatterton and A. Cutler, *The Rocky Road to a Real Transition: The Transition Towns Movement and What It Means for Social Change*, online publication of the Trapese Collective(2008), www.trapese.org, p. 6.

26 여기에 대한 홉킨스의 대답을 보라. 'To Ted Trainer's Friendly Criticism of Transition', http://transitionculture.org/2009/09/08/responding-toted-trainers-friendly-criticism-of-transition(검색일 2012/07/15). 'What's Next for Transition Towns?', *Guardian*(2009/05/28)도 보라.

27 'The Rocky Road to a Real Transition: A Review', *Transition Culture* 블로그(2008/05/28), www.transitionculture.org(검색일 2012/07/15).

28 이는 www.degrowth.org가 제공하는 공식적 정의다(검색일 2012/07/15). 바르셀로나 자율 대학의 탈성장연구소 페데리코 데마리아가 이 장에 대해 보내 준 조언에 감사드린다.

29 N. Georgescu-Roegen, *The Entropy Law and the Economic Process*(Cambridge, MA: Harvard University Press, 1971).

30 P. Victor, *Managing Without Growth: Slower by Design, Not Disaster*(Northampton, MA: Edward Elgar, 2008).

31 D. Belpomme, *Avant qu'il ne soit trop tard*(Paris: Fayard, 2007).

32 S. Latouche, *Farewell to Growth*(Cambridge: Polity Press, 2009), p. 55.

33 Ibid., pp. 33ff.

34 M. Bookchin, *Toward an Ecological Society*(Montreal: Black Rose Books, 1980); G. Esteva and M.S. Prakash, *Grassroots Postmodernism: Remaking the Soil of Cultures*(London: Zed Books, 1998); A. Magnaghi, 'Dalla citta metropolitana alla(bio)regione urbana', in A. Marson(ed.), *Il Progetto di Territorio nella Citta Metropolitana*(Florence: Alinea, 2006).

35 롭 홉킨스와의 대화(2012/05/29).

36 T. Jackson, *Prosperity without Growth: Economics for a Finite Planet*(London: Earthscan, 2009), p. 188[『성장 없는 번영』, 전광철 옮김, 착한책가게, 2013, 239, 260쪽].

37 NEF, *The Great Transition*(London: New Economics Foundation, 2009), www.new economics.org/publications/great-transition(검색일 2012/07/15).

38 'Printer Rolling in Back Notes', *This is Plymouth*(2008/08/30).

39 'The Rocky Road to a Real Transition: A Review', *Transition Culture* blog(2008/05/25), www.transitionculture.org(검색일 2012/07/15).

40 롭 홉킨스와의 대화(2012/05/29). 애니메이션 〈Leaky Bucket〉, 영화 〈*In Transition 2.0*〉도 보라.

41 'No Money? Then Make Your Own', *BBC News*(2009/09/17).

42 www.bristolpound.org를 보라(검색일 2012/07/15).

43 R. F. H. Schroeder, Y. Miyazaki and M. Fare, 'Community Currency Research: An Analysis of the Literature', *International Journal of Community Currency Research* 15(2011): 31-41.

44 www.sol-reseau.org를 보라(검색일 2012/07/15).

45 더 자세한 내용은 www.ovolos.gr를 보라(검색일 2012/07/15).

46 'Battered by Economic Crisis, Greeks Turn to Barter Networks', *New York Times* (2011/10/01).

47 www.regiogeld.de를 보라(검색일 2012/07/15).

48 'Rival to Euro as Germans Cash in on Currency', *Telegraph*(2007/01/29).

49 'Alternative Currencies Flourishing in Germany', *New American*(2010/05/24).

50 Ibid.

51 P. Hawken, *Blessed Unrest, How the Largest Social Movement in History Is Restoring Grace, Justice, and Beauty to the World*(London: Penguin, 2007)[『축복받은 불안: 지구와 인류의 미래를 구원할 전 세계 풀뿌리 운동에 관한 희망 보고서』, 유수아 옮김, 에이지21, 2009], p. 190.

52 S. Latouche, *Farewell to Growth*(Cambridge: Polity Press, 2009), p. 9.

53 L. R. Brown, *Plan B 4.0 -Mobilizing to Save Civilization*(London and New York: W.W. Norton, 2009), p. 259.

결론. 패권과 저항

1 K. E. Boulding, 'The Economics of the Coming Spaceship Earth', in H. Jarrett(ed.), *Environmental Quality in a Growing Economy*(Baltimore, MD: Resources for the Future/Johns Hopkins University Press, 1966), pp. 3-14.

2 K. Rogoff, 'Rethinking the Growth Imperative', *Project Syndicate*(2012/01/02).

3 I. Janis, *Victims of Groupthink*(New York: Houghton Mifflin, 1972). 나는 집단 사고를 정책 실패 분석의 설명 변수로 활용한 한 학생 덕분에 이를 참조할 수 있었다.

4 Ibid.

5 T. Judt, *Ill Fares the Land: A Treatise on Our Present Discontents*(London: Penguin, 2010)[『더 나은 삶을 상상하라』, 김일년 옮김, 플래닛, 2012.], p. 157.

6 예를 들어, 대니 셰터(Danny Schechter)가 2006년에 발표한 다큐멘터리 〈우리는 부채를 믿는다〉(*In Debt We Trust*)를 참조.

7 'Queen Told How Economists Missed Financial Crisis', *Telegraph*(2009/06/26).

8 P. Krugman, 'How did Economists Get It So Wrong', *New York Times*(2009/09/02).

9 Janis, *Victims of Groupthink*.

10 S. Kuznets, *National Income and Its Composition(1919-1938)*, Vol. I(New York: NBER, 1941), p. 5.

11 S. Latouche, *Farewell to Growth*(Cambridge: Polity Press, 2009), p. 19.

12 C. Lindblom, 'The Market as a Prison', *Journal of Politics* 44(1982): 325-6.

13 P. Kennedy, *The Rise and Fall of the Great Powers*(London: Vintage, 1989)[『강대국의 흥망』, 이일주 옮김, 한국경제신문사, 1997].

14 http://ec.europa.eu/europe2020/index_en.htm를 참조(검색일 2012/07/15).

15 폰지 사기는 신규 투자자들의 돈으로 기존 투자자들에게 [이자나 배당 등을] 지급하는 사기 투자 행위다. 실제의 이윤 기반이 전혀 없기 때문에, 이 구조는 투자 수준이 계속 증가하지 않으면 안 되며, 사업 기획자가 돈을 들고 사라져 버리거나 전체 투자 자본이 고갈되면 결국 붕괴하고 만다.

16 Latouche, *Farewell to Growth*, p. 8.

17 N. D. Kristof and S. WuDunn, *Thunder from the East: Portrait of a Rising Asia* (New York: Knopf, 2000).

18 Lindblom, 'The Market as a Prison', p. 332.

19 Ibid., p. 330.

참고문헌

Abel, A. B., and Bernanke, B. S. (2005) *Macroeconomics*(New York: Pearson Addison Wesley).

Abramovich, A. L., and Vazquez, G. (2003) 'La experiencia del trueque en la Argentina: otro mercado es possible', *Central de Trabajadores Argentinos, Instituto de Estudios y Formacion, Seminario de Economia Social, pp.* 23-561.

Abramovitz, M. (1959) 'The Welfare Interpretation of Secular Trends in National Income and Product', in M. Abramovitz et al.(eds), *The Allocation of Economic Resources: Essays in Honor of Bernard Francis Haley*(Oxford: Oxford University Press/Stanford, CA: Stanford University Press).

Aganbegyan, A. (1988) *The Economic Challenge of Perestroika*(Bloomington: Indiana University Press).

Alkire, S., and Foster, J. (2011) 'Counting and Multidimensional Poverty Measurement', *Journal of Public Economics* 95: 476-587.

Antoci, A., and Bartolini, S. (1999) 'Negative Externalities as the Engine of Growth in an Evolutionary Context', *Working Paper no.* 83/99, Fondazione ENI Enrico Mattei.

Bailey, R. (1989) 'Dr. Doom', *Forbes,* 16 October, p. 45.

Bardi, U. (2008) 'How "The Limits to Growth" Was Demonized', *The Oil Drum,* 9 March.

Bardi, U. (2011) *The Limits to Growth Revisited*(New York and Heidelberg: Springer).

Bartolini, S., and Bonatti, L. (2002) 'Environmental and Social Degradation as the Engine of Economic Growth', *Ecological Economics* 41: 1-16.

Baumol, W. J., and Bowen, W. G. (1968) *Performing Arts: The Economic Dilemma* (Cambridge, MA: MIT Press).

Belpomme, D. (2007) *Avant qu'il ne soit trop tard*(Paris: Fayard).

Bennett, W. J. (1993) 'Quantifying America's Decline', *Wall Street Journal,* 15 March.

Bennett, W. J. (1994) 'America at Risk: Can We Survive without Moral Values?', *USA Today magazine, November:* 14-016.

Blades, D. (1989) 'Revision of the System of National Accounts: A Note on Objectives and Key Issues', *OECD Economic Studies, No.* 12(Paris: OECD).

Bookchin, M. (1980) *Toward and Ecological Society*(Montreal: Black Rose Books).

Boretsky, M. (1987) 'The Tenability of the CIA's Estimates of Soviet Economic Growth', *Journal of Comparative Economics* 11: 517-042.

Boskin, M. J., et al. (1996) *Toward a More Accurate Measure of the Cost of Living: Final Report to the Senate Finance committee*(Washington, DC: US Government Printing Office).

Boulding, K. E. (1966) 'The Economics of the Coming Spaceship Earth', in H. Jarrett(ed.), *Environmental Quality in a Growing Economy*(Baltimore, MD: Resources for the Future/Johns Hopkins University Press).

Brown, L. R. (2009) *Plan B 4.0 -Mobilizing to Save Civilization*(London and New York: W.W. Norton).

Bureau of Economic Analysis (1994) 'Integrated Economic and Environmental Satellite Accounts', *Survey of Current Business* 74(4): 33-49.

Bureau of Economic Analysis (2007) *Measuring the Economy: A Primer on GDP and the National Income and Product Accounts*(Washington, DC: Department of Commerce).

Canny, N. (1987) *From Reformation to Resistance: Ireland, 1534-1660*(Dublin: Helicon).

Caplan, B. (2009) 'Against the Human Development Index', Library of Economics and Liberty blog, 22 May 2009, http://econlog.econlib.org/archives/2009/05/against_the_hum.html(검색일 2012/07/15).

Carlyle, T. (1850) 'The Present Time', *Latter Day Pamphlets, Issue* 1, February.

Carson, C. S. (1975) 'The History of the United States National Income and Product Accounts: The Development of an Analytical Tool', *Review of Income and Wealth* 21(2): 153-81.

Carson, C. S. (1991) 'The Conference on Research in Income and Wealth: The Early Years', in Ernst R. Berndt and Jack E. Triplett(eds), *Fifty Years of Economic Measurement: The Jubilee of the Conference on Research in Income and Wealth*(Chicago: University of Chicago Press).

Centre for Bhutan Studies (2011) *Gross National Happiness Index Explained in Detail*(Thimpu: Centre for Bhutan Studies).

Cobb, C., Halstead, T., and Rowe, K. (1995) 'If the GDP is Up, Why is America Down?', *Atlantic Monthly, October* 1995, www.theatlantic.com/past/politics/ecbig/gdp. htm(검색일 2012/07/15).

Dagupta, P., and Weale, M. (1992) 'On Measuring the Quality of Life', *World Development* 20(1): 119-231.

Daly, H. (1972) *The Steady State Economy*(London: W.H. Freeman).

Daly, H., and Cobb, J. (1994) For the Common Good: Redirecting the Economy toward Community, the Environment and a Sustainable Future(Boston, MA: Beacon Press).

Demos (2012) *Beyond GDP: New Measures for a New Economy*(Demos: New York).

Dickinson, E. (2011) 'GDP: A Brief History', *Foreign Policy,* January-February.

Dietz, S., and Neumayer, E. (2006) 'Some Constructive Criticisms of the Index of Sustainable Economic Welfare', in P. Lawn(ed.), *Sustainable Development Indicators and Ecological*

Economics(Chetltenham: Edward Elgar).

Easterlin, R. A. (1974) 'Does Economic Growth Improve the Human Lot? Some Empirical Evidence', in P.A. David and M. Reder(eds), *Nations and Households in Economic Growth: Essays in Honour of Moses Abramovitz*(New York and London: Academic Press).

Easterlin R. A. (1995) 'Will Raising the Income of All Increase the Happiness of All?', *Journal of Economic Behaviour and Organization* 27: 35-247.

Eisner, R. (1989) *The Total Incomes System of Accounts*(Chicago: University of Chicago Press).

England, R. (1998) 'Alternatives to Gross National Product: A Critical Survey', in F. Ackerman et al.(eds), *Human Well-being and Economic Goals*(Washington DC: Island Press)

Ericson, R. E. (1988) 'The Soviet Statistical Debate: Khanin vs. TsSU', paper presented at Hoover-and Conference, Stanford University, March 1988.

Esteva, G., and Prakash, M.S. (1998) *Grassroots Postmodernism: Remaking the Soil of Cultures*(London: Zed Books).

European Commission (2009) *GDP and Beyond: Measuring Progress in a Changing World*, COM/2009/0433 final.

Eurostat Task Force (1999) 'Volume Measures for Computers and Software', report of the Eurostat Task Force on Volume Measures for Computers and Software, June.

Ewing, B., et al. (2010) *Ecological Footprint Atlas 2010*(Oakland, CA: Global Footprint Network).

Foertsch, T. (2006) 'A Victory for Taxpayers and the Economy', Heritage Foundation, WebMemo #1082, www.heritage.org/research/reports/2006/05/a-victory-for-taxpayers-and-the-economy (검색일 2012/07/15).

Fox, K. A. (1973) 'Combining Economic and Non-economic Objectives in Development Planning: Problems of Concept and Measurement', US Agency for International Development *Occasional Paper* 1, November.

Galbraith, J. K. (1980) 'The National Accounts: Arrival and Impact', in N. Cousins(ed.), *Reflections of America: Commemorating the Statistical Abstract Centennial*(Washington, DC: US Department of Commerce, Bureau of the Census).

Georgescu-Roegen, N. (1971) *The Entropy Law and the Economic Process*(Cambridge, MA: Harvard University Press).

Gertner, J. (2010) 'The Rise and Fall of the GDP', *New York Times magazine,* 13 May.

Golub, R., and Townsend, J. (1977) 'Malthus, Multinationals and the Club of Rome', *Social Studies of Science* 7(May): 201-522.

Gorbunov, E. P. (1970) 'The Gross Social Product', translated in A.M. Prokhorov(ed.), *Great Soviet Encyclopaedia*(New York: Macmillan/London: Collier Macmillan, 1974-583).

Hawken, P. (2007) *Blessed Unrest: How the Largest Social Movement in History Is Restoring Grace, Justice, and Beauty to the World*(London: Penguin).

Higgs, R. (1988) 'Hard Coals Make Bad Law: Congressional Parochialism versus National Defense', *Cato Journal* 8: 79-5106.

Higgs, R. (1992) 'Wartime Prosperity? A Reassessment of the US Economy in the 1940s', *Journal of Economic History* 52(1): 41-60.

Higgs, R. (1994) 'The Cold War Economy: Opportunity Costs, Ideology, and the Politics of Crisis', *Explorations in Economic History* 31(3): 283-312.

Hirsch, F. (1976) *Social Limits to Growth*(Cambridge, MA: Harvard University Press).

Hirschmann, A. O (1968) *The Strategy of Economic Development*(New Haven, CT: Yale University Press).

Hirschman, A. O. (1982) 'Rival Interpretations of the Market Society', *Journal of Economic Literature* 20(December): 1463-284.

Hopkins, R. (2005) *Kinsale 2021: An Energy Descendent Action Plan*(Kinsale: Kinsale Further Education College).

Hopkins, R. (2008) *The Transition Handbook: From Oil Dependency to Local Resilience* (Totnes: Green Books).

Hubbert, M. K. (1956) 'Nuclear Energy and the Fossil Fuels', paper presented before the Spring Meeting of the Southern District, Division of Production, American Petroleum Institute, Publication 95(San Antonio, TX: Shell Development Company).

IPCC (2000) *Emissions Scenarios*(Cambridge: Cambridge University Press).

Jackson, T. (2009) *Prosperity without Growth: Economics for a Finite Planet*(London: Earthscan).

Jacques, P. J., Dunlap, R. E., and Freeman, M. (2008) 'The Organisation of Denial: Conservative Think Tanks and Environmental Scepticism', *Environmental Politics* 17(3): 349-85.

Jahoda, M., Pavitt, K.L.R., Cole, H.S.D., and Freeman C.(1973)(eds) *Models of Doom: A Critique of the Limits to Growth*(New York: Universe).

Janis, I. (1972) *Victims of Groupthink*(New York: Houghton Mifflin).

Judt, T. (2010) *Ill Fares the Land: A Treatise on Our Present Discontents*(London: Penguin)

Kapuria-Foreman, V., and Perlman, M. (1995) 'An Economic Historian's Economist: Remembering Simon Kuznets', *Economic Journal* 105(433): 1524-47.

Kennedy, P. (1989) *The Rise and Fall of the Great Powers*(London: Vintage).

Khomenko, T. A. (2006) 'Estimation of Gross Social Product and Net Material Product in the USSR', Discussion Paper Series no. 172, Institute for Economic Research, Hitotsubashi University, Tokyo, July.

Kim, J. Y. (2012) 'My Call for an Open, Inclusive World Bank', *Financial Times,* 28 March. paper presented at Hoover-and Conference, Stanford University, March 1988.

Kim, J. Y., et al. (2002) *Dying for Growth: Global Inequality and the Health of the Poor* (Monroe, ME: Common Courage Press).

Klein, N. (2008) *The Shock Doctrine: The Rise of Disaster Capitalism*(New York: Picador).

Kostinsky, B., and Belkindas, M. (1990) 'Official Soviet Gross National Product Accounting', in *Measuring Soviet GNP: Problems and Solutions, report from conference sponsored by CIA Office of Soviet Analysis.*

Kristof, N. D., and WuDunn, S. (2000) *Thunder from the East: Portrait of a Rising Asia*(New York: Knopf).

Krugman, P. (2009) 'How did Economists Get It So Wrong', *New York Times magazine,* 2 September.

Kushnirsky, F. (1988) 'New Challenges to Soviet Official Statistics: A Methodological Survey', in *The Impact of Gorbachev's Policies on Soviet Economic Statistics, report from the conference sponsored by the CIA's Office of Soviet Analysis,* pp. 11-26.

Kuznets, S. (1934) 'National Income, 1929-1932, *NBER Bulletin* 49, 7 June.

Kuznets, S. (1937) 'National Income, 1919-1935', *NBER Bulletin* 66, 27 September.

Kuznets, S. (1937) *National Income and Capital Formation, 1919-1935*(New York: National Bureau of Economic Research).

Kuznets, S. (1941) *National Income and Its Composition(1919-1938), Vol. I*(New York: NBER).

Kuznets, S. (1946) *National Income -A Summary of Findings*(New York: National Bureau of Economic Research).

Kuznets, S. (1951) 'Government Product and National Income', in E. Lundberg(ed.), *Income and Wealth*(Cambridge: Cambridge University Press).

Kuznets, S. (1953) *Shares of Upper Income Groups in Income and Saving*(New York: NBER).

Kuznets, S. (1956) 'Quantitative Aspects of Economic Growth of Nations', special issue of *Economic Development and Cultural Changes* 5(1): 1-594.

Kuznets, S. (1962) 'How to Judge Quality', *New Republic,* 20 October.

Lacey, J. (2011) *Keep from All Thoughtful Men: How US Economists Won World War Two* (Annapolis, MD: Naval Institute Press).

Latouche, S. (2009) *Farewell to Growth*(Cambridge: Polity Press).

Lebow, V. (1955) 'Price Competition in 1955', *Journal of Retailing* 31(1)(Spring): 5-10.

Leipert, C. (1989) 'National Income and Economic Growth: The Conceptual Side of Defensive Expenditures', *Journal of Economic Issues* 23(3): 843-56.

Leipert, C. (1989) 'Social Costs of the Economic Process and National Accounts: The Example of Defensive Expenditures', *Journal of Interdisciplinary Economics* 3(2): 27-46.

Lindblom, C. (1982) 'The Market as a Prison', *Journal of Politics* 44: 324-36.

Lundberg, E. (1971) 'Simon Kuznets' Contribution to Economics', *Swedish Journal of Economics* 73(4): 444-59.

Maddison, A. (1991) *Dynamic Forces in Capitalist Development*(Oxford: Oxford University

Press).

Magnaghi, A. (2006) 'Dalla citta metropolitana alla (bio)regione urbana', in A. Marson(ed.), *Il Progetto di Territorio nella Citta Metropolitana*(Florence: Alinea).

Marx, K. ([1885] 1909) *Capital: A Critique of Political Economy, Vol. II: The Process of Circulation of Capital*(Chicago: C.H. Kerr).

Meadows, D., et al. (1972) *The Limits to Growth*(New York: Universe).

Miranda, V. (2011) 'Cooking, Caring and Volunteering: Unpaid Work around the World', *OECD Social, Employment and Migration Working Papers, No.* 116(Paris: OECD).

Myrdal, G. (1973) *Against the Stream: Critical Essays on Economics*(New York: Pantheon Books).

Nalewayk, J. (2010) 'The Income- and Expenditure-Side Estimates of U.S. Output Growth', *Brookings Papers on Economic Activity, Spring:* 71-127.

Nathan, R. (1994) 'GNP and Military Mobilization', *Journal of Evolutionary Economics* 4(1): 1-16.

NBER (1939) *Studies in Income and Wealth, Vol. III*(New York: National Bureau of Economic Research).

NBER (1946) *Studies in Income and Wealth*(New York: National Bureau of Economic Research).

Nebbia, G. (1997) 'Bisogno di storia e di futuro', *Futuribili* 4(3): 149-82.

NEF (2009) *The Great Transition*(London: New Economics Foundation).

NEF (2009) *The Happy Planet Index 2.0: Why Good Lives Don't Have To Cost the Earth* (London: New Economics Foundation).

Neumayer, E. (1999) 'The ISEW -Not an Index of Sustainable Economic Welfare', *Social Indicators Research* 48(1): 77-101.

Nordhaus W. D. (1973) 'World Dynamics: Measurement without Data', *Economic Journal* 83 (332): 1156-83;

Nordhaus W. D. (1992) 'Lethal Model 2: The Limits to Growth Revisited', *Brookings Papers on Economic Activity* 23(2): 2.

Nordhaus, W. D., and Tobin, J. (1971) 'Is Growth Obsolete?', reprinted from Moss. M.(ed.), *The Measurement of Economic and Social Performance, special issue of Studies in Income and Wealth* 38: 509-532.

Noren, J. H. (2003) 'CIA's Analysis of the Soviet Economy', in G.K. Haines and R.E. Leggett (eds), *Watching the Bear: Essays on CIA's Analysis of the Soviet Union*(Washington, DC: Central Intelligence Agency).

OECD (1992) *Historical Statistics 1960-51990*(Paris: OECD).

OECD (2008) *Growing Unequal: Income Distribution and Poverty in OECD Countries*(Paris: OECD).

OECD (2008) *Statistics, Policy and Knowledge 2007: Measuring and Fostering the Progress of Societies*(Paris, OECD).

OECD (2011) *Divided We Stand: Why Inequality Keeps Rising*(Paris: OECD).

OECD (2011) *How's Life? Measuring Well-Being*(Paris: OECD).

Oswald, A. J. (1997) 'Happiness and Economic Performance', *Economic Journal* 107 (November): 1815-31.

Ould-Ahmed, P. (2010) 'Can a Community Currency Be Independent of the State Currency? A Case Study of the Credito in Argentina', *Environment and Planning* 42: 1346-64.

Pearce, D., Markandya, A., and Barbier, E. (1989) *Blueprint for a Green Economy*(London: Earthscan).

Pearce, D. W., and Atkinson, G.D. (1993) 'Capital Theory and the Measurement of Weak Sustainable Development: An Indicator of Weak Sustainability', *Ecological Economics* 8: 103-58.

Pearson, R. (2003) 'Argentina's Barter Network: New Currency for New Times?', *Bulletin of Latin American Research* 22(2): 214-30.

Petty, W. (1986) The Economic Writings of Sir William Petty(Fairfield, NJ: Augustus M. Kelley).

Pierson, P., and Hacker, J.S. (2010) *Winner-Take-All Politics: How Washington Made the Rich Richer and Turned Its Back on the Middle Class*(New York: Simon & Schuster).

Polanyi, K. (2001 [1944]) *The Great Transformation: The Political and Economic Origins of Our Time*(Boston, MA: Beacon Press).

Poovey, M. (1998) *A History of the Modern Fact*(Chicago and London: University of Chicago Press).

Repetto, R., et al. (1989) *Wasting Assets: Natural Resources in the National Income Accounts* (Washington, DC: World Resources Institute).

Rogoff, K. (2012) 'Rethinking the Growth Imperative', *Project Syndicate,* 2 January 2012, www. project-syndicate.org/commentary/rethinking-thegrowth-imperative(검색일 2012/07/15).

Roncaglia, A. (1985) *Petty: The Origins of Political Economy*(Armonk, NY: M.E. Sharpe).

Rossmeissl, B. (2005) 'El trueque en Argentina: estrategia eficiente en tiempo de crisis', Observatorio de La Economia Latinoamericana, 37. Available at www.eumed.net/ cursecon/ ecolat/ar/2005/br-trueque.htm(검색일 2012/07/15).

Rowe, J. (2008) 'Our Phony Economy', *Harper's,* June.

Ruggles, R. (1991) 'Review of the Total Incomes System of Accounts by Robert Eisner', *Review of Income and Wealth* 37(4): 455-460.

Schneider, F., and Enste, D. (2002) 'Hiding in the Shadows: The Growth of the Underground Economy', *Economic Issues* 30(Brussels: International Monetary Fund).

Schor, J. B (1992) *The Overworked American: The Unexpected Decline of Leisure*(New York:

Basic Books).

Schroeder, R. F. H., Miyazaki, Y., and Fare, M. (2011) 'Community Currency Research: An Analysis of the Literature', *International Journal of Community Currency Research* 15: 31-441.

Schumacher, E. F. (1973) *Small is Beautiful: A Study of Economics As If People Mattered* (London: Vintage Books).

Shafik, N. (1994) 'Economic Development and Environmental Quality: An Econometric Analysis', *Oxford Economic Papers* 46: 757-473.

Sievers, A. M. (1974) *The Mystical world of Indonesia: Culture and Economic Development in Conflict*(Baltimore, MD: Johns Hopkins University Press).

Simon, J. L., and Kahn, H. (eds)(1984) *The Resourceful Earth: A Response to the Global 2000 Report*(New York: Basil Blackwell).

Simon, J. L. (1981) *The Ultimate Resource*(Princeton, NJ: Princeton University Press).

SIPRI (2012) *Background Paper on SIPRI Military Expenditure Data, 2011*(Stockholm: SIPRI).

Smith, A. (1904 [1776]) *The Wealth of Nations*(London: Methuen).

Stiglitz, J. E., Sen, A., and Fitoussi, J.-P. (2009) Report by the Commission on the Measurement of Economic Performance and Social Progress, www.stiglitzse-fitoussi.fr(검색일 2012/07/15).

Studenski, P. (1946) 'Methods of Estimating National Income in Russia', in NBER, *Studies in Income and Wealth*(New York: National Bureau of Economic Research).

Summers, R., and Heston, A. (1991) 'The Penn World Table(Mark 5): An Expanded Set of International Comparisons, 1950-01988', *Quarterly Journal of Economics* 106(2): 327-68.

Toynbee, A. (1884) *Lectures on the Industrial Revolution of the Eighteenth Century in England* (London: Rivingstons).

Treml, V. (1988) 'Perestroika and Soviet Statistics', in *The Impact of Gorbachev's Policies on Soviet Economic Statistics, report from the conference sponsored by the CIA's Office of Soviet Analysis,* pp. 51-068.

Twight, C. (1990) 'Department of Defense Attempts to Close Military Bases: The Political Economy of Congressional Resistance', in R. Higgs(ed.), *Arms, Politics and the Economy: Historical and Contemporary Perspectives*(New York: Holmes & Meyer), pp. 236-080.

UN et al. (1993) *System of National Accounts 1993*(Brussels/Luxembourg, New York, Paris, Washington DC: UN, World Bank, International Monetary Fund, European Commission, OECD).

UN et al. (2008) *System of National Accounts 2008*(Brussels/Luxembourg, New York, Paris, Washington DC: UN, World Bank, International Monetary Fund, European Commission, OECD).

UNDP (1990) Human Development Report 1990(New York: Oxford University Press).

UNDP (1994) Human Development Report 1994(New York: Oxford University Press).

Ura, K., Alkire, S., and Zangmo, T. (2011) *GNH and GNH Index*(Thimpu: Centre for Bhutan Studies).

US Department of Commerce (2000) 'GDP: One of the Great Inventions of the 20th Century', *Survey of Current Business,* January: 6-14.

Victor, P. (2008) *Managing without Growth: Slower by Design, Not Disaster*(Northampton, MA: Edward Elgar).

Wasshausen, D., and Moulton, B.R. (2006) 'The Role of Hedonic Methods in Measuring Real GDP in the United States', paper presented at the 31st CEIES Seminar, 'Are We Measuring Productivity Correctly?', organized by Eurostat, Rome, 12-13 October.

White, A. (2007) 'A Global Projection of Subjective Well-being: A Challenge To Positive Psychology?', *Psychtalk* 56: 17-420.

Wilson, D., and Purushuthaman, R. (2003) 'Dreaming with BRICs: The Path to 2050', *Global Economics Paper no.* 99(New York: Goldman Sachs).

World Bank (1978) *World Development Report*(Washington, DC: World Bank).

World Bank (1994) *World Development Report*(Oxford: Oxford University Press).

World Bank (2006) *Where is the Wealth of Nations? Measuring Capital for the 21st Century* (Washington, DC: World Bank).

World Commission on Environment and Development (1987) *Our Common Future*(Oxford: Oxford University Press).

Wyckoff, A. W. (1995) 'The Impact of Computer Prices on International Comparisons of Labour Productivity', *Economics of Innovation and New Technology* 3(3-4): 277-93.

Yasuba, Y. (1991) 'Japan's Post-war Growth in Historical Perspective', *Japan Forum* 3(April): 57-470.

찾아보기